Herrmann
Amphibien im Aquarium

Hans-Joachim Herrmann

Amphibien im Aquarium

85 Farbfotos
 9 Schwarzweißfotos
85 Zeichnungen

VERLAG
EUGEN
ULMER

Für meine Tochter Anne

Die Deutsche Bibliothek – CIP-Einheitsaufnahme

Amphibien im Aquarium / Hans-Joachim Herrmann. –
Stuttgart : Ulmer, 1994
  ISBN 3-8001-7287-9
NE: Herrmann, Hans-Joachim

© 1994 Eugen Ulmer GmbH & Co.
Wollgrasweg 41, 70599 Stuttgart (Hohenheim)
Printed in Germany
Umschlaggestaltung: Alfred Krugmann, Freiberg a. Neckar
Oberes Bild: Ambystoma mexicanum (Foto: Herrmann)
Unteres Bild: Xenopus laevis laevis (Foto: Herrmann)
Lektorat: Ulrich Commerell, Heiko Reimold
Herstellung: Jürgen Sprenzel
Satz: Typomedia, Ostfildern
Druck und Bindung: Freiburger Graphische Betriebe, Freiburg

Vorwort

Im weltweit ersten vivaristischen Buch von Johann Matthäus Bechstein „Naturgeschichte der Stubenthiere, Amphibien, Frösche, Insecten, Würmer" aus dem Jahre 1797 werden von diesem Autor erstmals auch Fische und Amphibien als „Stubengenossen" empfohlen. Während sich die Beschäftigung mit kleinwüchsigen und meist ansprechend gefärbten oder gezeichneten „Zierfischen" in Europa bereits seit mehr als einem Jahrhundert zu einem verbreiteten Hobby entwickelt hat, wurden Terrarien erst in diesem Jahrhundert modern. Amphibien und Reptilien benötigen in den meisten Fällen Behälter mit Landteilen, so daß sich Aufbau und Vervollkommnung einer entsprechenden Terrarientechnik vollzogen.

Einige Frosch-, Schwanz- und Schleichenlurche verbringen ihr gesamtes Leben im Wasser. Manche von ihnen, zum Beispiel die Großen Krallenfrösche *(Xenopus laevis)* und Axolotl *(Ambystoma mexicanum)* hielten bereits zu Beginn dieses Jahrhunderts Einzug in die Forschungslaboratorien Europas, Nordamerikas und Japans. An beiden Arten fanden aber auch die Hobbyisten allmählich Gefallen, so daß diese Tiere immer häufiger in zoologischen Handlungen verkauft wurden. Durch sie erfolgte die Verbindung zwischen Aquaristik und Terraristik, da Tiere, die bisher nur bei den Terrarianern Interessenten fanden, nun auch unter aquatischen Bedingungen gehalten wurden. Später kamen immer mehr Arten hinzu, wie etwa Zwergkrallenfrösche *(Hymenochirus)* und Schwimmwühlen *(Typhlonectes)*, die sich in Zierfischzüchtereien relativ leicht vermehren ließen. Schließlich fanden aquatile Amphibien sowohl bei den Aquarianern als auch bei den Terrarianern eine Lobby. Da sie nach wie vor zu den gebräuchlichsten Labortieren gehören, sollten spezielle Haltungs- und Zuchthinweise, die in diesem Buch gegeben werden, bei medizinischen, molekular-biologischen und zoologischen Praktikern ebenso Interesse finden, wie bei den Hobbyisten. Das wünschen sich Verlag und Autor in der Hoffnung, mit diesem Buch eine seit langem vorhandene Lücke im Themenangebot vivaristischer Literatur zu schließen.

Das Buch handelt obligatorisch im Wasser lebende Amphibien ab; keine Berücksichtigung finden jedoch manche häufig nur im Aquarium gehaltene, in der Natur aber auch an Land gehende Formen wie beispielsweise die asiatischen Feuerbauchmolche *(Cynops)* und Warzenmolche *(Paramesotriton)*, aber auch die Gattungen *Euproctus* und *Batrachuperus* von den Schwanzlurchen sowie bei den Froschlurchen einige *Telmatobius*-Arten.

Suhl, Februar 1994
Dr. Hans-Joachim Herrmann

Inhaltsverzeichnis

Einführung

Die in diesem Buch vorzustellenden, permanent aquatisch lebenden Amphibien gehören allen drei rezenten Ordnungen dieser Wirbeltierklasse an: den Schwanzlurchen (Caudata), den Schleichenlurchen (Gymnophiona) und den Froschlurchen (Anura). Sie stammen von wenigstens zeitweise landbewohnenden Vorfahren ab und paßten sich sekundär an die aquatile Lebensweise an, das heißt es gibt in keinem Fall eine direkte Entwicklungslinie von den Fischen zu diesen Amphibien. So entstanden auch unterschiedliche Strategien für das Leben in fließenden und stehenden Gewässern (verschiedene Organe dienen der Atmung, Fortpflanzungs- und Ernährungsweise divergieren stark). Während die gemeinsamen Eigenschaften und Merkmale aquatiler Amphibien zu Beginn im allgemeinen Teil dieses Buches abgehandelt werden, erfolgt die detaillierte Beschreibung von Lebensweise und Haltung einzelner, für die Tierhaltung erschlossener Arten in dessen speziellem, ausführlichem Teil.

Bevor aber die biologischen Daten besprochen werden, sollen einige Bemerkungen über Tiernamen, Nutzung und Mythologie der einzelnen Formen vorangestellt sein. Seit vielen Jahrzehnten dient der aus Mexiko stammende Axolotl *(Ambystoma mexicanum)* als Labortier. Bereits die frühen Entwicklungsphysiologen nutzten Eier und Embryonen dieser Art für ihre Experimente über die Determination von Organen und Körperteilen während zeitiger ontogenetischer Stadien. Die besondere Größe der Eier ermöglichte es, bereits bei geringer Vergrößerung unter dem Mikroskop die lebenden Zellen

während ihrer Teilung zu beobachten. Schon nach wenigen Jahren entstanden weiße Zuchtstämme, die sich durch ihre Pigmentlosigkeit für manche Experimente (zum Beispiel am Blutgefäßsystem, am Atmungssystem und an den Augen) besonders gut eignen. Gegenwärtig dienen Axolotl in nahezu allen Bereichen der experimentellen Biologie als Versuchstiere. An ihnen erfolgten beispielsweise wesentliche Forschungen über den Aufbau der Neuronen und ihrer ontogenetischen Entwicklung, der Histologie verschiedener Gewebe, etwa des Eierstockes, der funktionellen Reaktionen von Pigmentzellen sowie die genetischen Grundlagen für verschiedene Zellgruppen in Verbindung mit der Entwicklung des Immunsystems bei den Wirbeltieren.

Besonders umfangreiche Forschungen mit Hilfe unterschiedlicher Axolotl-Stämme konnten anhand der Transplantationsmethode bahnbrechende Ergebnisse für die Entwicklungsphysiologie, Genetik und Immunologie erbringen. So sind beim Axolotl-Embryo bereits in der Neurula-Phase jene Zellgruppen bekannt, die Augen, Gehörorgane und Nase determinieren. Die Bedeutung von *Ambystoma mexicanum* hatte in den 70er Jahren so stark zugenommen, daß seither in den USA eine Zeitschrift unter dem Namen „Axolotl Newsletters" herausgegeben wird, die sich nur mit Optimierung und Anwendbarkeit von Axolotl-Laborkolonien sowie Standardmethoden mit diesen Amphibien befaßt.

Der in nahezu allen Sprachen gebräuchliche Trivialname „Axolotl" entstammt dem spanischen Wort „ajolotl" und ist aztekischen Ursprunges. Er kann folgende Bedeutungen haben: Wassersklave, Wasserdiener, Wasserspieler, Wassermonster, Wasserzwilling. Diese Vieldeutigkeit begründet sich in folgendem: Während „a" im aztekischen Sprachgebrauch „Wasser" heißt, ist „Xolotl" mit „Hund" zu übersetzen. Dieses Wort trägt aber nicht nur die Bezeichnung für das Tier, sondern auch für einen Gott, dem man Inkarnation von Tod und Wiederauferstehung in Gestalt eines Hundes zuschreibt, der aber auch Heiliger über die Spiele, die Monsterwesen und alle Zwillinge sein soll. Als wasserbewohnender Gott hatte der Axolotl also mannifache mythologische Bedeutung. Die Azteken töteten ihn als Opfer und meinten, daß sich Sonne und Mond von ihm ernähren würden, um damit allmählich eine Verbannung der Erde aufzuheben. Der aquatische Axolotl wurde gleichzeitig als Zwillingsbruder des fiktiven terrestrischen Gottes Xolotl angesehen.

Trotz dieser altertümlichen Mythologie dienten die Axolotl der mexikanischen Bevölkerung von der jüngeren Vergangenheit an bis zur Gegenwart als Diät oder auch als Delikatesse. Es muß allerdings erwähnt werden, daß der Name „Axolotl" auch für andere Species, deren Larven in mexikanischen Gewässern vorkommen, gebraucht wird, beispielsweise für die Tigerquerzahnmolche *(Ambystoma tigrinum)*. Nach dem Zusammenbruch des berühmten aztektischen Seensystems blieb nur ein einziger, der Xochimillo-See, in nahezu ursprünglicher Größe zurück. In ihm lebt gegenwärtig die letzte Wildpopulation von *Ambystoma mexicanum*. Darum erhielt diese Art den Schutzstatus der Kategorie II des Washingtoner Artenschutzabkommens und darf nur mit besonderer Genehmigung gehandelt werden. Die Tiere des Xochimillo-Sees jedoch sind durch die Eßgewohnheiten der Mexikaner kaum gefährdet. Bei ihren „Axolotl" handelt es sich um Larven häufigerer Schwanzlurche. Schließlich verwendete man bei europäischen Entwick-

Historische Darstellung des Aztekengottes Xolotl (aus Smith)

lungsphysiologen zeitweise den Begriff „Axolotl" generell für Schwanzlurchlarven, in Nord-Amerika hingegen als Artbezeichnung anderer Vertreter der Gattung *Ambystoma*, zum Beispiel „Jeffersons Axolotl" für *Ambystoma jeffersonianum*. Derartige Namensübertragungen führten zu Verwirrungen. Sie sollten deshalb im Sprachgebrauch vermieden werden.

Der Gattungsname „*Ambystoma*" entstammt der griechischen Sprache. Dabei bedeutet „amblys" stumpf bzw. breit und „stoma" Mund. Da oft erst die Maulspalten fertig metamorphosierter Querzahnmolche (Ambystomatidae) so breit sind, daß diese Namensgebung berechtigt erscheint, bezeichnete man zeitweise die Larven als „Siredon" (zum Beispiel *Siredon mexicanum*) und die metamorphosierten Landtiere als „*Ambystoma*" (zum Beispiel *Ambystoma mexicanum*). Dieses Vorgehen ist jedoch im Sinne der zoologischen Nomenklaturregeln falsch und sollte darum nicht angewandt werden. Die vielen sich aufgrund der besonderen Lebensweise der Axolotl ergebenden Fragen, etwa ihr Dauerlarvendasein (Neotenie) betreffend, werden ausführlich in den weiteren Kapiteln dieses Buches abgehandelt.

Nachdem im Jahre 1863 insgesamt 34 Exemplare (33 schwarze und 1 weißes) des Axolotl aus Mexiko nach Frankreich in das berühmte Naturhistorische Museum Paris importiert worden sind, begann ein euphorisches Interesse vieler Zoologen an diesen Tieren. Anhand von Männchen und nur einem Weibchen dieser Exemplare sowie einem zusätzlich eingetroffenen Weißling züchtete Dumeril die Art erstmals in großer Anzahl. Dieser Gruppe entstammten alle weiteren, unzähligen Axolotl, die fortan in den Laboratorien des gesamten europäischen Kontinents verbreitet wurden, und mit denen insbesondere eine seinerzeit überaus wichtige Frage beantwortet werden sollte: Ob und wie lassen sie sich „transformieren" (metamorphosieren)?

Sehr viele Schwanzlurcharten bewohnen Nordamerika, darunter auch einige, die sich perfekt sekundär an das Wasserleben angepaßt haben. Hier soll nicht auf jene Arten der Lungenlosen Salamander (Plethodontidae) und Querzahnmolche (Ambystomatidae) eingegangen werden, die durch relativ neu erworbene Spezialisierungen und Anpassungen an extreme Lebensräume zum permanenten Wasserleben zurückfanden; ihre Beschreibung erfolgt im speziellen Teil. Vergleichsweise viel länger adaptierten sich die Vertreter zweier Familien an das aquatische Dasein, die Armmolche (Sirenidae) und die Aalmolche (Amphiumidae).

Während letztere durch innere Kiemen atmen, tragen erstere äußere Kiemenbüschel. Bei beiden Schwanzlurchfamilien sind die Extremitäten stark reduziert; sie wurden nahezu funktionslos, und den adulten Armmolchen fehlen die Hinterextremitäten völ-

lig. Das äußere Erscheinungsbild dieser Amphibien erinnert daher auf den ersten Blick an Aale, und so fanden sie auch bei einigen Indianerstämmen als Nahrung Verwendung. Ein Großteil der heutigen Bevölkerung Nord-Amerikas hält diese Tiere allerdings für giftig und meidet jegliche Kontakte mit ihnen. Diese Annahme mag auch dadurch zustande gekommen sein, daß große Aal- und Armmolche empfindlich beißen können. Die dabei entstehenden stark blutenden Wunden heilen oft über längere Zeit nicht. Der Gattungsname „Amphiuma" hatte sicher das Phänomen zur Ursache, daß Aalmolche bei Austrocknung ihrer Wohngewässer lange Zeit im feuchten Schlamm überdauern und nach erneuter Überflutung im Wasser aktiv weiterleben können. Der wissenschaftliche Name für den Dreizehen-Aalmolch müßte übrigens anstatt „Amphiuma tridactylum" die Artbezeichnung „quadrupeda" tragen, da schon 1807 die Zoologen Freemann und Curtis diese Tiere unter dem Namen „Syren quadrupeda" beschrieben hatten und ihn damals in eine Gattung mit den Armmolchen stellten. Dem Gattungsnamen „Siren" liegt die Bezeichnung mariner Fabelwesen (Sirenen) zugrunde.

Olmartige (Proteidae) kommen sowohl in Nordamerika als auch in Europa vor. Während die der Gattung Necturus angehörenden neuweltlichen Vertreter dieser Amphibienfamilie im trivialen Sprachgebrauch „Waterdog" (zu deutsch „Wasserhund") oder „Mudpuppy" (zu deutsch „Schlammhündchen") genannt werden (vergleiche auch die Übersetzung von „Axolotl"), da sie sich am trüben Bodengrund meist stehender Gewässer aufhalten, bewohnen die europäischen Grottenolme (Proteus) Höhlengewässer. Letztere besitzen im allgemeinen kein Pigment und wurden deshalb aufgrund ihrer nackten, fleischfarbenen Körper für verbannte menschliche Seelen gehalten.

Olme wurden schon zu Beginn dieses Jahrhunderts als geheimnisvolle Wesen in manchen Schauaquarien ausgestellt. Sie dienten den Entwicklungsphysiologen als Versuchsobjekte für die Reaktivierung des Auges (Olme besitzen keine funktionstüchtigen Augen, da die Sehfunktion bei der Lebensweise in absolut dunklen Höhlen nicht mehr benötigt wird).

In den 20er Jahren führte der Wiener Zoologe Kammerer Versuche mit Olmen durch, um die Vererbung erworbener Eigenschaften nachzuweisen. Viel verbreiteter als europäische Grottenolme hielten aber die nordamerikanischen Waterdogs *(Necturus)*, insbesondere der Gefleckte Furchenmolch *(Necturus maculosus)* in die Laboratorien Einzug. Ihre relativ großen Kiemenbüschel fanden das Interesse von Forschern, die sich mit den Vorgängen des Gasaustausches während der Atmung beschäftigten. Andere Bereiche der tierphysiologischen Forschung beobachteten die Temperaturtoleranz der Furchenmolche unter dem Einfluß verschiedener chemischer Substanzen, aber auch Regulationsprozesse des Kalziumstoffwechsels sowie Nervenreaktionen beim Riechvorgang, der bei wasserbewohnenden Amphibien von besonderer Bedeutung ist.

Die wohl bemerkenswerteste Familie aquatisch lebender Schwanzlurche ist die der Riesensalamander (Cryptobranchidae). Bei dem Schlammteufel oder Amerikanischen Riesensalamander *(Cryptobranchus alleganiensis)* handelt es sich um die einzige neuweltliche Art. Der wissenschaftliche Gattungsname bezeichnet ein Hauptmerkmal der Riesensalamander, nämlich ihre „verdeckten" Kiemen, die in Wirklichkeit nicht mehr vorhanden sind, wobei ihre Existenz durch die Präsenz von Kiemenspalten vorgetäuscht wird. Der amerikanische Trivialname „Hellbender" bedeutet im Deutschen etwa „Höllenbewohner". Aber die neuweltlichen Schlammteufel sind bei weitem nicht die bekanntesten Vertreter dieser Familie. Bereits 1726 fand der Arzt Dr. Johann Jakob Scheuchzer bei Oehningen am Bodensee

Knochenreste, die er zunächst als *„Homo tristis deluvii testis"*, ein angeblich von der Sintflut transportiertes menschliches Skelett mit der Bemerkung beschrieb: „Fossiles Beingerüst von einem alten Sünder, erweiche Stein und Herz der neuen Bosheitssünder." Während Johann Gesner den fossilen Fund einem Wels zuschrieb, klärte erst der berühmte Cuvier im Jahre 1811 die wirkliche Herkunft auf; es mußte sich nach den anatomischen Gegebenheiten um einen Riesensalamander gehandelt haben. Heute wird die fossile Art nach ihrem Finder *Andrias scheuchzeri* genannt. Als dann von Siebold 1833 in seiner „Fauna Japonica" von einem rezenten *Megalobatrachus* (Riesensalamander) berichtete, war das eine Sensation für die europäischen Zoologen.

Doch bereits viel früher, zwischen 500 und 300 Jahren vor unserer Zeitrechnung berichteten Konfuziusschüler im Buch „Shan Hai Ching" von drei Salamandern, die „Ni", „Te" und „Heiyu" (Menschfisch) genannt wurden und mit hoher Wahrscheinlichkeit den ersten Bericht über asiatische Riesensalamander darstellen. Erste Angaben über den Mageninhalt eines Chinesischen Riesensalamanders *(Andrias davidianus)* wurden von Zongshi Kou in seinem während der Song-Dynastie (960 bis 1127) publizierten Buch „Ben Cao Yan Yi" veröffentlicht. Danach fand dieser Autor kleine Krabben, kleinere Fische und eine größere Menge Kieselsteine in einem Salamandermagen. 1596 beschrieb der Pharmakologe Sizenti in seinem Buch „Ben Cao Gang Mu" die Nutzungsmöglichkeiten des Riesensalamanders zu Heilzwecken, wie sie seinerzeit in der Ming-Dynastie angewandt worden sind. Noch heute spielen diese Tiere insbesondere in den südlichen Provinzen Chinas eine wesentliche Rolle als Nahrungsobjekte. So kann man auf Märkten, etwa in der südchinesischen Stadt Guangzhou neben Schuppentieren, Schildkröten, Halbaffen und Schlangen auch Riesensalamander kaufen.

Die Tiere werden zu Beginn ihrer Zubereitung lebend mit heißem Wasser übergossen, wobei sie einen Schrei ausstoßen, der angeblich an den eines Kindes erinnern soll. Das ist sicher ein Grund dafür, weshalb die Chinesen auch den Namen „Wawajy" für *Andrias* verwenden, was in den chinesischen Schriftsymbolen soviel bedeutet wie „Kindfisch". Ein chinesisches Wörterbuch behauptet, daß es sich um einen Fisch handele, dessen Vorderfüße denen des Affen, die Hinterfüße denen des Hundes ähneln würden. Die beiden asiatischen Riesensalamanderarten *Andrias davidianus* (mit einer Körperlänge von 1,80 Metern die größte rezente Amphibienart) und *Andrias japonicus* (Körperlänge 1,60 Meter) sind im Anhang I des Washingtoner Artenschutzabkommens aufgenommen, was aber wie bei so vielen anderen Spezies in den Ursprungsländern auf die traditionellen Beziehungen der Menschen zu diesen Tieren keinerlei Einfluß hat.

Der Japanische Riesensalamander *(Andrias japonicus)* wird je nach der Provinz, über die sich sein Areal erstreckt, sehr unterschiedlich genannt: Am häufigsten heißt er „Sanshouwo"; diese Bezeichnung läßt sich durch einen Aberglauben erklären, der besagt, daß Riesensalamander die Blätter der an ätherischen Ölen reichen Pflanze *Xanthoxylon piperitum* (japanisch „Sansho") fressen würde und zu diesem Zwecke sogar auf Bäume klettere. Der zweite Teil des Trivialnamens, „uwo", ist das japanische Wort für „Fisch". Aber „Sanshouwo" wird auch für andere Schwanzlurche gebraucht. Folgende Namen sind weiterhin in einzelnen japanischen Provinzen gebräuchlich: „Hazekoi" und „Hazekui" in Iga, Ise und Xamato; „Hadakasu", „Hazekoi" und „Hazekkui" in Tamba und Tango sowie „Anko", „Hanzaki" und „Hanzake" in Mimasaku, Bitchu, Hoki, Idzumo und Bingo. Da „kui" mit „fressen" übersetzt werden kann und „Haze" die japanische Bezeichnung für eine Grundel ist, müßte die deutsche Übersetzung „Grundel-

fresser" lauten. Eine weitere Bedeutung könnte den Worten „Hau" (zu deutsch „halb") und „Saki" bzw. „Saku" (zu deutsch „zerreißen") gesehen werden, da einige Sagen behaupten, daß ein zerteilter Riesensalamander die fehlenden Körperteile regenerieren könne.

Die meisten Japaner verehren *Andrias* als Hanzakidaimyojin, also als Gott und erklären das mit einer Geschichte, in der ein Jüngling namens Hikoshiro aus dem Dorf Mykoyubara von einem riesigen Salamander verschluckt wurde, jedoch dessen Bauch von innen aufschlitzte und sich so befreien konnte. Der an seinen Wunden verendete Riesensalamander brachte trotzdem Hikoshiro und dessen Familie zu Tode. Daraufhin bereitete man dem Tier im Dorf Mykoyubara ehrfurchtsvoll ein Grab, auf dem ein Tempel errichtet wurde. In vielen japanischen Provinzen ist also das Töten eines Riesensalamanders mit einem Fluch belegt, in anderen wird das Fleisch der Tiere ebenso wie in China gern verspeist. Als Suppe mit Miso (Bohnen), in Shoyu und Zucker gesotten oder in Fett gebraten findet das Salamanderfleisch diverse Zubereitung. Die Bohnen-Salamander-Suppe (Salamander werden abgezogen und gekocht) soll angeblich auch gegen Durchfallerkrankungen helfen. Da derartige Darminfekte in einigen Provinzen leider gerade während der Laichzeit von *Andrias japonicus* besonders häufig auftreten, kommen viele trächtige Weibchen in die Suppenverarbeitung, bevor sie ihre Eier ablegen können.

Die Japaner fangen Riesensalamander mit Bambusangeln. Als Köder dienen Frösche, denen der Angelhaken durch den After gestochen und weitergeschoben wird, bis er am Kopf wieder hervortritt. Die Hinterextremitäten des Frosches sind an der Angelschnur befestigt. Die sich vor allem mit Hilfe des Geruchssinnes orientierenden Salamander werden so aus ihren Höhlen gelockt und verschlucken dann den Köder. Eine für die

Zeichnung der Großen Wabenkröte *(Pipa pipa)* in Linnés Natursystem

bereits sehr seltene Art viel gefährlichere Methode besteht darin, größere Fleischbrokken auf Freiflächen eines Baches auszulegen, zu denen nahezu alle in diesem Gewässer vorkommenden Individuen wandern. Das führt nicht selten zur Ausrottung der *Andrias* im betroffenen Bach. Bereits Anfang dieses Jahrhunderts berichtete Prof. Ishikawa über den rapiden Rückgang der Art in Japan, was später strenge internationale Schutzmaßnahmen einleitete.

Die einzige Familie der Schleichenlurche, deren Vertreter ausschließlich im Wasser leben, sind die Schwimmwühlen (Typhlonectidae). Von ihnen ist bisher nur die Gattung *Typhlonectes* insofern erforscht worden, als sich einige Arten *(Typhlonectes compressicauda, Typhlonectes natans)* zunächst in Laboratorien, dann aber auch in Schauaquarien und schließlich bei Hobbyisten vermehrten. Dabei entstand wie bei nahezu allen aquatilen Amphibien eine Grunderfahrung für die Haltung und Zucht zuerst im Labor. So konnten an Plattschwanz-Schwimmwühlen *(Typhlonectes compressicauda)* Kopula und Schlupf der Jungtiere ausführlich beobachtet werden. Im Gegensatz zu den anderen, terre-

strisch lebenden Schleichenlurchfamilien sind die Schwimmwühlen ovovivipar, das heißt ihre Jungtiere schlüpfen als bereits sehr weit entwickelte Larven aus den Eihüllen noch im mütterlichen Organismus kurz vor ihrer „Geburt". Es ist ein Kuriosum, daß man bei Zierfischhändlern importierte oder aus Züchtereien stammende Schwimmwühlen, unter dem Namen „Brauner Schlammaal" angeboten bekommt. Mancher Aquarianer hält also offenbar noch immer Amphibien in der Annahme, es seien Zierfische.

Alle permanent aquatilen Froschlurche gehören der Familie Zungenlose (Pipidae) an. Die namengebende Gattung *Pipa* ist auf die neotropische Region beschränkt. Frühe Reisende beschrieben bereits deren eigenwillige Fortpflanzungsweise, auf die in einem späteren Kapitel dieses Buches ausführlich eingegangen wird. So nannte van Merian 1705 in seinem niederländischen Werk „Metamorphosis Insektorum Surinamensisum" einen aquatisch lebenden Lurch aus Surinam „Wabenkröte". Diese Bezeichnung blieb für sämtliche *Pipa*-Arten als deutscher Trivialname erhalten. Van Merian und später (1764/65) ausführlicher Fermin beobachteten bereits, daß die Eiablage auf dem Rücken des Weibchens erfolgt und sich die Jungtiere ebendort in „Brutwaben" entwickeln. Auch Linné, der im Jahre 1758 in seinem Natursystem den ersten wissenschaftlichen Namen *(Rana pipa)* für die Wabenkröte schuf, belegte durch die Abbildung eines Weibchens mit Brutkammern (Zeichnung linke Seite), daß er von der außergewöhnlichen Fortpflanzungsbiologie dieser Froschlurche Kenntnis hatte.

Während die Gattung *Pipa* gegenwärtig den Phylogenetik-Forschern als interessantes Bindeglied zwischen fossilen primitiveren Anuren zu höher entwickelten dient, erlangte die afrikanische Gattung *Xenopus* sehr umfangreiche wissenschaftliche Bedeutung. Die kleiner bleibenden Gattungen *Pseudhymenochirus* und *Hymenochirus* aus dem tropischen Afrika sind noch relativ wenig erforscht, letztere gelten allerdings seit langem als angenehmer und amüsanter „Nebenbesatz" für Zierfischaquarien.

Die Krallenfrösche *(Xenopus* und *Silurana)* stehen seit Menschengedenken im Mittelpunkt des Interesses. Sie galten bei den Ureinwohnern Afrikas südlich der Sahara als Regen- und Wasserspender, aber auch als Glücksbringer bei der Jagd. Man nahm an, sie hätten einen zwiespältigen Charakter. Ein Mythos der Nama-Hottentotten besagt, daß in der Vorzeit Löwen noch fliegen konnten, die wasserlebenden Frösche ihnen jedoch die Flugkraft raubten und höhnend ins Wasser tauchten, wohin die Löwen nicht folgen konnten. Möglicherweise ist diese märchenhafte Erzählung über die Zauberkraft jener Frösche mit der Vorstellung verbunden, daß es sich bei ihnen um verwandelte Menschen handelt, die den Regen beleidigten und deshalb vom Sturm davongetragen wurden, um über einem Gewässer fallengelassen zu werden, in dem sie als Frosch weiterleben.

Weiterhin regten die wellenschlagenden Schwimmbewegungen der Krallenfrösche

Ahnentopf der Aschanti aus Ghana mit einem Dekor, das Froschdarstellungen enthält, die schwimmenden Krallenfröschen ähneln (aus Hirschberg)

die menschliche Phantasie an; man sagt in Südafrika: „Wenn ein Frosch tanzt, sprudelt Wasser hervor." In anderen Regionen soll das Töten oder Quälen wasserlebender Frösche Regen herbeiführen. Auf dem Dekor der Bronzegehänge des Obas (König von Benin) sind Welse und Frösche gemeinsam dargestellt. Ihnen wird eine besondere Überlebenskunst bei Trockenheit zugeschrieben, während der sie gemeinsam im Schlamm des Gewässerbodens überdauern. Der Gattungsname „*Silurana*" gibt dasselbe Symbol wieder (zu deutsch „Welsfrosch"). Auch auf Opfergefäßen der Aschanti in Ghana findet man neben Schlangen und Chamaeleons Krallenfrösche abgebildet, wobei das Froschmotiv am häufigsten auftaucht. Der lateinische Begriff „*Xenopus*" heißt zu deutsch „eigenartiger Fuß". Im englischsprachigen Südafrika entstand ein lustiger Trivialname für die Krallenfrösche. Diese Amphibien werden von der Bevölkerung „platanna" genannt, was soviel bedeutet wie „platte Anna".

In der Geschichte der Zoologie spielten Krallenfrösche stets eine große Rolle. Während sie zunächst für die Klärung anatomi-

Regenfrösche wurden in afrikanischen Buschmalereien dargestellt (aus Hirschberg)

scher und histologischer Fragestellungen hinzugezogen wurden, bekamen sie in den 40er Jahren durch den berühmten Hogben-Schwangerschaftstest praktische Bedeutung. Dabei wurde den Weibchen der im Labor sehr leicht haltbaren Großen Krallenfrösche *(Xenopus laevis)* 1 bis 2 ml angesäuerten Morgenharns vermutlich schwangerer Frauen in den Rückenlymphsack injiziert. Der Gehalt an Choriongonadotropin (ein Sexualhormon) im Harn schwangerer Frauen führte bei den Weibchen spätestens 12 Stunden nach der Injektion zur Laichabgabe. Noch heute wird die Induzierbarkeit der Fortpflanzung bei vielen Amphibien durch das menschliche Sexualhormon Choriongonadotropin für die Laborzucht genutzt. In den Folgejahren wuchs das Interesse an Krallenfröschen immer mehr. Es wurden Klone, also isogene Tiere aus Zellen desselben Individuums, hergestellt, die eine Vielzahl neuartiger genetischer Untersuchungen zuließen. Mit Krallenfrosch-Albinos experimentierten analog zu denen der Axolotl *(Ambystoma mexicanum)* insbesondere Neurophysiologen. Durch Kreuzungen einzelner *Xenopus*-Arten stellte man fest, daß bei diesen Tieren teilweise recht komplizierte Chromosomenverhältnisse vorliegen. Außer einer Reihe von Enzymen der Krallenfrösche werden in der Molekularbiologie insbesondere deren Eier verwendet. Mit ihrer Hilfe lassen sich Nukleinsäuren, also die Träger unserer Erbanlagen, synthetisieren und mit Merkmalen belegen, die von den Forschern selbst zusammengestellt worden sind.

Dieses Vorgehen nennt man „Gentechnik"; nur wenige Menschen wissen aber, daß die ersten Schritte dieser bahnbrechenden Methode an Krallenfroscheiern durchgeführt worden sind. Andererseits wurden Genkartierungen möglich, und es soll nicht zuletzt vermerkt sein, daß *Xenopus laevis* zu den genetisch am besten untersuchten Lebewesen gehört.

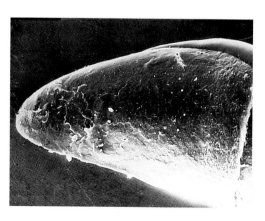

Rasterelektronenmikroskopische Aufnahme einer Kralle des Großen Krallenfrosches *(Xenopus laevis)*

Im Wasser lebende Amphibien

Entstehung des Lebens im Wasser

Wie bereits in der Einleitung erwähnt, handelt es sich bei allen rezenten aquatilen Amphibien um Tiere, die sich sekundär an das ständige Leben im Wasser angepaßt haben. Ein wesentlicher Schritt während der Wirbeltier-Evolution war im Devon der zunächst ansatzweise Beginn des Landlebens durch sehr primitive Amphibien. Durch grundlegende funktionsabhängige Umwandlungen der gesamten Anatomie konnte so ein völlig neuer Lebensraum erschlossen werden. Dieser wies einerseits eine Vielzahl von Beutetieren auf und war andererseits noch frei von Nahrungskonkurrenten. Umwandlung von zwei Flossenpaaren zu Vorder- und Hinterextremitäten (Tetrapoden), Entstehung eines Lauterzeugungs- und Hörapparates zur Kommunikation an Land, Veränderungen in der äußeren Körperhülle (Hautstruktur, Augenumfassung) als Schutz vor Austrocknung und schließlich neue Atmungsstrategien (Lunge, veränderte Hautatmung), die es ermöglichten, Sauerstoff aus der Luft zu erschließen, sind nur die wesentlichsten anatomisch-funktionellen Veränderungen, die wiederum zur Ausprägung neuer Verhaltensweisen führten. Viele der neuen morphologischen und verhaltensbiologischen Merkmale findet man auch bei den aquatilen Amphibien. Sie sind Eigenschaften aller Vertreter dieser Wirbeltierklasse, gleichgültig, welche Biotope sie bewohnen.

Ein weiterer Beleg für die Sekundäranpassung der rezenten aquatisch lebenden Formen ist durch die Tatsache gegeben, daß sie alle im Süßwasser und nur sehr selten im Brackwasser vorkommen; die fossilen Vorfahren der rezenten Amphibien waren jedoch Meeresbewohner. Natürlich kann die Sekundärentwicklung in Richtung einer ähnlichen Lebensweise, wie sie bereits von stammesgeschichtlich noch nicht weit entfernten Gruppen bekannt war, relativ schneller erfolgen, als bei höher entwickelten, diesen Stammgruppen nicht mehr so nahe stehenden Wirbeltierklassen. So wird verständlich, daß zwar auch einige Reptilien (zum Beispiel Meeresschild-

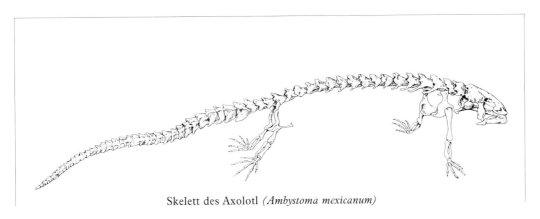

Skelett des Axolotl (*Ambystoma mexicanum*)

kröten und Seeschlangen), Vögel (zum Beispiel Pinguine) und Säugetiere (zum Beispiel
Wale und Robben), jedoch vergleichsweise
immer nur sehr wenige Familien, eine Neuan-
passung an das Wasserleben vollzogen haben.
Das geschah auch nicht mit archaischen
Merkmalen, wie etwa bei den permanent
durch Kiemen atmenden aquatilen Amphibien, beispielsweise der Familien Querzahnmolche (Ambystomatidae), Armmolche (Sirenidae) oder Olmartige (Proteidae). Es handelt
sich hier vielmehr um die Konservierung
eines Merkmals, das bei allen freilebenden
Schwanzlurchlarven gegeben ist.

Ein Phänomen, durch das ein permanentes
Wasserleben für viele Schwanzlurche möglich
wird, ist die Neotenie. Diese stellt in ihrer einfachsten Form eine Modifikation dar, bei der
spezielle Umwelteinflüsse hormonelle Veränderungen im Organismus bewirken. In einem
bestimmten Entwicklungsstadium der Molche findet danach nicht, wie zu erwarten, die
Metamorphose statt, sondern die Tiere wachsen als Larven weiter und bilden als solche sekundäre Geschlechtsmerkmale aus. Sie sind
sogar in der Lage, sich als Larven zu vermehren und tun das auch in vielen Fällen. Ändern
sich nun jene Umweltfaktoren, die zur Hemmung der Metamorphose führten, so werden
die „erwachsenen Larven" zu völlig normalen

Landtieren, die das Wasser nur während der
Fortpflanzungszeit aufsuchen. Diese sogenannte fakultative oder auch durch Modifikation bedingte Neotenie findet man zum Beispiel bei so bekannten Arten wie dem Grünlichen Wassermolch *(Notophthalmus viridescens)*, aus Nordamerika oder dem Bergmolch
(Triturus alpestris) aus Europa.

Viele exogene Faktoren können die Aus-
schüttung des Schilddrüsenhormons Thyroxin mehr oder weniger lang verhindern. Besonders hohe oder niedrige Temperaturen,
die Konzentration unterschiedlicher Ionen
im Wasser oder auch das Fehlen von Spuren-
elementen bei einseitiger Ernährung bewirken das, indem sie in der Hirnanhangsdrüse
(Hypophyse) Hemmsignale für die Schilddrüse induzieren. Faktoren, die bei einer Art
zu einer normalen Metamorphose führen,
sind bei einer anderen der Grund für die Neotenie. So resultiert beispielsweise aus höheren Wassertemperaturen während der Larvenentwicklung beim Fadenmolch *(Triturus helveticus)* eine rasche Entwicklung zum Landtier, bei einzelnen Populationen des Teichmol-
ches *(Triturus vulgaris)* hingegen führen sie
zur Neotenie. Sinkt aber die Temperatur nur
wenig ab, so erfolgt die Metamorphose sehr
rasch innerhalb von zwei Tagen. Am wichtigsten scheinen jedoch für eine äußere Beeinflussung der Umwandlung zum Landtier die
Ionenkonzentrationen des Kalziums, Magne-
siums und Phosphors zu sein.

Bleiben solche äußeren Faktoren in einem
oder mehreren Gewässern über viele Generationen einer Art konstant, so kann es gesche-
hen, daß dieses Phänomen auch genetisch
verankert wird. Gerade bei Dumerils Querzahnmolch *(Ambystoma dumerilii)* und Axolotl *(Ambystoma mexicanum)* läßt sich ein solcher Prozeß beobachten. Offenbar sorgte das
mexikanische Seensystem, in dem diese Arten beheimatet sind, für eine weitgehende
Konstanz der exogenen, die Neotenie hervor-
rufenden Einflüsse. Die natürlichen Populationen bestehen ausschließlich aus Dau-

Mikrostruktur der Kiemen des Gefleckten
Furchenmolches *(Necturus maculosus)*

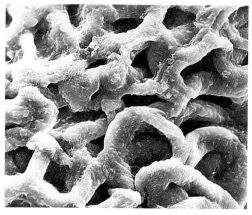

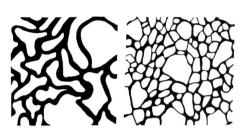

Bei neotenischen Exemplaren des Axolotl *(Ambystoma mexicanum)* befinden sich weniger und größere Kapillaren in der Körperhaut (links) als bei künstlich zur Metamorphose gebrachten Individuen (rechts) (aus Czopek)

erlarven. Sie bleiben auch neotenisch, wenn sie über mehrere Generationen unter völlig anderen Bedingungen in Laboratorien gezüchtet werden. Diese Tatsache belegt, daß die Neotenie beider Arten bereits genetisch fixiert ist. Das geschieht offenbar durch das Einstellen der Thyroxinproduktion in der Schilddrüse infolge einer lückenhaften oder ausbleibenden Codierung des dazugehörigen Biosyntheseweges. Interessanterweise läßt sich aber mittels Injektion von Thyroxin bzw. Verfüttern von Schweine- oder Rinderschilddrüsen auch bei diesen Arten eine Metamorphose einleiten. Das ist offenbar nur deshalb möglich, weil im Laufe der adaptiven Entwicklung erst wenige, für die Umwandlung zum Landtier erforderliche genetische Informationen verlorengegangen sind.

Andere Arten bzw. ganze Familien der Caudata, etwa die Armmolche (Sirenidae) und Olmartigen (Proteidae) können auch durch Gaben des Schilddrüsenhormons Thyroxin nicht mehr zur Metamorphose gebracht werden. Ihre Neotenie etablierte sich über so lange Zeit im Genom, daß es keine Rückentwicklung mehr gibt.

Die Herpetologen unterscheiden also zwei Formen der Neotenie:

1. **Fakultative Neotenie**, die eine Fortpflanzung nicht metamorphosierter Schwanzlurche als Modifikation ohne genetische Manifestierung darstellt (jeder-

zeit kann bei veränderten äußeren Bedingungen die Metamorphose erfolgen).

2. **Obligatorische Neotenie**, die zumindest in Ansätzen genetisch fixiert ist (damit kann in der Regel die Metamorphose nicht durch Veränderung exogener Faktoren eingeleitet werden; ohne menschliches Zutun erfolgt sie niemals).

Außerdem unterscheidet man **partielle** und **totale Neotenie**. Wenn überhaupt keine Schritte einer Metamorphose zu beobachten sind, handelt es sich um Fälle totaler Neotenie; haben sich dagegen bereits ansatzweise die Kiemen zurückgebildet oder können andere Anzeichen für ein teilweises Stattfinden der Metamorphose festgestellt werden, so spricht man von partieller Neotenie.

An unterschiedlichen Merkmalen können Zoologen und Paläontologen Neotenie feststellen; beispielsweise ist die Oberfläche der Larvenschädel radial skulpturiert, neotene Tiere besitzen aber außer dieser Knochenskulpturierung auch Merkmale, die sonst nur bei adulten Amphibien, also in der Regel nach der Metamorphose, gefunden werden, etwa einen verknöcherten Hyobranchialapparat (Kiemenbogenskelett). Außerdem bildet sich im allgemeinen erst während der Metamorphose eine bezahnte Gaumenspange am Vomer (meist paariger Deckknochen des Mund-

Zähne am Gaumendach des Mittleren Armmolches *(Siren intermedia)*

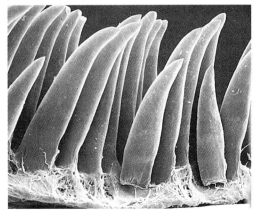

daches) aus, was eindrucksvoll beim Axolotl *(Ambystoma mexicanum)* auch im Hinblick auf den osteologischen Ursprung dieser Bildung gezeigt werden konnte.

Während der Metamorphose löst sich der bei Schwanzlurchlarven noch vorhandene Gaumenknochen des Schädels (Palatinum) vom Flügelbein (Pterygoid) ab und wird entweder resorbiert oder er verschmilzt mit einem anderen Knochen. Bei der durch Schilddrüsenfütterung induzierten Metamor-

phose von Axolotln zeigt sich, daß er hier mit dem Vomer zu einem Vomerpalatinum verschmilzt. Bei einer anderen rezenten Schwanzlurchfamilie, den Lungenlosen Salamandern (Plethodontidae), gibt es terrestrisch lebende und neotenische Arten. Letztere besitzen als Adulti schmale, paarige Knochen (Septomaxillare), die mit der Nasenkapsel in Verbindung stehen und für primitive Tetrapoden typisch sind. Diese anatomische Besonderheit ermöglicht es innerhalb einer Am-

---

Tab. 1. Auftreten von Neotenie bei rezenten Schwanzlurchen (nach DUELLMAN & TRUEB), obligatorische Neotenie bei mit einem * gekennzeichneten Arten

---

Familie Winkelzahnmolche (Hynobiidae)

Flechten-Winkelzahnmolch (*Hynobius lichenatus*)

Familie Riesensalamander (Cryptobranchidac)

Hellbender (*Cryptobranchus alleganiensis*)*
Chinesischer Riesensalamander (*Andrias davidianus*)*
Japanischer Riesensalamander (*Andrias japonicus*)*

Familie Armmolche (Sirenidae)

Kleiner Armmolch (*Pseudobranchus striatus*)*
Mittlerer Armmolch (*Siren intermedia*)*
Großer Armmolch (*Siren lacertina*)*

Familie Echte Salamander (Salamandridae)

Gestreifter Wassermolch (*Notophthalmus perstriatus*)
Grünlicher Wassermolch (*Notophthalmus viridescens*)
Bergmolch (*Triturus alpestris*)
Kammolch (*Triturus cristatus*)
Fadenmolch (*Triturus helveticus*)
Teichmolch (*Triturus vulgaris*)

Familie Aalmolche (Amphiumidae)

Zweizehen-Aalmolch (*Amphiuma means*)*
Einzehen-Aalmolch (*Amphiuma ploeter*)*
Dreizehen-Aalmolch (*Amphiuma tridactylum*)*

Familie Olmartige (Proteidae)

Alabama-Furchenmolch (*Necturus alabamensis*)*
Golfküsten-Furchenmolch (*Necturus beyeri*)*
Neuefluß-Furchenmolch (*Necturus lewisi*)*
Gefleckter Furchenmolch (*Necturus maculosus*)*
Kleiner Furchenmolch (*Necturus punctatus*)*
Grottenolm (*Proteus anguinus*)*

Familie Querzahnmolche (Ambystomatidae)

Andersons Querzahnmolch (*Ambystoma andersoni*)*
Dumerils Querzahnmolch (*Ambystoma dumerilii*)*
Zierlicher Querzahnmolch (*Ambystoma gracile*)
Zumpangosee-Querzahnmolch (*Ambystoma lacustris*)*
Lermasee-Querzahnmolch (*Ambystoma lermaense*)*
Axolotl (*Ambystoma mexicanum*)*
Michoacan-Querzahnmolch (*Ambystoma ordinarium*)
Brackwasser-Querzahnmolch (*Ambystoma taylori*)*
Maulwurf-Querzahnmolch (*Ambystoma talpoideum*)
Tiger-Querzahnmolch (*Ambystoma tigrinum*)
Ajusko-Querzahnmolch (*Rhryacosiredon altamirani*)

Familie Pazifiksalamander (Dicamtodontidae)

Gemeiner Pazifiksalamander (*Dicamtodon ensatus*)

Familie Lungenlose Salamander (Plethodontidae)

Schlanker Gelbsalamander (*Eurycea multiplicata*)
San Marcos-Gelbsalamander (*Eurycea nana*)*
Texas-Höhlensalamander (*Eurycea neotenes*)*
Honey Creek-Höhlensalamander (*Eurycea tridentifera*)*
Flachstirn-Gelbsalamander (*Eurycea tynerensis*)*
Tennessee-Höhlensalamander (*Gyrinophilus palleucus*)*
Blindsalamander (*Haidetriton wallacei*)*
Rathbunscher Brunnenmolch (*Typhlomolge rathbuni*)*
Robuster Brunnenmolch (*Typhlomolge robusta*)*
Grotten-Salamander (*Typhlotriton spelaeus*)

phibienfamilie neotenische und terrestrische Arten zu unterscheiden. So konnten beispielsweise Salamander, die zunächst anhand der ausschließlich bekannten großen Larven als eigene Art *(Typhlotriton nereus)* beschrieben worden waren, durch das Fehlen dieser besonderen Knochen als terrestrisch und den Grotten-Salamandern *(Typhlotriton spelaeus)* zugehörig erkannt werden.

Die neotenischen Gelbsalamander *(Eurycea)*, Brunnenmolche *(Typhlomolge)*, Blindsalamander *(Haidetriton wallacei)* und Tenessee-Höhlensalamander *(Gyrinophilus palleucus)* hingegen besitzen als neotene Formen die Septomaxillar-Knochen. Die Kenntnis dieser osteologischen Merkmale half auch beim Erkennen neotenischer Gruppen bei fossilen Amphibien. Typische neotenische Familien sind z.B. die bereits im Permokarbon auftretenden Kiemensaurier (Branchiosauridae), eine Familie der Faltenzähner (Labyrinthodonti) oder die Plagiosaurier aus der Trias.

In der Fachliteratur wird der Begriff „Neotenie" übrigens auch gelegentlich durch Worte ersetzt wie beispielsweise „Paedogenese", „Paedomorphie" oder „Progenese". Da diese Termini im biologischen Wortschatz teilweise auch andere Bedeutungen haben, sollte man auf ihre Verwendung anstelle des allgemein gebräuchlichen Wortes „Neotenie" verzichten. Bei den rezenten Amphibien ist Neotenie unter natürlichen Bedingungen ausschließlich von den Caudata bekannt. Aber auch bei Anuren und Gymnophionen können experimentell durch Hemmung der Schilddrüsenfunktion gezwungen werden, ihre Larvenentwicklung zu verlängern und die Metamorphose hinauszuzögern. Von einer erfolgreichen Fortpflanzung im Larvenstadium bei diesen Ordnungen wurde jedoch nichts bekannt. Die aquatilen Schleichenlurche allerdings sind so wenig erforscht, daß Neotenie nicht ausgeschlossen werden kann.

So läßt sich zusammenfassend sagen, daß 29 rezente Schwanzlurcharten obligatorisch neoten sind; sie gehören 6 Familien an, wobei

Riesensalamander (Cryptobranchidae), Armmolche (Sirenidae), Aalmolche (Amphiumidae) und Olmartige (Proteidae) ausschließlich neotenische Arten ausbilden. Partielle Neotenie findet man beispielsweise bei den Riesensalamandern und Aalmolchen, deren Kiemen weitgehend resorbiert sind, wobei asiatische Riesensalamander *(Andrias)* nicht einmal mehr Kiemenspalten aufweisen. Außer beim Kleinen Armmolch *(Pseudobranchus striatus)*, der nur ein Paar Kiemenäste besitzt, tragen alle anderen neotenischen Arten jeweils drei Paare äußerer Kiemenbüschel. Von 16 Arten aus 4 Schwanzlurchfamilien ist bekannt, daß sie sekundär neotenisch sind.

Sowohl bei den aquatisch lebenden Schwimmwühlen (Typhlonectidae), als auch bei den Zungenlosen (Pipidae) liegt nahe, daß ihre terrestrischen Ahnen vor allem lockeren Boden bewohnten. Während diese ökologische Anpassung durch alle rezenten landlebenden Schleichenlurche repräsentiert wird, kann man bei den Zungenlosen nur noch manche Analogien zu einigen grabenden Froschlurchen erkennen. Der Nasenfrosch *(Rhinophrynus dorsalis)*, ein naher Verwandter der Pipidae, aber auch andere Arten, wie beispielsweise Marmorferkelfrösche *(Hemisus marmoratum)* besitzen eine ähnliche Kopfform, die zum Graben geeignet ist. An den Extremitäten sind jene Muskeln besonders gut ausgebildet, die bei den Grabbewegungen benötigt werden. Diese könnten nun bei den Vorgängern der Wabenkröte und Krallenfrösche dazu geführt haben, daß sich die muskulösen Extremitäten auch in einem anderen Element, nämlich im Wasser, als zweckdienlich erwiesen und eine Voraussetzung zur Erschließung neuer ökologischer Nischen darstellten.

Auch die fossilen Belege können keine Beweise für diese Vorstellung einer möglichen sekundären Entwicklung des Wasserlebens der Zungenlosen liefern, sie sind jedoch wertvolle Indizien und unterstützen die oben dargestellte Vermutung. Die Funde stammen aus

Große Krallenfrösche
(Xenopus laevis) besitzen
außerordentlich musku-
löse Hinterextremitäten
(aus Beddard)

Afrika (*Cordicephalus, Shomronella* und *Thora-
ciliacus* aus Israel sowie *Eoxenopoides* aus Südafrika) bzw. im neotropischen Bereich aus Argentinien (*Saltenia*). Sie wurden in der Unter-
und Oberkreide sowie im Ober-Eozän (Ter-
tiär) lokalisiert. Möglicherweise ergeben sich
durch künftige Funde bzw. neue Untersu-
chungsmethoden Schlußfolgerungen über
die Evolution der rezenten aquatilen Frosch-
und Schleichenlurche sowie ihre Anpas-
sungsgeschichte an das Leben im Wasser.

Atmungsorgane der Wassertiere

Als ursprüngliche Atmungsorgane vieler pri-
mitiver wasserlebender Wirbeltiere, beispielsweise aller Fische, sind Kiemen hinlänglich
bekannt. Bei Schwanzlurchlarven handelt es
sich fast ausschließlich um büschelige Außenkiemen, die auch für die meisten neotenischen Arten typisch sind. Durch ihre stark
strukturierte und damit im Vergleich zur übrigen Körperhaut sehr große Oberfläche besteht die Möglichkeit, relativ viel Sauerstoff

aufzunehmen und Kohlendioxid abzugeben.
Doch auch die Hautatmung hat bei den meisten Arten einen hohen Anteil am Gasaustausch im Wasser. Manche Formen entwickelten bereits funktionstüchtige Lungen, die zusätzlich das Atmen von Luft ermöglichen.
Alle drei Varianten des Gasaustausches sind
also für die Atmung von Bedeutung.

Die Größe der Kiemen richtet sich im allgemeinen nach der ökologischen Situation.
Während die in sauerstoffreichen Fließgewässern vorkommenden Arten relativ kleine Kiemenbüschel ausbilden, findet man bei Bewohnern trüber, sauerstoffarmer Seen und
Weiher stark verästelte, große Kiemen vor. Außerdem wird die Kiemenausbildung durch
das Verhalten der Schwanzlurche bestimmt.
Handelt es sich beispielsweise um am Boden
lebende (benthontische) und damit sich relativ wenig fortbewegende Tiere, so sind aufgrund des geringeren Energiebedarfs kleinere
Kiemen ausreichend. Häufiger frei im Wasser
schwebende (planktontische) und aktiver
schwimmende Caudaten bilden entsprechend ihres hohen Energieverbrauches größere Kiemen aus. Ein Phänomen, das übrigens erstmals im Jahre 1877 an einem im
Aquarium gehaltenen Großen Armmolch *(Siren lacertina)* beobachtet wurde, bestätigt
diese Regel: Die mit dem Armmolch gemeinsam gehaltenen Fische hatten dem Tier bis
auf winzige Reste seine Kiemen abgefressen,
so daß Haut- und Lungenatmung die Kie-
menfunktion mit übernehmen mußten. In
der Zeit bis die Kiemenbüschel wieder vollständig regeneriert worden waren, verhielt
sich das Tier sehr ruhig und verbrauchte damit wenig Energie.

Andererseits übt auch die Wassertemperatur einen Einfluß auf die Art und Weise der Atmung neotenischer Schwanzlurche aus. Während Gefleckte Furchenmolche *(Necturus maculosus)* bei niedrigen Temperaturen, die
einen höheren Sauerstoffgehalt im Wasser be-
dingen, ihren Sauerstoffbedarf hauptsächlich
durch Hautatmung decken, erhält bei höhe-

Tab. 2. Prozentualer Anteil einzelner Atmungsoberflächen, gemessen bei 15 °C
(nach Duellman & Trueb)

Art	Einatmen von Sauerstoff			Ausatmen von Kohlendioxid		
	Haut	Lunge	Kiemen	Haut	Lunge	Kiemen
Großer Armmolch (*Siren lacertina*)	33,1	61,6	5,3	53,9	27,7	18,4
Gefleckter Furchenmolch (*Necturus maculosus*)	30,4	8,4	61,2	31,6	8,5	59,9

ren Temperaturen die effektivere Kiemenatmung Vorrang, um auch bei geringerer Sauerstoffkonzentration im Wasser einen ausreichenden Gasaustausch zu gewährleisten. Interessanterweise verringerten sich während der Individualentwicklung Anzahl und Größe der für die Atmung so wichtigen Kapillaren in der Körperhaut stark. Das ist einmal dadurch zu erklären, daß bei größeren Molchen ohnehin auch eine größere Hautfläche für den Gasaustausch zur Verfügung steht, andererseits kommen effektivere Atmungsorgane wie Kiemen und Lunge hinzu, die den wesentlichen Teil der Atmung übernehmen. Extrem kleine Kapillaren findet man aber beispielsweise bei Axolotln (*Ambystoma mexicanum*), die künstlich zur Metamorphose gezwungen worden sind.

Ähnliche Phänomene sind auch während der Ontogenese anderer aquatiler Amphibien zu beobachten. So tragen wenige Tage alte Larven der Riesensalamander (*Andrias, Cryptobranchus*) noch Außenkiemen, die aber während der weiteren Entwicklung zurückgebildet werden. Nicht nur die Kapillargröße, sondern auch die Fähigkeit roter Blutkörperchen (Erythrocyten), Sauerstoff zu binden, ist während der ersten Entwicklungsschritte meist viel höher als bei älteren Larven. Bei Plattschwanz-Schwimmwühlen (*Typhlonectes compressicauda*) untersuchte man dieses Phänomen sogar an Embryonen, die sich im Körper des Weibchens entwickeln und registrierte dasselbe Ergebnis. Diese Schleichenlurche

müssen bereits vor dem Schlupf funktionstüchtige Lungen entwickeln. Die an den Larven nach deren „Geburt" nur wenige Stunden lang sichtbaren langen, transparenten, lappenartigen Außenkiemen fallen bereits am ersten Tag des Freilebens ab, so daß außer der Körperhaut nur die Lunge als Atmungsorgan zur Verfügung steht. Im Gegensatz zu vielen anderen Gymnophionen-Familien sind die Schwimmwühlen (Typhlonectidae) dadurch gekennzeichnet, daß die beiden Flügel ihrer Lungen eine gleichgroße Ausbildung erfuhren (bei anderen ist der linke Lungenflügel reduziert). Durch den wurmartigen Körperbau dieser Amphibienordnung bedingt, ähneln auch die Lungenflügel langen Röhren.

Amphibien besitzen noch relativ einfache Atmungs- und Blutgefäßsysteme. Bekanntlicherweise führen sie in ihren Adern nicht sauerstoffhaltiges arterielles und kohlendioxidhaltiges venöses Blut wie etwa die Säugetiere, sondern ein Mischblut. Dementsprechend sind auch die Herzen anders und einfacher als bei höher entwickelten Vertebraten gebaut. Die Einteilung in Herzkammern, wie sie für Säugetiere bekannt ist, findet man bei ihnen noch nicht. Amphibienherzen besitzen immer ein zuführendes und ein abführendes Hauptblutgefäß (Sinus venosus und Sinus arteriosus). Während Schwanz- und Schleichenlurche noch eine perforierte Wandung zwischen den Herzvorkammern aufweisen, besitzen die Froschlurche bereits ein undurchlässiges Septum. Übrigens läßt sich einfach er-

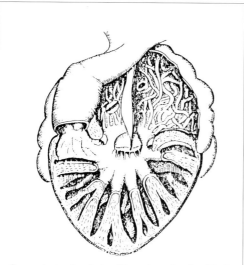

Querschnitt durch das Herz eines Großen Krallenfrosches *(Xenopus laevis)* (aus de Graaf)

Fall ist. Die hohe Gasaustauschrate kann nur durch Lungenatmung ermöglicht werden. Zungenlose (Pipidae) besitzen die größten und leistungsfähigsten Lungen aller Amphibien. Diese sind durch Knorpelgewebe verstärkt. An der Großen Wabenkröte *(Pipa pipa)* wurde eine detaillierte Studie über den Atmungsvorgang vorgenommen.

Durch Senkung des Zungenbeins wird Luft von der Wasseroberfläche in die Mundhöhle eingezogen und durch nachfolgendes gleichzeitiges Heben von Zungenbeinapparat und Kehlkopfverschluß in die Lunge gepreßt. Auch eine Saugatmung ist möglich und wird durch Kontraktion eines mit der hinteren Lungenhälfte verbundenen Muskels (Musculus pulmonum proprius) realisiert. Die Luftröhre der Wabenkröte erweitert sich hinter dem Kehlkopfknochen zu einem Sack, aus dem die beiden Bronchialäste hervorgehen, die sich schließlich in den beiden Lungenflügeln fortsetzen. Es handelt sich um eine glatte, wenig strukturierte Lunge, die lediglich ein grobes Leistennetz und einige ins Innere ragende stachelartige Bildungen aufweist.

Die Larven der aquatilen Froschlurche atmen durch innere Kiemen über die Haut. Mit ihrem Wachstum nimmt aber auch ihr Sauerstoffbedarf zu und entsprechend steigt der Gasaustausch während der Entwicklung. Die in der Rückenhaut des Weibchens positionierten Wabenkrötenlarven werden durch ein sie umgebendes, sehr stark durchblutetes Gewebe mit Sauerstoff versorgt.

klären, warum die sekundär an das Wasserleben angepaßten aquatilen Amphibien im Süßwasser und nur in seltenen Fällen im Brackwasser leben. Die Fähigkeit des eisenhaltigen Farbstoffes der roten Blutkörperchen (Hämoglobin), Sauerstoff zu binden, sinkt nämlich erheblich, wenn der Salzgehalt des Wassers zunimmt. Da auch bei Lungenatmern noch immer ein Großteil des Sauerstoffbedarfs über die Hautatmung abgedeckt werden muß, würde das zu einem Aussterben der aquatilen Amphibien im Salzwasser führen. Fische und die direkten Vorfahren der Amphibien hatten noch primitive Atmungsstrategien entwickelt; sie besaßen beispielsweise Moleküle eines etwas anderen roten Farbstoffes in ihren Blutzellen und durch die Beschuppung des Körpers spielte die Hautatmung bei ihnen kaum eine Rolle.

Die Weiterentwicklung von Lunge und Herz ermöglicht es den Froschlurchen im Vergleich zu allen übrigen Amphibien, viel aktiver zu sein und rasche, aber auch lange andauernde Bewegungsabläufe zu vollziehen. Während der Ruhephasen verbrauchen große Krallenfrösche *(Xenopus laevis)* sehr viel weniger Sauerstoff, als das in Aktivitätsphasen der

Tab. 3. Sauerstoffverbrauchswerte von 7 Exemplaren des Großen Krallenfrosches *(Xenopus laevis)* bei 18 °C (in μ l O_2xg^{-1}xh^{-1}) (nach HILLMAN & WITHERS)

	Ruhephase	30 Minuten Aktivität
Hautatmung	25 ± 7	64 ± 19
Lungenatmung	56 ± 15	552 ± 80
Gesamtatmung	81 ± 17	642 ± 88

Fortbewegung im Wasser

Für die Fortbewegung der Amphibien im Wasser ist ebenso wie bei den auf dem Lande lebenden Gruppen ein entsprechendes Skelett- und Muskelsystem erforderlich. Das Skelett aquatiler Frosch- und Schleichenlurche sowie wasserbewohnender Arten der Querzahnmolche (Ambystomatidae) unterscheidet sich funktionell sehr wenig vom Knochenbau der Landamphibien in den entsprechenden Ordnungen. Bei den Olmartigen (Proteidae) zeigt sich in Ansätzen, was Aalmolche (Amphiumidae) und Armmolche (Sirenidae) als wesentliches Merkmal aufweisen: die Rudimentierung der Extremitäten. Letztere besitzen als ausgewachsene Tiere nur noch Vorderextremitäten, bei den ersteren sind sie weitgehend reduziert und dienen kaum mehr der Fortbewegung. Auch der Aufbau der Bauchmuskulatur, die quer bzw. schräg zur Längsachse der Tiere angelegt ist (im Gegensatz dazu bildet die Rückenmuskulatur Längsfasern aus), richtet sich nach dem Grad der Extremitäten-Rudimentierung. Bei Querzahnmolchen und Olmartigen sind die Seg-

mente noch relativ starr miteinander verwachsen, den Aalmolchen ist jedoch durch relativ unabhängig voneinander gelagerte Muskelbündel eine größere Bewegungsfreiheit des Rumpfes gegeben. Die Fortbewegungsintensität im Wasser ist von der zur Verfügung stehenden Energie (also der Atmung) und damit auch von der Temperatur abhängig. Während beispielsweise der Gefleckte Furchenmolch *(Necturus maculosus)* seine Höchstgeschwindigkeit beim Kurzstreckenschwimmen bei 15° erreicht, bringt der Große Krallenfrosch *(Xenopus laevis)* erst bei 27° seine maximale Schwimmleistung.

Krallenfrösche und Wabenkröten besitzen mit ihren abgeflachten Körpern ein sehr wenig flexibles Achsenskelett. Die bei landbewohnenden Froschlurchen insbesondere während des Springens in Aktion tretenden Muskeln der Hinterextremitäten sind teilweise noch stärker ausgebildet. Schließlich vollziehen die Frösche beim Schwimmen nichts anderes als wiederholte Sprünge, indem sie sich vom Wasser „abstoßen". Dieselben Bewegungen bewirken bei an Land gesetzten Krallenfröschen oder Wabenkröten Sprungaktivität. Während des Schwimmens entstehende Wirbel wurden durch Versuche mit Boettgers Zwergkrallenfrosch *(Hymenochirus boettgeri)* durch gefärbtes Glycerol sichtbar gemacht. Dabei zeigte sich, daß hauptsächlich die Beine und weniger die Arme für die Fortbewegung im Wasser sorgen. Diese Bewegungsabläufe sind aber sehr stereotyp. Es erfolgt keine Unterstützung der Extremitätenaktion durch den Körper (keine Kontraktionen und Dekontraktionen), was durch das starre Achsenskelett begründet ist. Der Froschkörper erreicht seine höchste Geschwindigkeit während des Ausstreckens der Beine. Die Bewegung verlangsamt sich, wenn die Beine wieder angezogen werden. Die Tiere schwimmen rückwärts durch langsame Streckbewegungen und rasches Anziehen der Beine. Große Krallenfrösche *(Xenopus laevis)* sind sogar trainierbar. Nachdem acht Männ-

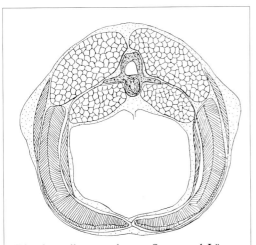

Die sinnvoll angeordneten Quer- und Längsmuskelstränge ermöglichen es dem Zweizehen-Aalmolch *(Amphiuma means)*, sich wie eine Schlange windend, aber auch wie ein Aal schwimmend fortzubewegen (aus Maurer)

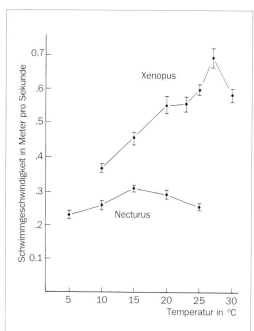

Die Schwimmgeschwindigkeit richtet sich bei verschiedenen aquatilen Amphibien nach ihren ökologischen Ansprüchen und dabei insbesondere nach der Wassertemperatur. In dieser graphischen Darstellung ein Vergleich des Großen Krallenfrosches *(Xenopus laevis)* mit dem Gefleckten Furchenmolch *(Necturus maculosus)* (aus Miller)

Weise zum Ohr transportiert und dort empfangen. Von diesen Sinnesleistungen wird aber in Verbindung mit der Beschreibung spezieller Verhaltensweisen aquatiler Amphibien im nächsten Abschnitt die Rede sein. Zweifelsohne ist auch durch diese Systeme eine Orientierung im Wasser gegeben.

Das Pinealorgan befindet sich in der Kopfmitte der Amphibien, also auch bei wasserlebenden Arten. Seine vollständige Funktionstüchtigkeit zur Rezeption optischer Reize und deren Weiterverarbeitung im Gehirn wurde für den Großen Krallenfrosch *(Xenopus laevis)* nachgewiesen. Man konnte an neotenischen Tigerquerzahnmolchen *(Ambystoma tigrinum)* experimentell feststellen, daß sich ihre gesamte räumliche Orientierung auf Informationen gründet, die durch das Pinealorgan aufgenommen worden sind. Das erfolgt offensichtlich durch eine Kompaßeinstellung, die auf der ständigen Standortlokalisierung der Sonne basiert.

Ein ausschließlich den aquatischen Amphien sowie den Larven terrestrischer Lurche vorbehaltenes und nur im Wasser funktionierendes Sinnessystem ist mit den Seitenorganen gegeben. Man nennt sie auch „Seitenli-

chen dieser Art 18 Tage lang dazu gezwungen wurden, eine 1,5 Meter lange Sprintstrecke zu schwimmen, benötigten sie nach diesem Training nur noch 70% der ursprünglichen Zeit für den Schwimmsprint.

Orientierung und Nahrungsaufnahme

Wasserlebende Amphibien entwickeln prinzipiell ähnliche Sinnesleistungen wie terrestrische. Einige Organe sind allerdings zugunsten anderer sekundär reduziert. So findet man beispielsweise meist nur kleine, wenig leistungsfähige Augen, der Geruchssinn funktioniert im Wasser anders als in der Luft, und auch Schallwellen werden in besonderer

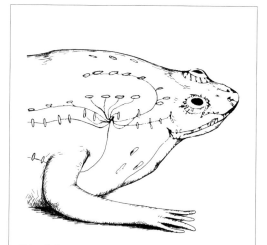

Die Seitenorgane überziehen beim Großen Krallenfrosch *(Xenopus laevis)* wie bei den meisten aquatilen Amphibien linienartig die Körperhaut (aus Lowe & Russell)

nienorgane" oder „Lateralisorgane". Sie werden schon bei den primitiven wasserlebenden Chordatieren, also den Rundmäulern und Fischen gefunden. Diese Organe bestehen aus meist linienartig angeordneten Sinneshügeln (Neuromasten), die über Nervenzellen (afferente Neurone) direkt mit dem Mittelhirn und sogar mit dem Sehnerv verbunden sind. Mehrere Sinneszellen liegen zusammen mit Mantel- und Stützzellen. Letztere produzieren eine Gallerte, die von den Sinneszellen ausgehende vier bis zwölf Sinneshaare umgibt. Jedes Seitenorgan besitzt 100 bis 600 Sinneshaare. Die Seitenorgane können einzeln (zum Beispiel bei Armmolchen, *Siren*) oder in kleinen Gruppen (zum Beispiel bei Krallenfröschen, *Xenopus*) auf der Haut lokalisiert sein. In der Regel werden die Seitenorgane bei terrestrischen Amphibien im Verlauf der Metamorphose zurückgebildet.

Auf neotenische Schwanzlurche, aquatile Schleichen- und Froschlurche trifft das jedoch nicht zu. Bei Zwergkrallenfröschen *(Hymenochirus, Pseudhymenochirus)* wurden allerdings reduzierte, in der Haut versenkte Seitenorgane festgestellt. Bei Armmolchen *(Siren)* vereinfachten sich die Sinneshügel offenbar; die Sinneshaare sind teilweise von Epithel umwachsen. Große Krallenfrösche *(Xenopus laevis)* bilden bereits als Larven komplexe Seitenorgane aus. Während der Metamorphose entwickelt sich bei ihnen zusätzlich ein sogenannter Hemmnerv, der die Sinnesleistung ausschaltet.

Welche Funktionen haben die Seitenorgane für die Orientierung aquatiler Amphibien? Sie können Wasserbewegungen registrieren und dienen damit außer einer Regulierung der Körperlage im Wasser der Ortung von Feinden oder Beute. Krallenfrösche sind beispielsweise in der Lage, Wasserwellen einer Frequenz zwischen 50 und 30 Hertz zu registrieren. Diverse Experimente zeigten, daß sie diese Fähigkeit aufgrund ihrer hochempfindlichen Rezeptoren besitzen und sich

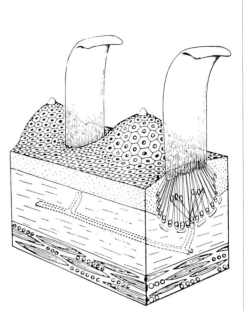

Das Schema der Seitenorgane zeigt die Sinneshügel, die mit Sinneshaaren verbunden sind; von ihnen aus leiten Nervenzellen die Reizinformation weiter (aus Elepfandt)

auch sogleich dem Urheber von Wellen, etwa einer Beute, zuwenden. Ein solches positives Hinwenden zu einem Ziel nennen die Zoologen „Taxis". Sie vollzieht sich aufgrund der Informationen der Seitenorgane sehr ähnlich jener Taxis, die über die Augen durch optische Reize induziert wird. Schließlich konnten sogar die Sinnesleistungen der Seitenorgane einer Krallenfroschgruppe im Laboratorium trainiert werden, so daß schließlich ein Lerneffekt mit Hilfe dieses für uns sehr schwer nachvollziehbaren Sinnes erfolgt war.

Das System der Seitenorgane hilft den Zungenlosen (Pipidae) beim Orten ihrer Beutetiere. Sie benutzen dazu kaum noch ihre Augen. Der ausgeprägte Geruchssinn dieser aquatilen Anuren zeigt sich in ihrer Stimulierbarkeit durch ins Wasser gegebene chemische Reize. Diese rufen Freß- und Beutefangverhalten hervor. Beispielsweise reagieren Große Krallenfrösche *(Xenopus laevis)* auf alle 20 essentiellen Aminosäuren, die Bausteine der

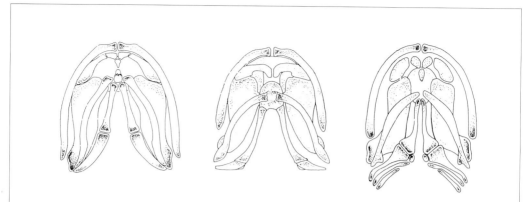

Der Hyobranchialapparat dient auch der Unterscheidung einzelner Riesensalamander-Arten: links Japanischer Riesensalamander *(Andrias japonicus)*, Mitte Chinesischer Riesensalamander *(Andrias davidianus)*, rechts Hellbender *(Cryptobranchus alleganiensis)* (aus Cox & Tanner)

Körpereiweiße, mit Beutelfangreaktionen. Es kann also gesagt werden, daß bei Krallenfröschen und Wabenkröten für das Orten der Nahrung und zum Auslösen des Freßvorganges die Seitenorgane und chemische Rezeptoren eine wesentliche Rolle spielen. Andere Funktionssysteme, etwa Partnersuche und Fortpflanzung werden beispielsweise in erster Linie bioakustisch realisiert.

Der Freßakt selbst erfolgt mit Hilfe eines bei allen aquatilen Amphibien (und sämtlichen frei lebenden Amphibienlarven) zu beobachtenden Phänomens. Die sogenannte Hyoidpumpe saugt die Beute mit Hilfe des Kiemenbogenskeletts (Hyobranchialapparat) an. Der Saugeffekt führt zum Unterdruck im Mundinnenraum, so daß kleinere Beutetiere einfach eingesaugt werden. Der als Knorpel- oder Knochenbildung vorliegende Hyobranchialapparat dient den Taxonomen zur Unterscheidung von Arten, da er sehr spezifisch ausgebildet ist und kaum einer innerartlichen Variabilität unterliegt. So wird er beispielsweise beim Skelett der drei rezenten Riesensalamanderarten *(Andrias, Cryptobranchus)* als wichtiges Bestimmungsmerkmal genutzt. Diese großwüchsigen Schwanzlurche verwenden ihn prinzipiell genauso wie andere Caudaten, nur sind diese beim Freßakt ausschließlich auf die Hyoidpumpe angewie-

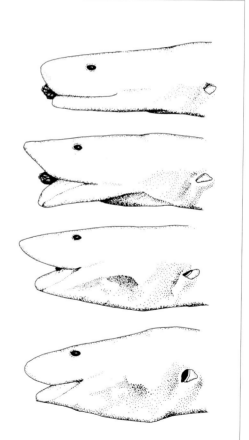

Freßphasen des Dreizehen-Aalmolches *(Amphiuma tridactylum)* beim Verschlingen einer relativ kleinen Beute (aus Erdmann & Cundall)

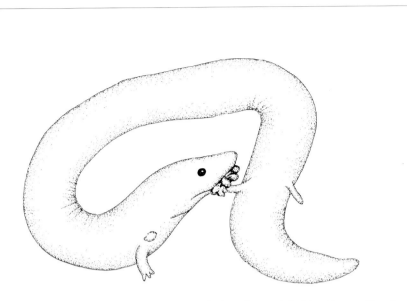

Um größere Nahrung zu bewältigen, nimmt der Dreizehen-Armmolch *(Amphiuma tridactylum)* auch seine rudimentären Hinterextremitäten zu Hilfe (aus Herrmann)

sen. Größere Schwanzlurche mit sehr langgestrecktem Körper, etwa die Aalmolche *(Amphiuma)*, wenden diese hauptsächlich für kleinere Beutetiere an. Sehr große Nahrungsobjekte werden durch Zustoßen und darauffolgendes „Nachstopfen" der Nahrung bewältigt. Das „Nachstopfen" kann durch ein Pressen gegen Steine und andere harte Gegenstände oder auch bei herumgelegtem Körper mit Hilfe der rudimentierten Hinterextremitäten erfolgen. Letzteres belegt eine interessante Umfunktionierung der Beinreste für die Nahrungsaufnahme. Ein ähnliches Verhalten zeigen ebenfalls Krallenfrösche und Wabenkröten; sie benutzen allerdings die Vorderextremitäten zum „Nachstopfen". Sind die Nahrungsbrocken zu groß, so werden sie auch durch diese aus der Maulspalte entfernt.

Schwimmwühlen (Typhlonectidae) orten ihre Beute ebenfalls mit Hilfe von Chemorezeptoren und Seitenorganen. Sie besitzen aber außerdem einen Tentakelapparat als zusätzliches Sinnesorgan. Bei ihnen kommen, wie auch bei einigen Schwanzlurcharten,

Elektrorezeptoren (zum Beispiel die Ampullarorgane) hinzu, mit deren Hilfe ebenfalls durch elektrische Feldphänomene eine Orientierung über sich im Umfeld befindliche andere bewegte Objekte möglich ist. Die aquatisch lebenden Schwimmwühlen nähern sich ihrer Beute in zwei Phasen: Zunächst schwimmen sie sehr rasch auf sie zu, um sich dann ganz langsam zu nähern und das Objekt im Hyoidpumpeffekt in die Maulspalte zu befördern. Zur Bewältigung größerer Beutetiere drehen sich die aquatilen Schleichenlurche, wie auch ihre terrestrischen Verwandten, von Zeit zu Zeit um ihre eigene Achse bzw. ziehen die Objekte hin und her. Dabei kommt es gelegentlich zu Futterneid.

Die Hyoidpumpe vermag es natürlich nicht allein, Nahrungstiere in der Maulspalte festzuhalten. Zunächst einmal wird sie durch anatomische Besonderheiten wasserlebender Amphibien unterstützt, wie zum Beispiel durch die breiten, manchmal seitlich überhängenden Oberlippensäume vieler Schwanzlurche, aber auch durch die bei den Zungenlo-

sen gefundenen Kuppelzellen in den Randge-
bieten des Mundes sowie winzige pilzförmige
Auswüchse (Protuberanzen) mit fingerarti-
gen Fortsätzen, die ein sehr festes Verschlie-
ßen des Mundes ermöglichen. Außerdem hat
sich bei diesen Anuren anstelle der fehlenden
Zunge eine Schleimhautfalte gebildet, die
sich beim Festhalten der Beute beteiligt, jedoch ebenfalls durch Sinneszellen und mit
kleinen Auswüchsen (Mikrovilli) ausgestatteten Zellen Geschmack empfinden kann.

Alle aquatilen Amphibien besitzen gut ausgebildete Zähne, die infolge ihrer Anordnung
und Ausbildung geeignet sind, Beutetiere
festzuhalten. Sie dienen nur diesem Zwecke,
da Amphibien ihre Nahrung unzerkaut verschlingen. Die in der Mundhöhle ausgebil-

dete Muskulatur heißt zwar in der Fachspra-
che „Kaumuskulatur", doch auch sie hat funktionell ausschließlich für das Fixieren der
Beute Bedeutung.

Schließlich soll noch Erwähnung finden,
daß viele wasserlebende Amphibien während
des Fressens Aggressionen gegenüber Artgenossen zeigen, die um Nahrungsobjekte konkurrieren. So versuchen sie häufig, dem Nach-
barn die Beute aus dem Maul zu reißen bzw.
diesen am Verschlingen zu hindern. Besonders agil zeigen sich in derlei Situationen
Krallenfrösche *(Xenopus, Silurana)*. Sie zwik-
ken oder beißen ihre Nahrungskonkurrenten
in den Kopf oder in die Vorderextremitäten,
rempeln sie an oder schwimmen sehr schnell
auf den Gegner zu, um ihn dadurch einzu-

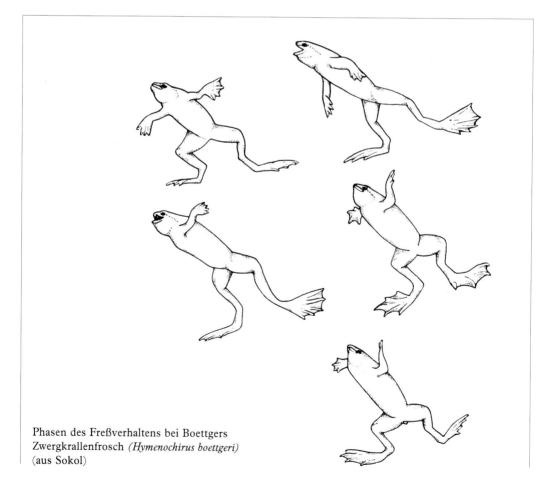

Phasen des Freßverhaltens bei Boettgers
Zwergkrallenfrosch *(Hymenochirus boettgeri)*
(aus Sokol)

schüchtern und das Ablassen von der Beute zu erreichen. Dabei vernimmt man klickende Laute, die wahrscheinlich analog den Paarungsrufen vom Kehlkopf produziert werden. Ganz besonders auffällig sind diese „Freßrufe" oder auch „Konkurrenzrufe" beim Viktorianischen Krallenfrosch (*Xenopus laevis victorianus*). Ein Aquarium mit vielen Individuen dieser Subspecis klingt nach dem Einbringen von Nahrung für den Beobachter ähnlich einem stark ansprechenden Geiger-Müller-Zähler.

Viele aquatile Amphibien sind wahre Hungerkünstler. Während von Plattschwanz-Schwimmwühlen (*Typhlonectes compressicauda*) eine Pause in der Nahrungsaufnahme nur über wenige Wochen bekannt wurde, konnten ausgewachsene Große Krallenfrösche (*Xenopus laevis*) sogar mehrere Monate ohne Nahrung auf dem Trockenen in einem kühlen Keller verbringen. Bei Temperaturen von etwa 5 °C, die in Laboratorien seit vielen Generationen eingewöhnte Krallenfrösche gut vertragen, hielten die Tiere über ein Jahr ohne Fütterung aus. Vom Großen Armmolch (*Siren lacertina*) wird berichtet, daß ein Individuum fünf Jahre und zwei Monate hungerte, bevor es wieder Nahrung zu sich nahm und

normal weiterlebte. In dieser Periode verringerte sich das Körpergewicht auf 86,5% des Normalwertes. Dieses Phänomen scheint auch für die Überlebensstrategie anderer, in temperenten Gewässern lebender Amphibien eine Rolle zu spielen. Nicht nur Verdunstungsschutz, sondern auch eine verminderte Stoffwechselaktivität, verbunden mit relativ langen Hungerperioden, ermöglichen ihnen das Überleben in Trockenzeiten.

Besondere Verhaltensweisen

Bekanntlich ändert sich die Temperatur in Gewässern nicht so schnell wie in der Luft. Tag-Nacht-Schwankungen sowie jahreszeitliche Veränderungen werden gemildert; sie sind für die Wasserbewohner kaum spürbar. So lassen sich auch viele für landbewohnende Amphibien zutreffende Regeln nicht bedingungslos auf aquatile übertragen. Sehr detaillierte Forschungen über die Temperaturtoleranz beim Gefleckten Furchenmolch (*Necturus maculosus*) haben gezeigt, daß sich weder im Jahreszyklus, noch im Laufe eines Tages signifikante Veränderungen ergeben. Noch viel extremer verhält es sich mit dem Temperatur-

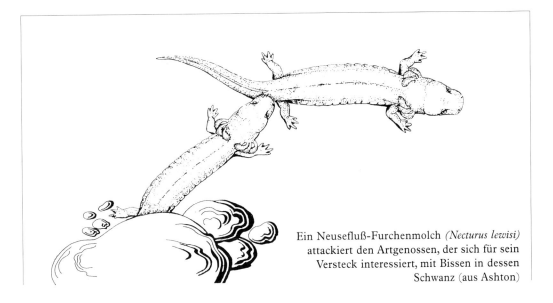

Ein Neusefluß-Furchenmolch (*Necturus lewisi*) attackiert den Artgenossen, der sich für sein Versteck interessiert, mit Bissen in dessen Schwanz (aus Ashton)

sinn bei Bewohnern von Höhlengewässern. Der Grottenolm *(Proteus anguinus)* entwickelte Sinnesleistungen, die sich teilweise ebenso bei seinen nicht in Höhlen lebenden Verwandten beobachten lassen. Grottenolme und Gefleckte Furchenmolche gewinnen ihre Informationen von elektrischen Signalen aus der Umwelt, nach denen sich ihre Tages- und Jahreszyklen mit den dafür typischen Verhaltensreaktionen richten. Auf diese Signale können aber auch direkt Reaktionen erfolgen, etwa Verteidigungsverhalten, Flucht oder Verstecken. Grottenolme sind besser als alle bisher untersuchten Amphibien in der Lage, chemische Signale für die Kommunikation zu nutzen. Sie geben Substanzen ab, die individuellen Charakter tragen und beispielsweise Revier bzw. Versteck eines Männchens markieren und es dem Eigentümer ermöglichen, stets dorthin zurückzufinden. Andererseits können diese chemischen Signale während der Paarungszeit Weibchen anlocken und Nebenbuhler fernhalten. So ist es auch möglich, daß sich ein Männchen während eines Kommentkampfes (Schwanzschlagen, Rammen und Beißen) den „Duft" seines Rivalen einprägt und diesen künftighin meidet. Es konnte außerdem beobachtet werden, daß Grottenolme bereits besetzt gewesene Unterschlupforte, die sie an der chemischen Markierung erkennen, lieber aufsuchen, als solche, in denen sich noch nie ein Olm aufgehalten hat. Der individuelle „Duft" bleibt zum Beispiel an Steinen mehrere Tage lang erhalten. Erst erwachsene Grottenolme sind in der Lage, chemische Signale abzugeben und sie zu empfangen.

Alle Olmartigen (Proteidae) können sich außerdem in Fließgewässern auf die Strömung einstellen und schwimmen ähnlich wie viele Fische gegen den Strom (Rheotaxis). Eine Verhaltensform der Grottenolme findet man etwas modifiziert auch bei Plattschwanz-Schwimmwühlen *(Typhlonectes compressicauda)* wieder. Während die Olme mit Vorliebe bereits von anderen Individuen ihrer Art

besetzt gewesene Ruheplätze aufsuchen, bevorzugen die Schwimmwühlen einen sofortigen Direktkontakt. Es ist bemerkenswert, wieviele Individuen etwa unter einem Stein Platz finden. Die Tiere verknäulen sich untereinander; dabei benötigen sie offenbar den sehr engen Körperkontakt in ihrer Ruhephase. Nicht nur Grottenolme, sondern auch andere nichtaktive Arten, so beispielsweise der Mittlere Armmolch *(Siren intermedia)* ziehen die Dunkelheit dem Licht vor. Setzt man sie einem Lichtstrahl aus, so fliehen sie ins Dunkle. Diese Reaktion nennt man „negative Phototaxis", die Bewegung vom Licht weg. Derartige Reaktionen sind lebensnotwendig, da jede Bewegungsaktivität Energie kostet. Die Fortbewegung ist insbesondere für die Nahrungssuche wichtig. Sie kann aber nur dann erfolgreich sein, wenn die Beutetiere ebenfalls aktiv sind. Bei vielen nachtaktiven Amphibien hat sich eine Anpassung an die Aktivitätsperioden der Nahrungsobjekte eingestellt.

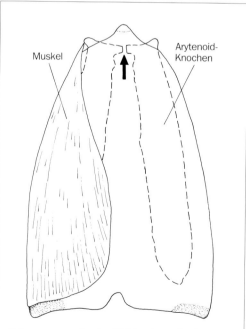

Stimmapparat in der Kehle einer Großen Wabenkröte *(Pipa pipa)* (aus Rabb)

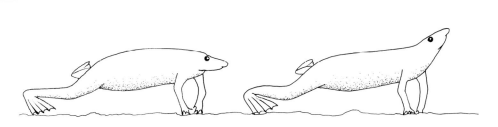

Rufstellungen der Männchen von Boettgers Zwergkrallenfrosch *(Hymenochirus boettgeri)* in ihrem Territorium (aus Österdal & Olsson)

Permanent aquatile Caudaten und Gymnophionen besitzen keine Stimmorgane. Die von ihnen produzierten Laute entstehen durch Atmungsgeräusche bzw. das Schlukken. Ausführliche Untersuchungen über die Schlucklaute (ein Klickgeräusch) am Mittleren Armmolch ergaben, daß diese, wie auch andere Amphibienrufe, für die Kommunikation eine Bedeutung haben. Sie sind häufiger zu beobachten, wenn sich andere Individuen der gleichen Art in der Nähe aufhalten; es kann dann sogar zu Simultanrufen kommen. Die verhornten Kieferhüllen treffen bei entsprechender Kopfbewegung aufeinander, was zu einem „Klicken" führt, das etwa mit dem Zähnereiben bei Säugetieren vergleichbar wäre. Schwanz- und Schleichenlurche hören mit Hilfe einer Knorpelplatte (Operculum), da sie für diese Funktion noch kein Trommelfell und keine Paukenhöhle besitzen. Zungenlose (Pipidae) bilden eine sehr kleine derartige Knorpelplatte aus, oder sie fehlt. Wie diverse Experimente belegen, hören diese aquatilen Anuren trotzdem ebenso gut, wie an Land lebende Froschlurche. Wie dieses Phänomen biophysikalisch zu erklären ist, kann nach dem gegenwärtigen Stand der Erkenntnisse noch nicht gesagt werden. Analog zu den terrestrischen Anuren entwickelten Krallenfrösche und Wabenkröten unterschiedliche Rufarten, deren Funktion nur auf der Basis des Hörvermögens Bestand haben kann. Theoretisch wäre eine Schallortung im Wasser für die Frösche nicht möglich. Trotzdem vermögen offenbar die Weibchen anhand der

Paarungsrufe ihre Partner zu lokalisieren und schwimmen ihnen daraufhin entgegen. Es konnte sogar gezeigt werden, daß Große Krallenfrösche *(Xenopus laevis)* durch „Belohnung" und „Bestrafung" bei jeweiligen Frequenzen (Minimaldifferenz 1,6 Kilohertz) nach fünf Tagen Töne unterschiedlicher Höhe zu unterscheiden lernten. Dieses Ergebnis verwundert um so mehr, da ähnliche Experimente an landbewohnenden Froschlurchen unter viel günstigeren Bedingungen negative Resultate brachten.

Unterschiedliche klickende Ruffolgen wurden bei der Mittleren Wabenkröte *(Pipa carvalhoi)*, aber auch bei anderen Arten differenziert, etwa Spontan- und Werberufe. Vergleicht man Rufe eines Typs, die unter gleichartigen Bedingungen aufgenommen worden sind, in ihrer digitalen Darstellung, also im Sonagramm, so lassen sich art- und sogar unterartspezifische Merkmale erkennen. Es ist von Bedeutung, ob mit einem Hygrophon oder mit einem Mikrophon gearbeitet wird, da durch die andersartige Schallübertragung im Wasser verschiedene Werte auftreten können. Bis zu 150 000 Hertz kann die Frequenz des Paarungsrufes maximal betragen (bei *Xenopus ruwenzoriensis*), normalerweise mißt man jedoch Bereiche zwischen 10 000 und 20 000 Hertz. Oft dient die bioakustische Differenzierung einzelner Arten der Krallenfrösche *(Xenopus, Silurana)* der Unterscheidung ansonsten fast nur in ihren Chromosomenzahlen (Karyotyp) differenzierbaren Zwillingsarten. Zungenlose besitzen einen im

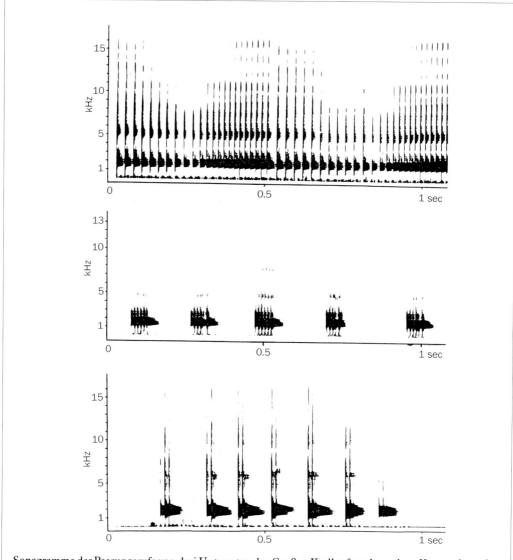

Sonagramme der Paarungsrufe von drei Unterarten des Großen Krallenfrosches: oben *Xenopus laevis laevis,* Mitte *Xenopus laevis petersi,* unten *Xenopus laevis victorianus* (aus Vigny)

Tierreich einmaligen Stimmapparat. Es handelt sich um einen besonderen Knochen im Kehlkopfbereich (Arytenoid-Knochen), der durch verschiedene Muskeln gehalten wird. Ein spindelartiges Knöchelchen vibriert durch Lufteinzug und klappert dabei an den Wandungen der Box. So kommt es zu den unterschiedlichsten Klickgeräuschen. Sie werden meistens in einer halbaufrechten Rufhaltung, aber auch beim Schwimmen und im Falle des Abwehrrufes sogar unter mechanischer Einwirkung hervorgebracht.

Fortpflanzung und Individualentwicklung

Wie alle anderen Amphibien besitzen auch die aquatilen Vertreter dieser Wirbeltierklasse primäre und sekundäre Geschlechtsorgane. An Situspräparaten, beispielsweise von Axolotln *(Ambystoma mexicanum)* kann man die mit geringfügigen Abweichungen auch für alle anderen Arten zutreffende Topographie der primären Geschlechtsorgane erkennen. Sie sind jeweils beidseitig ausgebildet und befinden sich meist unterhalb des Magens und der Leber etwa in der Höhe des Darmes. Immer ist ihre Aufhängung im Bindegewebe der Rückenseite realisiert. Während Männchen entweder unpigmentierte fleischfarbene bzw. mehr oder weniger mit schwarzen Farbträgerzellen (Chromatophoren) durchsetzte Hoden (Testes) ausbilden, die oft von gelben Fettkörpern umgeben sind, weisen die Weibchen je nach Reifegrad der Eier mehr oder weniger voluminöse Eierstöcke (Ovarien) auf. Bei den Männchen führt ein Samenleiter zur Kloake, bei den Weibchen ein Eileiter. Diese Gänge der Geschlechtsprodukte beider Geschlechter sind stark aufgewunden. Oft wird bereits während der Larvenentwicklung determiniert, ob sich ein Individuum zu einem Weibchen oder zu einem Männchen entwickelt. Bei einigen Arten geschieht das hingegen erst kurz vor dem Erreichen der Geschlechtsreife. Insbesondere bei Axolotl *(Ambystoma mexicanum)* und Großem Krallenfrosch *(Xenopus laevis)* führten Genetiker und Entwicklungsphysiologen Experimente zur künstlichen Geschlechtsumwandlung durch. Natürliche Zwitter kommen offenbar nur sehr selten vor.

Sekundäre Geschlechtsmerkmale können in solche eingeteilt werden, die für die Fortpflanzung von Bedeutung sind, und in jene, deren biologische Funktion unbekannt ist, die es aber dem Beobachter erleichtern, das Geschlecht eines Individuums äußerlich zu

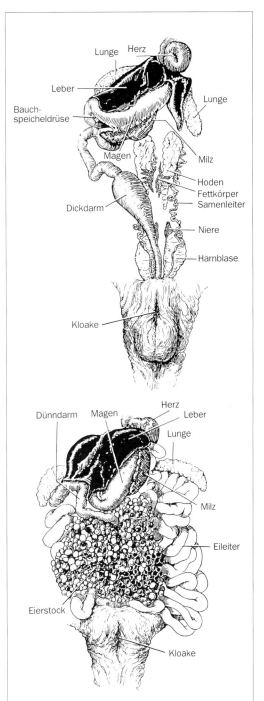

Die inneren Organe des Axolotl *(Ambystoma mexicanum)* werden in Situspräparaten eines Männchens (oben) und eines Weibchens (unten) sichtbar (aus Brunst)

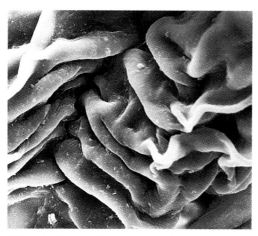

Mikrostruktur der Kloakendrüse der Plattschwanz-
Schwimmwühle *(Typhlonectes compressicauda)*

erkennen. Während letztere bei der Abhand-
lung der einzelnen Arten detailliert vorgestellt werden, soll an dieser Stelle auf einige
allgemeine Angaben über funktionell bedeutungsvolle sekundäre Geschlechtsmerkmale
eingegangen werden.

In den meisten Fällen kann man die Männchen brünftiger Schwanzlurche, oft sogar
auch außerhalb der Fortpflanzungszeit, an diversen, teilweise sogar luxurierenden häuti-
gen Körperanhängen (zum Beispiel Schwanz-
fäden, Rückenhautsäume, Hautkämme,
Schwanzfahnen, Drüsenwülste, Warzenbil-
dungen, Flossensäume an den Hinterextremitäten u. a.) erkennen. Am sichersten lassen sie
sich allerdings anhand ihrer verdickten Kloakenlippen determinieren. Bei der Kloake
handelt es sich um den einzigen Ausgang
des Enddarmes, in denen auch Harn- und
Genitalwege münden. In die Kloake der
meisten Schwanzlurchmännchen (außer
Armmolchen, Sirenidae) münden Drüsen
(Kloakendrüsen), die Gallerte und chemische
Substanzen produzieren, welche der Revier-
abgrenzung, dem Anlocken von Weibchen,
aber auch der individuellen Wiedererken-
nung dienen. Die Gallerte hat die Funktion,
während der Paarung austretende Spermien

in Gallertpaketen (Spermatophoren) zusam-
menzufassen. Diese sehen wie ein Positivab-
druck der Kloakenhöhlung aus und besitzen
eine artspezifische Morphologie. Durch die
endständigen Kloakendrüsen (es werden vier
verschiedene Typen unterschieden) sind die
Kloakenlippen der Männchen meist verdickt
und sehen „angeschwollen" aus. Die Kloaken-
höhlungen nahe verwandter Arten, beispielsweise der drei Aalmolcharten *(Amphiuma)*
sind relativ ähnlich aufgebaut, ferner ver-
wandte Arten unterscheiden sich jedoch von
ihnen deutlich. Die Vermutung, man könne
Unterschiede in der Kloakenhöhlenausbil-
dung neotenischer und metamorphosierter
Individuen einer Art feststellen, bestätigte
sich nicht. Vergleiche fakultativ neotenischer
und metamorphosierter Zierlicher Querzahnmolche *(Ambystoma gracile)* zeigten das ein-
deutig.

Damit kann man einerseits die Nutzbarkeit
der Kloakenhöhlenmorphologie als Merkmal
zur Bestimmung von Arten in unterschiedlichen entwicklungsphysiologischen Zustän-
den (neotenische und metamorphosierte Individuen) belegt werden. Andererseits unterstreichen die Ergebnisse aber auch, daß
Neotenie keinen Einfluß auf diese artspezifischen Merkmale hat. Die potentielle Kreuz-
barkeit neotenischer und metamorphosierter
Tiere ist also auch aufgrund der gleichen Sper-
matophorenmorphologie gegeben.

Aquatile Anuren besitzen prinzipiell dieselben sekundären Geschlechtsmerkmale, wie
sie auch bei terrestrischen Froschlurchen zu
finden sind. Männchen der Krallenfrösche
(Xenopus, Silurana) bilden dunkel pigmentierte Brunftschwielen an den 1. bis 3. Zehen
der Vorderextremitäten aus. Sie geben ihnen
während der Paarungsumklammerung (Amplexus inguinalis) durch eine rauhe, teilweise verhornte Zellschicht einen festen Halt
in der Lendengegend der Weibchen. Bei den
Männchen der Großen Wabenkröte *(Pipa
pipa)* wurden dunkle, schwielenartige Bereiche an den Zehen der Hinterextremitäten ent-

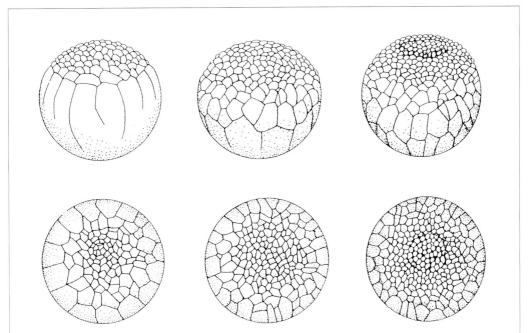

Segmentierung einer befruchteten Eizelle des Japanischen Riesensalamanders *(Andrias japonicus)* (aus Grassé & Delsol)

deckt. Sie sehen wie aufgewölbte, rauhe Flekken aus, sind 2 bis 2,5 Zentimeter lang und 0,5 bis 1 Zentimeter breit. Ähnlich den Brunftschwielen werden diese rauhen Hautbereiche in der Paarungszeit besonders stark ausgebildet. Im Verlauf des Paarungstanzes, über den in einem späteren Kapitel zu berichten sein wird, reibt das Männchen mit diesen Flächen seiner Füße seitlich am Kopf des Weibchens. Histologische Untersuchungen ergaben, daß die rauhen Polster bis zu 0,5 Millimeter in die Haut hineinragen und eine eiweißartige Substanz enthalten, die möglicherweise auf die Weibchen stimulierend wirkt. Schließlich soll noch erwähnt werden, daß sich die Weibchen aller Zungenlosen (Pipidae) an weit hervorragenden Kloakenlippen erkennen lassen; außerdem besitzen sie in der Regel einen fülligeren Körper und sind meistens etwas größer als die Männchen.

Die ontogenetische Entwicklung der Schwanz- und Schleichenlurche verläuft weniger dramatisch als jene der Froschlurche. Diese relativ einfache Individualentwicklung stellt sich bei den beiden ersteren Ordnungen folgendermaßen dar: Nach dem Abschluß der embryonalen Phase, die im wesentlichen wie bei allen Wirbeltieren verläuft, setzt die Larvenentwicklung ein. Im Prinzip sind zu diesem Zeitpunkt, bis auf die Fortpflanzungsorgane, alle lebensnotwendigen Organsysteme ausgebildet. Sie werden von nun an vervollkommnet und stabilisiert. So verhärten (verknöchern) die einzelnen, zunächst als Knorpel angelegten Skeletteile in fünf Etappen. Dabei unterliegen zunächst für die Nahrungsaufnahme bedeutungsvolle Schädelknochen und Teile der Wirbelsäule einer Verknöcherung (Ossifikation). Danach folgen Vorderextremitäten und weitere Bereiche des Schädels. In der dritten Etappe werden Rippen und Hinterextremitäten verknöchert, in der vierten Schulter- und Beckengürtel und in der letzten schließlich Hand- und Fußknochen.

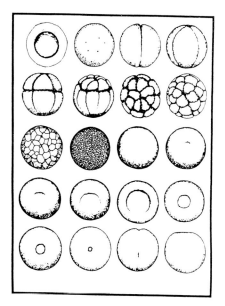

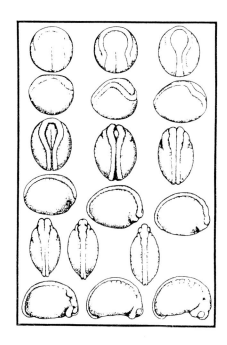

Embryonale Entwicklungsstadien des Axolotl
(aus Bordzilovskaya & Dettlaff)

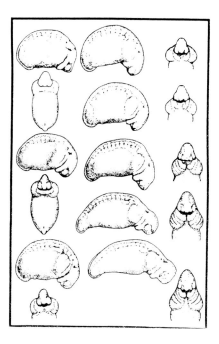

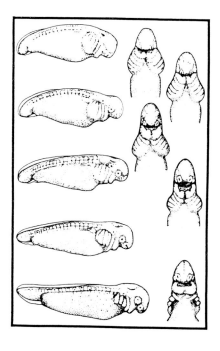

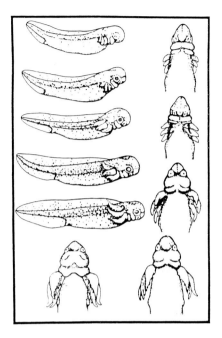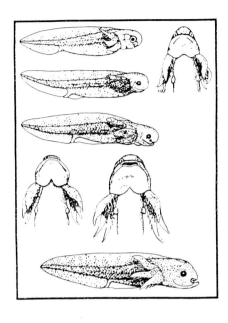

Embryonale Entwicklungsstadien des Axolotl (Fortsetzung)

Für Axolotl *(Ambystoma mexicanum)* und andere Arten existieren standardisierte Entwicklungstabellen über die einzelnen Schritte der embryonalen und larvalen Phasen. Jedes Stadium erhält eine Nummer, so daß sich alle Etappen definieren lassen. Allein für den Großen Krallenfrosch *(Xenopus laevis)* wurden mehrere dieser Normentafeln entwickelt. Außer einer Numerierung der Stadien sind in solchen Übersichten Größe und Alter bei einer konstanten Temperatur angegeben.

Die Etappe der Larvenentwicklung wird bei Krallenfröschen *(Xenopus, Silurana)* pragmatisch in drei Stadien eingeteilt: die primäre (Stadium 21), sekundäre (Stadium 22) und tertiäre Kaulquappenform (Stadium 23). Für manche Forschungsarbeiten genügt diese Einteilung nicht, so daß eine Vielzahl von Teilstadien differenziert werden. Auch bei den wasserbewohnenden Froschlurchen findet analog zu Axolotllarven eine allmähliche Ver-

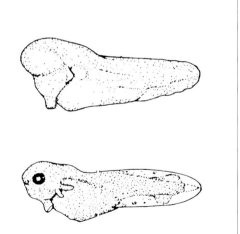

2,5 Millimeter lange Larve von Boettgers Zwergkrallenfrosch *(Hymenochirus boettgeri)* zum Zeitpunkt des Schlüpfens (links) und 3,5 Millimeter lange Larve des Gedrungenen Zwergkrallenfrosches *(Hymenochirus curtipes)* 24 Stunden nach dem Schlupf; beide befinden sich in der primären Entwicklungsphase (aus Sokol)

knöcherung des Skeletts statt. Während dieses Vorganges vollziehen sich aber auch Veränderungen. Verschiedene Knochen verschmelzen miteinander oder werden wieder zurückgebildet; neue entstehen, werden verlagert oder erhalten eine andere Funktion. Die Körperproportionen können sich bei den Froschlurchen stark abwandeln. Hinzu kommt, daß sich bei ihnen die Extremitäten erst während der Metamorphose herausbilden und gleichzeitig der Schwanz, das heißt alle seine Gewebe (etwa Knochen, Muskulatur, Nerven) resorbiert werden müssen. Schon vorher mußten sich aber die Sinnes- und Stoffwechselleistungen so weit entwickelt haben, daß sie für ein normales Wachstum und die aquatische Lebensweise der Kaulquappen ausreichten. Dazu gehört beispielsweise die Ausbildung von Augen und eines Magen-Darm-Systems. Letzteres wird aber während der Metamorphose wiederum umgebaut, da die Pipidenlarven mit Hilfe eines Filterapparates Plankton (meistens einzellige Algen) aus dem Wasser filtern.

Bei einer solchen, vornehmlich vegetarischen Lebensweise bildet sich ein relativ langer Darm aus. Auch sind es teilweise spezifische Enzyme, die pflanzliche Stoffe für den Körper aufschließen. Während der Metamorphose kommt es nun zur Verkürzung des Darmes und zu einer Veränderung der Enzyme. Schließlich wird schon relativ bald während der Larvenentwicklung eine Lunge angelegt, die nach der Metamorphose jenen Teil der Atmung übernimmt, der vorher von den Kiemen realisiert wurde. Die Hautatmung bleibt im Prinzip erhalten. Viele andere wichtige Körperfunktionen werden im Zuge der umfassenden Wandlung von Körpergestalt und -funktion neu geschaffen bzw. perfektioniert. Der für ein intaktes Immunsystem so wichtige Thymus beginnt aktiv Zellen für das Blutgefäßsystem zu determinieren. Dabei kommt auch erstmals ein sehr flexibles Immunglobulin (IG Y) zur Synthese, das erheblich größere

Abwehrkräfte besitzt als die trägeren, schon bei Larven vorhandenen, schweren Moleküle (IG M). Durch eine Synchronisierung von Atmungs- und Herzfrequenz ist ein optimaler Energiegewinn während der letzten Larvenstadien und der Metamorphose gegeben. In dieser Zeit beginnen die Kaulquappen bereits aktiv an der Wasseroberfläche Luft aufzunehmen, so daß ihre Lungen trainiert werden. Im Zusammenwirken mit dem Suspensionsfilterprinzip ermöglicht diese Verhaltensweise den Larven, im Verhaltensablauf des freien Schwimmens mehrere Körperfunktionen durchzuführen.

In Kaulquappenschwärmen des Großen Krallenfrosches *(Xenopus laevis)* konnte ein strenges Sozialverhalten beobachtet werden.

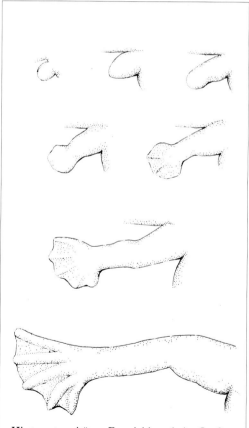

Hinterextremitäten-Entwicklung beim Großen Krallenfrosch *(Xenopus laevis)* (aus Bretscher)

So schwimmen die Larven stets parallel zueinander im Schwarm. Ihr Interaktionsabstand macht bei Licht etwa zwei Körperlängen aus. Im Dunkeln stehen die *Xenopus*-Larven etwas steiler, mehr „helikopterähnlich" als bei Licht. Ist die Besatzdichte im Aufzuchtbehälter zu groß, so kommt es zum sogenannten Crowd-Effekt. Es handelt sich um die Hemmeinwirkung einiger Laven des Schwarmes auf andere. Durch ins Wasser abgegebene Sustanzen werden Wachstum und Entwicklung eines Teiles der Kaulquappen gehemmt, so daß die Metamorphose zeitlich versetzt eintritt. Damit kann im Falle des Austrocknens eines Gewässers (und der im Vorfeld zu beobachtenden Verdichtung des Larvenbestandes in einem immer geringer werdenden Wasservolumen) wenigstens ein Teil der Tiere gerettet werden, bei nachfolgender Regenauffüllung aber auch der Gesamtbestand überleben.

Lebensräume in der Natur

Obwohl viele aquatile Amphibienarten stehende Gewässer bevorzugen, sollen in diesem Abschnitt zunächst die Lebensräume in Flüssen und Bächen vorgestellt werden. Es ist nämlich anzunehmen, daß in manchen Fällen zunächst Fließgewässer als Lebensraum dienten, schließlich aber ruhige Zonen und letztendlich stehende Gewässer besiedelt wurden. Typische Bewohner von Bächen und Flüssen sind die asiatischen Riesensalamander *(Andrias)*. Sie bevorzugen als junge Larven höhere Fließgeschwindigkeiten des Wassers, wie sie in den Oberläufen zu finden sind. Die ausgewachsenen Exemplare halten sich gern in ruhigeren Bereichen der Flußunterläufe auf. Ihre Aufenthaltsorte bei Tage sind Steinhöhlen und röhrenartige Gänge im Flußsand. In der Nacht verlassen sie diese und gehen auf Nahrungssuche. Für den Japanischen Riesensalamander *(Andrias japonicus)* werden Süßwasserkrabben, aber auch Fische als Haupt-

nahrungstiere genannt. Die Wassertemperatur der Flüsse beträgt zur Fortpflanzungszeit im Sommer 18 bis 22 °C. Auch im Winter frieren diese nicht zu.

Eine ähnliche Biologie ist von den nordamerikanischen Hellbendern *(Cryptobranchus alleganiensis)* bekannt. Diese Tiere bewohnen ebenfalls Flüsse und verbergen sich tagsüber in Höhlen. Die von dieser Art besiedelten Flußbereiche lassen sich daran erkennen, daß sie eine größere Anzahl flacher, plattenförmiger, in seichtem Wasser liegender Steine aufweisen. Bei ca. 61 Zentimeter Wassertiefe erreichen die Hellbender ihre größte Populationsdichte. Die weiteste von einem Schlammteufel zurückgelegte Strecke beträgt 990 Meter. Dafür benötigte das Tier 28 Tage. Die Unterart *Cryptobranchus alleganiensis bishopi* wanderte in einer Zeit von 48 Tagen fluß- auf- und flußabwärts insgesamt 525 Meter weit. Die meisten beobachteten Exemplare waren jedoch relativ ortstreu und verließen ihr Versteck niemals weiter als 20 bis 30 Meter.

Für feldbiologische Untersuchungen lassen sich Hellbender durch Umdrehen von flachen Steinen gut finden und mit der Hand fangen. Um ihre Ortstreue und Populationsdichte bestimmen zu können, markierte man diese Salamander durch das Einbrennen von Zahlen in die Haut. Die Fortpflanzungszeit beginnt im September und endet im Oktober. Obwohl Eier und Larven vielen Freßfeinden ausgesetzt sind, überleben meist so viele, daß die Populationen erhalten bleiben.

Andere nordamerikanische neotenische Schwanzlurche, die man vor allem in Flüssen findet, sind die Furchenmolche. Die Biotope des Louisiana-Furchenmolches *(Necturus maculosus louisianensis)*, des Golfküsten-Furchenmolches *(Necturus beyeri)* sowie des Kleinen Furchenmolches *(Necturus punctatus)* wurden ausführlicher untersucht. Die letztere Art kommt nahe dem Ufer vergesellschaftet mit Zweizehen-Aalmolchen *(Amphiuma means)* und Armmolchen *(Siren)* in einer Was-

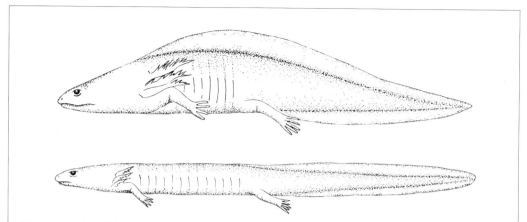

Die neotenischen Schwanzlurche sind in ihrer Körperform den Wohngewässern angepaßt; die schematisierte Zeichnung stellt Larventypen oben aus einem stehenden und unten aus einem fließenden Gewässer dar (aus Minton)

sertiefe von etwa 30 Zentimeter vor. Sie bevorzugt offene Flächen mit Sand und Schlamm sowie Laub als Bodengrund. Ihre mittlere Schwimmgeschwindigkeit im Biotop beträgt 12 Zentimeter pro Sekunde. Als Mageninhalt wurden Regenwürmer, Eintagsfliegen- und Zuckmückenlarven, aber auch andere Molche, Krabben und Pflanzenteile determiniert. Die beiden anderen Arten vermehren sich im Mai bei Wassertemperaturen zwischen 18 und 20 °C. Die Zoologen nutzten für Fang und Nachweis ein Elektrofischgerät, das auch bei Untersuchungen an Wildfischen Anwendung findet. Durch einen leichten elektrischen Schlag werden dabei viele Wassertiere kurzzeitig schadlos gelähmt und treiben meist an der Oberfläche. Golfküsten-Furchenmolche fressen vor allem Asseln, Süßwasserkrebse, Eintagsfliegen-, Libellen- und Zuckmückenlarven sowie Regenwürmer. Sie sind relativ häufig von Parasiten befallen, darunter eine Art der mit den Rädertierchen verwandten Acanthocephalen *(Fessisentis necturorum)* und Rundwürmer *(Ophiotaena)*. Gefleckte Furchenmolche *(Necturus maculosus)* haben ihr Temperaturoptimum bei 15 °C, es steigt oder sinkt aber in Abhängigkeit von der jeweiligen Jahreszeit. Sie regulieren ihre Körpertemperatur in Anpassung an die Umgebung.

Aal- und Armmolche (Amphiumidae und Sirenidae) sind durch eine relativ hohe ökologische Anpassungsfähigkeit gekennzeichnet. Man findet sie ebenso in ruhigen Zonen fließender Gewässer wie auch in Überschwemmungstümpeln, Teichen und Weihern. Einzehen-Aalmolche *(Amphiuma phloeter)* bevorzugen offenbar versumpfte Verlandungsbereiche, während Dreizehen-Aalmolche *(Amphiuma tridactylum)* ruhige Zonen des offenen Wassers in Flußauen und Seen bewohnen. Dort ernähren sie sich vor allem von Süßwasserkrabben *(Pomacambarus)*. In einem Fall ist belegt, daß sogar eine kleinere Schnappschildkröte *(Cheldyra serpentina)* von einem Dreizehen-Aalmolch verschlungen wurde. Der Mittlere Armmolch *(Siren intermedia)* schwimmt gern im freien Wasser stehender Gewässer. Mitte April beginnt die Fortpflanzungsperiode dieser Caudaten. Sie dauert etwa einen Monat lang. Als Hauptkomponenten der Nahrung werden Zuckmücken- und Eintagsfliegenlarven nachgewiesen. Bei 83% der 116 untersuchten Tiere sind erhebliche Mengen von Pflanzenteilen im Verdauungstrakt entdeckt worden. Auch bei dieser Art findet man häufig Rundwürmer als Parasiten.

Hellbender *(Cryptobranchus alleganiensis)* sind durch ein wenig effektives Atmungssystem auf ein Leben in sauerstoffreichem Wasser angewiesen. Bei dessen Verschmutzung und insbesondere einer Verringerung des Sauerstoffgehaltes reagieren sie sehr empfindlich. Gefleckte Furchenmolche *(Necturus maculosus)* sind demgegenüber schon wesentlich toleranter. Letztendlich halten es Große Armmolche *(Siren lacertina)* und Zweizehen-Aalmolche *(Amphiuma means)*, die an das Leben in kohlendioxidreichen, stehenden Gewässern mit einem durch dichte Wasserhyazinthenteppiche *(Eichornia crassipes)* bedingten geringen Gasaustausch adaptiert sind, sogar in „umgekippten" (sauerstofffreien) Seen und Weihern aus. Sie atmen dann ausschließlich durch ihre relativ gut entwickelten Lungen. Trocknen die Wohngewässer einmal aus, so verkriechen sich die Armmolche (Sirenidae) im Schlamm und verharren dort bis zur erneuten Überflutung des Terrains. Dabei sind sie in der Lage, ihre Stoffwechselaktivität um 60 bis 70% zu verringern. Dieses auch während der Überwinterung zu beobachtende Phänomen bedeutet, daß der Körper der Tiere viel weniger Nahrung benötigt und damit die Überlebenschancen auch während längerer Dürreperioden steigen. Um ihren Körper außerdem vor der Austrocknung zu schützen, produzieren die Armmolche mit Hilfe ihrer Hautdrüsen ein schleimiges Sekret, das den gesamten Körper außer der Maulspalte wie ein Kokon umgibt. Die Harnblase speichert sehr viel Urin (10% der Körperflüssigkeit), damit nicht ein Tropfen zuviel Flüssigkeit an die Umgebung abgegeben und zur Not ein Teil wieder resorbiert werden kann.

Über die Lebensräume der aquatilen Schleichenlurche ist noch relativ wenig bekannt. Manche von ihnen bewohnen langsam fließende, andere stehende Gewässer. Die Plattschwanz-Schwimmwühle *(Typhlonectes compressicauda)* lebt beispielsweise in 30 bis 60 Zentimeter tiefen, in Höhe des Wasserspiegels befindlichen Schlammhöhlen an ruhigen Flußarmen. In diesen Höhlen verbringen die Tiere auch meist unbeschadet die Trockenzeit. Der Abstand zwischen den Höhlen beträgt 3 bis 4 Meter. Gelegentlich wurden auch mehrere Tiere in einer Höhle gefunden.

Nach Sonnenuntergang verlassen die Schwimmwühlen ihren Unterschlupf, um freischwimmend auf Nahrungssuche zu gehen. Ihr geselliges Schwimmen läßt sich im Schein der Taschenlampe beobachten. Die Wühlen fangen und verspeisen Garnelen, andere Arthropoden, aber auch kleinere Fische. Die Fortpflanzungsperiode ist auf die Zeit nach dem Ende einer Trockenzeit beschränkt. Trotz ihrer relativ toxischen, schleimigen Sekrete werden Plattschwanz-Schwimmwühlen von Fischen wie Arapaima *(Arapaima gigas)* und *Hoplias malabaricus* sowie Schlangen gefressen. Die Unscheinbare Schwimmwühle *(Chthonerpeton indistinctum)* bewohnt kleinere stehende Gewässer. Den Tag verbringen die Tiere meist im Schlamm des Bodengrundes. Bei Einbruch der Dunkelheit jedoch beginnen sie, aktiv zu schwimmen. Dabei fressen sie Süßwasserkrabben *(Metasesarma rubripes)*, Schwarzkäfer (Tenebrionidae), Ameisen (Formicidae), diverse Spinnen, Libellenlarven und Anurenkaulquappen. Diese Nahrungszusammensetzung zeigt, daß offenbar auch ins Wasser gefallene terrestrische Tiere verspeist werden. Außerdem fand man einen relativ großen Anteil von Pflanzenteilen in den Mägen dieser Schleichenlurche.

Die auf Südamerika beschränkten Wabenkröten *(Pipa)* wurden in ihrer Ökologie nur lückenhaft untersucht. Sehr genügsame und in vielen unterschiedlichen Lebensräumen anzutreffende Arten sind die Mittlere Wabenkröte *(Pipa carvalhoi)* und die Große Wabenkröte *(Pipa pipa)*. Von der letzteren ist sogar bekannt, daß sie zum Kulturfolger in Großstädten wurde, wo sie die Kanalisationsgräben besiedelt und sich auch unter unwirtlichen Bedingungen vermehrt. Mittlere Wabenkröten sind zwar gegenüber schlechten Wasserqualitäten als ausgewachsene Tiere ebenso unempfindlich, jedoch schränkt ihre Fortpflanzungsbiologie eine Verbreitung in stark

Höhlengewässer von Sagrado,
ein Biotop des Grottenolmes
(*Proteus anguinus*)

Flußufer des Igarapé Açi in
Brasilien, ein Biotop der Platt-
schwanz-Schwimmwühle
(*Typhlonectes compressicauda*)

Pajas Blancas bei Montevideo,
Uruguay, ein Biotop der Un-
scheinbaren Schwimmwühle
(*Chthonerpeton indistinctum*)

Bunyoni-See bei den Virunga-Vulkanen in Zaire,
ein Biotop von Wittes Krallenfrosch *(Xenopus wittei)*

Regenwaldtümpel in Kamerun, Fang von Boettgers
Zwergkrallenfrosch *(Hymenochirus boettgeri)*

anthropogen belasteten Zonen ein. Die Larven dieser Art benötigen als Filtrierer Lebensräume mit ausreichend planktontischen Lebewesen sowie zur Kiemenatmung einen relativ hohen Sauerstoffgehalt. Da bei Großen Wabenkröten keine freilebenden Larven vorkommen, entfällt diese die Anpassungsfähigkeit einschränkende Entwicklungsphase. Okkerfarbene Wabenkröten *(Pipa arrabali)* kommen in teilweise miteinander verbundenen Tümpeln vor, die sich meistens in der Nähe eines Flußsystems befinden.

Durch Markierungen an diesen Tieren (Zehenamputation) konnte nachgewiesen werden, daß sie sich von Zeit zu Zeit ans Land begeben, um zum nächsten Tümpel zu wandern. Sie ernähren sich vor allem von Kaulquappen anderer Anuren und zerstören sogar die Schaumnester von Pfeiffröschen *(Leptodacty-*

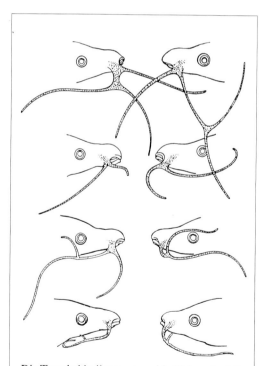

Die Tentakel in ihrer unterschiedlichen Ausbildungsform helfen den planktonfressenden Larven des Großen Krallenfrosches *(Xenopus laevis)* bei der Orientierung in trüben Gewässern (aus Bles)

lus), um die darin befindlichen Eier oder Larven zu verzehren.

Von den in Afrika verbreiteten Zungenlosen gibt es ähnliche Erkenntnisse, wie über die neotropischen Wabenkröten. Während die Zwergkrallenfrösche *(Hymenochirus, Pseudhymenochirus)* ausschließlich in tropischen, pflanzenreichen Weihern und Flußauen leben, findet man viele Krallenfroscharten *(Xenopus, Silurana)* auch in der gemäßigten Zone. Sie bevölkern je nach Species unterschiedliche stehende, seltener fließende Gewässer. Der Kap-Krallenfrosch *(Xenopus gilli)* bevorzugt beispielsweise klare, nährstoffarme Tümpel und Weiher mit saurem Wasser. Obwohl Große Krallenfrösche *(Xenopus laevis)* eher schlammige, trübe Teiche, Stauseen, Gräben und Kanäle besiedeln, kommen sie als ökologisch plastische Art in einigen Gebieten, so zum Beispiel in der Kap-Provinz Südafrikas (Good Hope Nature Reserve), gemeinsam mit Kap-Krallenfröschen in denselben Gewässern vor. In solchen Fällen sind die ökologischen Isolationsbarrieren durchbrochen, und es kommt zur Bastardierung beider Arten. In 50% der von beiden Species besiedelten Weiher wurden Hybridtiere gefunden. Nicht nur an andere Wasserverhältnisse, sondern auch an völlig veränderte Außenfaktoren adaptieren sich Große Krallenfrösche.

Höhlenforscher fanden sie in Gewässern tief im Inneren von Höhlen. Dort bewohnen sie Bereiche, in die kein Sonnenlicht mehr vordringt. Sie ernähren sich von den für südafrikanische Höhlen typischen Süßwasserkrabben. Durch die weltweite Verbreitung als Labortier geschah es an mehreren Orten, daß Große Krallenfrösche ausbrachen und die natürlichen Lebensräume eroberten. Bisher gelang es ihnen aber nur in Südkalifornien, sich auch über längere Zeit dort zu vermehren und damit zur Faunenverfälschung zu werden. Versuche nordamerikanischer Wissenschaftler belegen, daß *Xenopus laevis* eine sehr lange Zeit in Schlammlöchern überdauert und bei Regen in das nächstgelegene Gewässer weiterwandert. Die Fortpflanzungszeit beginnt in Kalifornien Ende Mai. Die Tiere haben sich offenbar an den im Vergleich zu ihrer südafrikanischen Heimat umgekehrten Jahreszyklus rasch gewöhnt. Wie auch in ihrer Heimat werden dort die Weibchen vor den Männchen geschlechtsreif und produzieren mehrmals jährlich große Mengen von Eiern. Sogar Brackwasser wird von ihnen besiedelt, wenn die Natriumchloridkonzentration 300 Millimol pro Liter nicht übersteigt.

In Goldfisch- und Gartenteichen Südafrikas wurden Große Krallenfrösche zur Plage, da sie sich dort auf das Fischfressen spezialisierten. Ein besonders großes, durch reine Goldfischkost gemästetes Exemplar wurde in Matskeumklope bei Bulawayo (Südafrika) gefangen. Es hält den derzeitigen Größenrekord von 125 Millimetern. Untersuchungen über das Nahrungsspektrum der Großen Krallenfrösche ergaben, daß sie Hüpferlinge, Wasserflöhe, Zuckmückenlarven, Schlammschnekken, Köcherfliegenlarven und Ruderfüßer fressen. Gelegentlich vergreifen sie sich auch an den arteigenen Eiern oder Larven und können damit als kannibalisch bezeichnet werden. Andererseits dienen sie manchen Vögeln als Nahrung; so fanden Ornithologen im Magen des Mittelreihers *(Mesophoyx intermedia)* Krallenfrösche. Durch die offenbar bitteren, schleimigen und teilweise toxischen Hautsekrete der Krallenfrösche werden die froschfressenden im Wasser jagenden afrikanischen Sumpfnattern *(Lycodonomorphus rufulus, Lycodonomorphus laevissimus)* in vielen Fällen davon abgehalten, *Xenopus* zu verschlingen. Teilweise entstehen sogar toxische Wirkungen. Manche Individuen scheinen sich aber an das bittere Sekret zu gewöhnen und fressen trotzdem Krallenfrösche.

Ökologische Situation, Individuenzahl des Gesamtbestandes einer Art und Bedeutung für Handel, Forschung oder Tourismus sind wesentliche Faktoren für die Bestimmung des Artenschutzstatus. Leider entsprechen weltweit nahezu alle Naturschutzgesetze

Tab. 4. International geschützte Arten aquatiler Amphibien (Stand 31. 12. 1992) (Washingtoner Artenschutzabkommen)

Art	Anhang
Chinesischer Riesensalamander *(Andrias davidianus)*	I
Japanischer Riesensalamander *(Andrias japonicus)*	I
Dumerils Querzahnmolch *(Ambystoma dumerilii)*	II
Lermasee-Querzahnmolch *(Ambystoma lermaense)*	II
Axolotl *(Ambystoma mexicanum)*	II

nicht diesen Forderungen. Die wenigen Schutzkategorien sind der tatsächlichen Situation nicht adäquat. Das gesetzliche Vorgehen ist biologischen Zusammenhängen und auch der gesellschaftlichen Voraussetzung nicht opportun. Arten, von denen man nur wenige Individuen in Form viele Jahrzehnte alter Präparate kennt, werden in eine Kategorie mit anderen gesetzt, die eines ganz spezifischen Schutzes bedürften.

Es existieren auch kaum Abstimmungen zwischen den einzelnen Staaten im Hinblick auf die Naturschutzgesetzgebung. So kommt es beispielsweise zum Kuriosum, daß Chinesische Riesensalamander *(Andrias davidianus)* einerseits im Anhang I des Washingtoner Artenschutzabkommens aufgeführt sind, andererseits aber in vielen südchinesischen Städten als Speisetiere für die einheimische Bevölkerung, aber auch als teure Delikatessen in Ausländerrestaurants angeboten werden. Die CITES-Regelung verbietet den Handel mit diesen Tieren, obwohl bekannt ist, daß sie in China ein wesentlicher Nahrungsbestandteil sind. Über die tatsächlichen Erfolge der Züchtereien und Farmen, von denen viele Händler angeblich ihre Tiere beziehen, ist augenblicklich nichts bekannt. Da die meisten auf Märkten feilgebotenen Individuen noch relativ klein sind, liegt die Vermutung nahe, daß es sich dabei tatsächlich um Nachzuchttiere handelt.

Die Situation des Schlammteufels *(Cryptobranchus alleganiensis)* entspricht der seiner asiatischen Verwandten, ihm wurde jedoch nicht dieser Schutzstatus zuteil. Andererseits ist das Führen des Axolotls *(Ambystoma mexicanum)* im Washingtoner Artenschutzabkommen sicher überflüssig, da seine Weltpopulation in ihrer Individuenzahl bei den Amphibien ihresgleichen sucht. Die anderen neotenischen Arten aus den Seen in der Nähe Mexico-Citys sind in ihrer Individuenzahl völlig unbekannt. Hier wäre aber auch ohne diese Kenntnis eine Aufnahme in Anhang I des Washingtoner Artenschutzabkommens angezeigt, da die Biotope dieser Species mit hoher Wahrscheinlichkeit schon bald nicht mehr vorhanden sein werden. Diese Aussage trifft zu auf Dumerils Querzahnmolch *(Ambystoma dumerilii)*, Zumpangosee-Querzahnmolch *(Ambystoma lacustris)*, Lermasee-Querzahnmolch *(Ambystoma lermaense)* und Andersons Querzahnmolch *(Ambystoma andersoni)*.

Die Schutzwürdigkeit des Grottenolmes *(Proteus anguinus)* ist trotz der reellen Gefahr einer durch Abwasser bedingten chemischen Verunreinigung ihrer Wohngewässer ungewiß. Im letzten Jahrzehnt wurden so viele neue Populationen (ca. 70 von Olmen besiedelte unterirdische Gewässersysteme sind zur Zeit bekannt) in sehr unterschiedlichen unterirdischen Wasserläufen des jugoslawischen (zwischen Ljubljana und Montenegro) und norditalienischen (Umgebung von Triest) Karstes gefunden, daß eine Einschätzung schwer fallen dürfte. Außerdem zeigten sich erhebliche genetische Unterschiede zwischen Grottenolmen verschiedener Fundorte. Wie elektrophoretische Vergleichsuntersuchungen dokumentieren, handelt es sich bei den im äußersten Süden Sloweniens in oberirdischen Flußteilen gefundenen pigmentierten Exemplare offenbar nur um aus einer Höhle herausgespülte Tiere.

Kap-Krallenfrösche *(Xenopus gilli)* sind, wie bereits ausgeführt wurde, auf sehr saubere, klare Gewässer angewiesen. Das südafrikanische Naturschutzmanagement ist derzeit bemüht, ihre Lebensräume im Kapreservat zu erhalten. 60% der von dieser Art besiedelten Gewässer sind in den letzten 50 Jahren verschwunden. Eine weitere Bastardierung mit dem Großen Krallenfrosch *(Xenopus laevis)* soll ebenfalls verhindert werden. Beim Kleinen Krallenfrosch handelt es sich um die seltenste, empfindlichste und mit dem kleinsten Areal versehene Art der Gattung *Xenopus*. Trotzdem steht sie in keiner Schutzkategorie der internationalen Übereinkommen.

Aquarien für Amphibien

Der richtige Behälter

Um die richtige Wahl für ein oder mehrere Amphibienaquarien treffen zu können, muß zunächst der Zweck für eine derartige Anlage festgestellt werden. Es kann sich um ein Wohnzimmeraquarium mit ausschließlich ästhetischem Anspruch handeln, um ein Becken für die Exposition aquatiler Amphibien in einem Vivarium, einer ständigen oder zeitweiligen Ausstellung, um ein Bassin für die vorübergehende Haltung im Zoofachhandel oder um Laboranlagen, in denen eine große Anzahl von Tieren unter spezifischen, standardisierten Bedingungen gehalten werden sollen. Abgesehen vom letzten Verwendungszweck kann stets von einem Aquarientyp ausgegangen werden. Dabei kommen heute neben den in der Vergangenheit verbreitet gewesenen Vollglas- und Rahmenbecken in erster Linie aus Glas und Silikonklebstoff gefertigte Behälter zur Anwendung. Dieser Aquarientyp kann bei individueller Anfertigung in seinen Maßen an die räumlichen Bedingungen adaptiert werden. Nicht nur millimetergenau auf einen Schrank oder ein Regal passende, quaderförmige Aquarien, sondern auch Oktaeder, Eckenaquarien und viele andere lassen sich aufbauen. Beim Zuschneiden der Glasscheiben darf die Glasdicke nicht vergessen werden. Nach dem Auftragen des Kautschukklebers (es sollte sich um ein physiologisch getestetes Fabrikat, am besten um Einkomponentenkleber handeln) auf die mit Alkohol entfetteten Glaskanten werden die Scheiben zusammengefügt und durch auf die Ecken gesteckte Haltehölzer aus Schaumstoff, Zwingklammern oder Gummibänder solange gehalten,

bis das Bindematerial verhärtet ist. Dieser Prozedur sollte einen Tag später der Dichtetest folgen. Gründliche Reinigung und Spülung des Beckens empfiehlt sich außerdem.

Je nach Verwendungszweck können nun die Details angebracht werden. Ist daran ge-

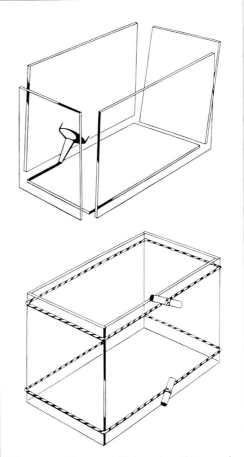

Zusammenfügen und Kleben eines Glasaquariums (aus Fritsche)

dacht, Deckscheiben zu verwenden, so sollten jeweils an den Längsseiten schmale Auflageverstrebungen eingeklebt werden. Glas- oder Plastikteile zum Aufhängen der Filter, Pumpen bzw. Heizsysteme oder auch durch eine Verankerung von Ausströmern der geplanten Durchlüftungsvorrichtung sind mit Hilfe des Kautschukklebers leicht anzubringen.

Glasscheiben sollten nur dann als Abdekkung verwandt werden, wenn durch die interne Belüftung bzw. eine Umwälzpumpe genügend Sauerstoffeintrag in das Becken garantiert ist. Für alle auch durch die Lunge atmenden Amphibien, also die meisten aquatilen Arten, empfiehlt sich eine Gazeabdekkung. Ein Plastikrahmen mit eingeklebter rostfreier Gaze ist am widerstandsfähigsten gegenüber der hohen Luftfeuchtigkeit über dem Aquarium. Holzrahmen verquellen sehr schnell und Metallgaze kann durch Oxydation die Wasserqualität beeinträchtigen. Die Konstruktion der Aquarienabdeckung muß einerseits das Entkommen der in vielen Fällen als Ausbruchskünstler bekannten Beckeninsassen verhindern und andererseits auch Aus- und Eingänge für die Geräte garantieren. Schließlich soll sie leicht bedienbar, also abzunehmen oder aufzuklappen sein. Letztendlich wird genügend Abstand von der über fast jedem Aquarium angebrachten Beleuchtungsquelle benötigt.

Für Wohnzimmeraquarien, die der Entspannung, aber auch Beobachtungen dienen, gelten folgende Grundregeln:

1. Sie benötigen einen festen Standort (Unterbau nicht auf dünnen Leisten stehend oder auf hohlen Dielen lagernd).
2. Es muß ausreichend Platz für Bedienung und Elektroversorgung gegeben sein (Standort möglichst in der Nähe von Steckdosen).
3. Zugluft von Türen oder Fenstern sollte ausgeschlossen werden, ebenso direkter Einfall von Sonnenlicht (Algenwachstum und zusätzliche Aufheizung durch die Sonne).

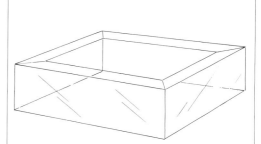

Oben offenes, flaches Aquarium mit überstehenden Randscheiben, die ein Entweichen der aquatilen Amphibien verhindern sollen

4. Die Höhe des Aquariums richtet sich nach Stand- oder Sitzhöhe des Beobachters (viele Behälter werden zu tief aufgestellt).
5. Das Becken ist auf Filzmatten, Schaumstoffstücken oder sehr weichem Holz aufzustellen, um geringfügige Unebenheiten auszugleichen (durch den Wasserdruck steht die Bodenscheibe besonders unter Spannung).

Ähnliche Regeln gelten auch für das Aufstellen von Aquarien in Expositionen oder Verkaufsanlagen. Hier sollte jedoch die Empfehlung von Gestaltern oder Innenarchitekten berücksichtigt werden, um ästhetischen Ansprüchen in besonderer Weise zu entsprechen und die Aquarien bestmöglich zu präsentieren. Da es sich meist um mehrere Behälter handelt, ist die Abstimmung ihrer Größe und Anordnung besonders bedeutsam. Auch hier spielt die Bedienbarkeit eine wesentliche Rolle.

Viele Schauaquarien und Zoohandlungen entschieden sich für einen Pflegergang auf der Rückseite der Becken. Laboratorien, die sich mit verhaltensbiologischer Forschung befassen, benötigen ebenfalls Glasaquarien, um die Tiere in Seitenansicht beobachten zu können. Den anderen genügen in der Regel Plastikbehälter oder große gemauerte Becken. Ein standardisierter Aufbau, der die reibungslose Bedienung der Aquarien ermöglicht, gehört nicht zuletzt auch deshalb zu den wesentlichen Voraussetzungen, weil die Haltungsbedingungen für viele Experimente vergleichbar sein müssen. Mit Rohrsystemen verbundene Zu- und Abflüsse gehören ebenso zu einer modernen Laboraquarienausrüstung wie die bequeme Zugänglichkeit der Becken für den Pfleger (mehrere Bedienebenen).

Technische Hilfsmittel

Die Haltung aquatiler Amphibien hat im Gegensatz zur Pflege terrestrischer Arten den wesentlichen Vorteil, alle technischen Errungenschaften der aquaristischen Industrie unverändert anwenden zu können. Das betrifft Wasserfilterung und Pumpsysteme ebenso wie Beheizung und Beleuchtung. Um das Wasser in Aquarien, die kiemen- und hautatmende Amphibien beherbergen, stets ausreichend mit Sauerstoff anzureichern, empfiehlt sich eine permanente Durchlüftung. Dazu können die unterschiedlichsten Membran- oder Kreiselpumpen zur Anwendung kommen. Nach der Anzahl zu durchlüftender Aquarien richtet sich die Auswahl (leistungsstärkere Kreiselpumpen eignen sich für Großanlagen). Beim Kauf sollte neben der Pumpenleistung auch die Betriebslautstärke eine Rolle spielen, da insbesondere für das Betreiben dieser Geräte im Wohnraum ein bestimmter Geräuschpegel nicht überschritten werden darf. Belüftung führt erst dann zu einer effektiven Vergrößerung der Wasseroberfläche und fördert die Sauerstoffaufnahme, wenn die Luft in vielen Bläschen vom Aquarienboden zur Oberfläche steigt. Dieses Prinzip läßt sich am besten mit Hilfe von Ausströmersteinen realisieren, die geschickt mit Dekorationsmaterial kaschiert werden können.

An denselben Pumpen, wie sie für die Durchlüftung Verwendung finden, lassen sich auch diverse Filter anschließen. Dabei entfernen mechanische Filter Schwebstoffe, die zur Wassertrübung führen würden, chemische Filter nehmen gelöste, durch Stoffwechsel sowie Fäulnis entstandene Substanzen auf und

biologische Filter, in denen Mikroorganismen leben, bauen toxische zu unschädlichen Verbindungen ab. Doch selbst bei Kombination der drei Filtertypen ergeben sich häufig für aquatile Amphibien noch immer nicht ausreichend gute Wasserwerte, aber darüber soll im Abschnitt über die Pflege berichtet werden. Effektivere Leistung als mit Membranpumpen erreicht man durch den Einsatz von Wasserpumpen bei allen drei Filtertypen:

1. **Mechanische Filter.** Innen- oder Außenfilter bzw. abgeschlossener Topffilter, in dem Nylonwolle, Kiespartikel, Netzsysteme oder andere porenbildende Barrieren eingebracht werden, durch die verschmutztes Wasser geleitet wird.

2. **Chemische Filter.** Mit Aktivkohle oder anderen Adsorptionspartikeln gefüllter Filter, der meistens mit mechanischen Filtern kombiniert wird. Einige Spurenelemente bzw. verabreichte Medikamente können ebenfalls absorbiert werden.

3. **Biologischer Filter.** Als Unterflurfilter (gewölbte, mit Schlitzen versehene, permanent durchlüftete Bodenplatte, die vom Substrat bedeckt ist) für den Abbau des Ammoniaks in Nitrite und Nitrate durch nitrifizierende Bakterien *(Nitrosomonas, Nitrobacter)* oder als beleuchteter Algenfilter, in dem die Photosynthesereaktivität zur natürlichen Sauerstoffanreicherung im Aquarienwasser führt.

Filter werden auch zur Regulation der Wasserwerte genutzt. So regelt man über sie den pH-Wert (Wasserstoffionenkonzentration), indem etwa für eine Senkung Torfmoos *(Sphagnum)* in den Filter eingebracht wird. Die Funktionstüchtigkeit der Aktivkohle läßt sich durch das Eintropfen einer physiologischen Farblösung (etwa Methylenblau) vor das Einzugsrohr testen. Gelangt die Farbe nicht ins Aquarium zurück, so ist die Filterkohle noch ausreichend aktiv. Ist jedoch das aus dem Filter ins Becken zurückfließende Wasser gefärbt, so muß die Aktivkohle gewechselt werden. Die Reinigung der anderen

Filterteile sollte nach jeweiliger Gebrauchsanweisung erfolgen.

Temperaturregler sind relativ einfach zu installieren und zu unterhalten. Während Amphibienarten, die kühlere Lebensräume besiedeln, keine Heizung benötigen und am besten in gekühlten Räumen untergebracht werden, läßt sich die Wärmezufuhr für tropische Species mit Hilfe von Aquarienheizstäben sehr einfach ermöglichen. Diese durch Glas und Gummi wasserdicht isolierten elektrischen Elemente besitzen einen Keramik- oder Glaskern und sind in Sand eingebettet. Man koppelt sie am besten mit einem Temperaturregler, falls sie diesen nicht bereits eingebaut besitzen. Er funktioniert auf der Basis von Kontaktthermometern, an denen für die Tages- und Nachtzeit Temperaturen festgelegt und über Schaltuhren einreguliert werden.

Nur selten kommen Heizkabel oder unter dem Aquarium zu positionierende Heizplatten zur Anwendung. In jedem Fall sollte die Leistung der Heizung nicht zu niedrig gewählt werden, da der Thermostat ohnehin durch automatisches Ein- und Ausschalten dafür sorgt, daß die Temperatur nicht zu sehr ansteigt. Sinkt aber einmal die Raumtemperatur so stark ab, daß die Heizleistung auch bei Dauerbetrieb nicht mehr ausreicht, sind zusätzliche Wärmequellen zu erschließen. Wassertemperaturinnenregler bestehen aus einem im Aquarium befindlichen, von Glas umgebenen Bimetall, das den Heizer mittels eines elektrischen Kontaktsystems schaltet. Außenregler haften an der Beckenscheibe. Bei ihnen muß man jedoch mit Meßabweichungen von der tatsächlichen Wassertemperatur rechnen.

Allerdings hält die Mikroelektronik mehr und mehr Einzug in die Aquaristik. Sehr moderne Systeme mit mikrochipgesteuerten Temperatursensoren bieten eine elegante und kaum sichtbare Temperaturregulation. Zusätzlich sollten nicht allein für die Überwachung der Temperatur, sondern auch etwa zur Protokollierung der Außenfaktoren beim Beobachten besonderer biologischer Vorgänge Thermometer angebracht werden. Außer den herkömmlichen Flüssigkeitsthermometern sind immer mehr sehr genau arbeitende Geräte mit digitaler Anzeige im Handel erhältlich. Von außen aufklebbare Thermometer mit Flüssigkristallanzeige genügen in Genauigkeit und Funktionsdauer kaum den durchschnittlichen Ansprüchen.

In vielen Ökosystemen spielt das Licht eine viel wesentlichere Rolle für die biologischen Prozesse als Temperatur oder Wasserfaktoren. Während letztere die Grundlage für das Leben der aquatilen Amphibien darstellen, werden hormonelle Aktivitäten des Organismus durch die Rhythmik von Licht und Dunkel, aber auch von Lichtintensität und dem Winkel des Auftreffens der Lichtstrahlen gesteuert. So stimuliert die allmähliche Tagesverlängerung im Frühjahr das Fortpflanzungsverhalten vieler Schwanzlurche. Hält man also Arten der Nordhalbkugel unserer Erde, so hilft beim Erzielen eines natürlichen Effekts ein außen angebrachter Dunkelheitsschalter, der mit dem Beleuchtungssystem des Aquariums gekoppelt ist. Ein entsprechend auf allmähliche Dämmerung eingestelltes Potentiometer perfektioniert die naturnahe Lichtregulation.

Auch andere Beleuchtungszeiten lassen sich analog durch vorprogrammierbare Schaltuhren einstellen. Für diese Systeme sind selbstverständlich nur Glühlampen geeignet. Man bringt sie in Beleuchtungskästen über den Aquarien an. Diese Kästen müssen zweierlei Eigenschaften haben: Sie bedürfen einer Wärmeableitung, um keine Brände entstehen zu lassen, und sie sollten in ihrem Lampen- bzw. Installationssystem gegenüber der hohen Luftfeuchtigkeit isoliert sein. Weniger anspruchsvolle Amphibienarten vertragen auch ein plötzliches Ein- und Ausschalten. Darum kann man für sie Leuchtstofflampen oder auch andere (zum Beispiel einige Dampflampentypen mit hoher Leuchtkraft) anwenden.

Die meisten aquatilen Amphibienarten führen ein nachtaktives Leben; für sie spielt die Lichtintensität kaum eine Rolle. Höhlenbewohner sollten ohnehin unter besonderen Bedingungen gehalten werden, wie sie im speziellen Teil des Buches ausgeführt sind. Die Beleuchtungsart hat aber einen Einfluß auf den Pflanzenwuchs im Aquarium und damit auf einen Faktor für die artgerechte Haltung einiger Schwanzlurcharten. Außerdem ist der ästhetische Faktor insbesondere für Wohnzimmeraquarien von Bedeutung. Das Licht sollte dabei stets von vorn nach hinten gerichtet sein. Damit sind vielfältige Möglichkeiten einer Beleuchtungsinstallation für Amphibienaquarien gegeben. Je nach Zweck und Tierbesatz können sie variiert werden.

Es existieren mannigfache Methoden, um Wohnzimmer- und Ausstellungsaquarien gut zu verkleiden und insbesondere die technischen Hilfsmittel zu verdecken. Die Praxis favorisiert aber nur einige, die hier kurz genannt werden sollen. Das traditionelle „Überstülpen" des gesamten Aquariums mit einem furnierten Holzkasten bleibt nach wie vor eine häufig praktizierte Variante. Das Becken wird dabei zu einem Möbel qualifiziert und stellt einen Blickfang des Wohnzimmers dar. Modernere Einfassungen von Beleuchtungs- und Filteranlage sind aus Plastik hergestellt. Die seitlichen Klebekanten bleiben dabei offen oder werden von colorierter Klebefolie bedeckt.

Seltener erfolgen Mauerdurchbrüche für Aquarien. Sie bringen allerdings den Vorteil, daß die Frontseite mit der Zimmerwand abschließen kann und als Teil der Wandgestaltung dient. Die Pflege wird vom Nachbarzimmer aus vorgenommen. Viele Aquarianer möchten gern ihre Becken in Möbelstücke einbauen. Das gelingt selten perfekt. Oft leidet darunter der Stil des Möbels. Besonders schwierig ist bei diesen Sonderanfertigungen die Bedienung der Aquarien zu realisieren. Kleine Öffnungsklappen reichen oft nicht aus, um die notwendigsten Handgriffe etwa

beim Herausfangen von Amphibien durchzuführen. Für Ausstellungen hat sich seit langem das Abtrennen des Aquarienraumes durch eine Zwischenwand bewährt. Durch darin eingebrachte Aussparungen sind nur die Frontscheiben der auf einem Gestell befindlichen Aquarien für den Betrachter sichtbar. Auch in Quadern frei im Raum zusammenstehende Becken lassen sich gruppenweise einseitig abschirmen und so indirekt bedienen. Übrigens wurde längst die klassische Expositionsform hell erleuchteter Aquarien in dunklen Besuchergängen verändert. Eine helle, durch museale Gestaltungselemente und diverse Aussagen über die Biologie der Arten (Kombination mit Graphiken, Videos und elektronischen Anzeigen) geprägte Atmosphäre erleichtert dem Betrachter das Erschließen der Tiere und kann sehr ästhetisch angelegt sein.

Einrichtung des Aquarieninnenraumes

Viele aquatile Amphibien sind im Hinblick auf die Aquarieneinrichtung außerordentlich genügsam. Insbesondere die auch als Labortiere genutzten Arten zeigen bereits Domestikationseffekte. Sie paßten sich sehr vereinfachten, nur noch die wesentlichen biologischen Funktionen berücksichtigenden Bedingungen an. Das bedeutet beispielsweise für viele Krallenfroscharten (Xenopus, Silurana) und den Axolotl (Ambystoma mexicanum), daß diese Tiere in „nackten" Aquarien ohne Bodengrund, Schlupfwinkel, Bepflanzung etc. gehalten werden können.

Während die Krallenfrösche ihre Eier über einem Laichrost abgeben, bietet man Axolotln Plastikpflanzen oder gar Perlonwolle zum Anheften der Eier an. Auch viele andere Arten gewöhnen sich an die relativ karge Einrichtung von Laboraquarien, benötigen aber wenigstens Plastikröhren oder Steinplatten als Unterschlupf. Zu ihnen gehören zum Beispiel Gefleckte Furchenmolche *(Necturus maculosus)*, Große Armmolche *(Siren lacertina)* und Zweizehen-Aalmolche *(Amphiuma means)*. Die häufig in Zierfischzüchtereien gehaltenen und vermehrten Zwergkrallenfrösche *(Hymenochirus)* begnügen sich mit einfachen Aquarien, man beläßt allerdings stets einige Wasserpflanzen in den Becken.

Die Einrichtung von Schauaquarien für aquatile Amphibien entspricht im wesentlichen der für Zierfische üblichen Gestaltung. Auf die tatsächliche Situation in den Biotopen kann nur wenig Rücksicht genommen werden (zum Beispiel würden Krallenfrösche in trübem Wasser für den Betrachter unsichtbar bleiben, Aalmolche müßten im Schlammboden ausgestellt und Schwimmwühlen in ihren Uferröhren gezeigt werden).

Biologische Haltung bedeutet einen guten Kompromiß zwischen den grundlegenden Bedürfnissen der Tiere (Nahrungsaufnahme, Fortpflanzung, Ruhe- und Aktionsverhalten, jahreszeitlicher und täglicher Zyklus) und denen des Beobachters zu finden. Für einen Armmolch *(Siren)* ist es dabei völlig gleichgültig, ob er zwischen Baumwurzeln eines Weihers oder hübschen Wasserpflanzen eines geräumigen Aquariums schwimmt. Die Steinhöhle eines Schlammteufels *(Cryptobranchus alleganiensis)* kann sich für den Menschen nicht einsehbar in einem Bach befinden oder in einem mit permanenter Wasserumwälzung konditionierten Aquarium so positioniert sein, daß der Beschauer die Lebensäußerungen dieses interessanten Tieres gut beobachten und vielleicht sogar einige neue Erkenntnise dabei gewinnen kann. Darum darf gesagt werden, daß alle Gestaltungselemente anwendbar sind, die nicht grundlegende biologische Bedürfnisse einer Art einschränken.

Wie auch in der Zierfischaquaristik nutzt man lange gewässertes Holz und Steine als wesentliche Einrichtungsgegenstände. Unterschiedliche Kiese und groberer Sand finden als Substrat ebenso Verwendung, wie Laubteile und Steinplatten, die zur Gerbung des Wassers beitragen. Manchmal werden auch Blähton oder andere künstliche Granulate eingesetzt. Die Rück- und Seitenwände des Aquariums lassen sich mit streichbarem wasserfesten Silikonkautschuk beschichten und mit unterschiedlichen Naturmaterialien (Steine, Rohrkolben, Bambus, Sand, Kies oder Holzteile) bekleben und sogar modellieren. Setzt später ein Algenwachstum ein, so sehen diese Aquarienwände sehr gut aus. Mit Silikonkleber im Boden verankerte Bambus- oder Holzstücke, aber auch gut fixierte Steine, ermöglichen später eine weitere variable Gestaltung mit Hilfe kleinerer Objekte. Immer häufiger findet man auch „künstliche Landschaften" aus Plastik, die allerdings nicht immer physiologisch unbedenklich sind.

Der eingangs genannte Kompromiß bei der Aquarieneinrichtung sollte auch dann Beachtung finden, wenn die Positionierung von Höhlen und Schlupfwinkeln bedacht wird. Die meisten Tiere bemerken es nicht, daß ihr Versteck einzusehen ist. Um zu verhindern, daß sie sich hinter aufgeschichteten Steinen verbergen oder die gesamte Einrichtung durcheinanderbringen, ist zu empfehlen, genügend einsehbare Ruhezonen anzulegen.

Geschickt hinter Felsaufbauten angebrachte Unterwasserlampen verhindern übrigens nicht nur das Verkriechen dunkelheitsaktiver Amphibien in diesen Bereichen, sondern tragen außerdem zur optisch effektvollen indirekten Beleuchtung bei.

Grundsätzlich sollten alle für die Einrichtung eines Amphibienaquariums genutzten Gegenstände physiologisch unproblematisch sein. Das trifft auch für aus der Natur entnommenes Material zu. Durch Umweltgifte verseuchter (zum Beispiel mit Unkrautvertilgungsmitteln begossener) Kies kann zum schnellen Tod der mit ihm kontaminierten Tiere führen. Einige Amphibien sind auch sehr empfindlich gegen eine Erhöhung des Kalkgehaltes im Wasser (etwa durch Kalksteine) bzw. einen relativ sauren pH-Wert (beispielsweise durch Holzteile oder Schilfrohr). Technische Einbauten, die für die Konditionierung der künstlichen Lebensbedingungen im Aquarium erforderlich sind, lassen sich ausgezeichnet in die Gesamtgestaltung einbeziehen. Beim permanenten Wasserdurchlauf kann man durch eine entsprechende Anordnung von Wurzeln und Steinen den Eindruck der Wasserströmung unterstreichen. Luftausströmer können als Sumpfgasimitation in Aquarien mit Amphibien, die normalerweise im Schlamm leben, angesehen werden. Durch die Silikonklebetechnik fällt es auch nicht schwer, Heizstäbe, Filterzuläufe und Leitungsteile dekorativ zu verkleiden.

Bepflanzung

Viele Arten benötigen für ihr Wohlbefinden im Aquarium nicht unbedingt eine Bepflanzung. Zu den in Höhlen vorkommenden Schwanzlurchen würde sie außerdem nicht passen. Für manche Caudaten sind Pflanzen allerdings als Eiablagesubstrat zumindest während der Fortpflanzungsperiode erforderlich. Da aber in den meisten Lebensräumen aquatiler Amphibien Pflanzenwuchs in irgend einer Form vorkommt, bietet es sich an, die Schauzwecken dienenden Aquarien mit einem den Biotopen und auch dem geographischen Vorkommen entsprechenden Pflanzenwuchs attraktiv auszustatten. Möchte man allerdings Pflanzen ausschließlich als Eiablagesubstrat für die Laborbecken benutzen, so ist eine solche Zuordnung nicht von Bedeutung. Für diesen Zweck kommen seit Jahrzehnten drei unverwüstliche, mittlerweile weltweit verbreitete Wasserpflanzenarten zur Anwendung: Dickblättrige Wasserpest *(Egeria densa)*, Gemeines Hornblatt *(Ceratophyllum demersum)* und Javamoos *(Vesicularia dubyana)*. Zwischen ihren Blättchen haften Molcheier ausgezeichnet und lassen sich mit den Pflanzenstengeln in Aufzuchtbehälter überführen.

Die folgende Übersicht soll dabei helfen, für die einzelnen Arten aquatiler Amphibien geeignete Pflanzen auszusuchen. Die mit einem ** gekennzeichneten botanischen Species bieten durch Form, Größe und Struktur ihres Blattwerkes gute Voraussetzungen als Laichsubstrat für Schwanzlurche der entsprechenden Region.

1. **Wasserpflanzen gemäßigter subtropischer Gewässer Nordamerikas**

Quellmoos *(Fontinalis antipyretica)* **
Vierblättriger Kleefarn *(Marsilea quadrifolia)*
Herzblättrige Amazonaspflanze
   (Echinodorus cordifolius)
Breitblättrige Amazonaspflanze
   (Echinodorus latifolius)
Fadenförmiges Pfeilkraut *(Sagittaria filiformis)*
Brachsenkrautförmiges Pfeilkraut
   (Sagittaria isoetiformis)
Breitblättriges Pfeilkraut *(Sagittaria platyphylla)*
Schwimmendes Pfeilkraut *(Sagittaria subulata)*
Rundblättriges Pfeilkraut *(Sagittaria teres)*
Kanadische Wasserpest *(Elodea canadensis)* **
Nuttalls Wasserpest *(Elodea nuttallii)* **
Gemeiner Froschbiß *(Hydrocharis morosus-ranae)*
Nordamerikanischer Froschbiß *(Limnobium spongia)*
Amerikanische Vallisnerie *(Vallisneria americana)*
Zweifelhaftes Trugkölbchen *(Heteranthera dubia)* **
Nierenblättriges Trugkölbchen *(Heteranthera reniformis)* **
Regenschirmpflanze *(Eleocharis prolifera)*
Goldkolben *(Oranitum aquaticum)*
Karolinasche Haarnixe *(Cabomba caroliniana)* **
Rötliche Haarnixe *(Cabomba pulcherrima)* **
Breitblättrige Ammanie *(Ammania latifolia)*
Amerikanischer Sumpfquendel *(Peplis diandra)*

Schmalblättrige Ludwigie *(Ludwigia arcuata)*
Sumpfludwigie *(Ludwigia palustris)*
Kriechende Ludwigie *(Ludwigia repens)*
Wechselblättriges Tausendblatt *(Myriophyllum alterniflorum)* **
Verschiedenblättriges Tausendblatt *(Myriophyllum heterophyllum)* **
Tannenwedelähnliches Tausendblatt *(Myriophyllum hippuroides)* **
Zierliches Tausendblatt *(Myriophyllum pinnatum)* **
Ähriges Tausendblatt *(Myriophyllum spicatum)* **
Pfennigkraut *(Lysimachia nummularia)* **
Großes Fettblatt *(Bacopa amplexicaulis)* **
Scharlachrote Lobelie *(Lobelia cardinalis)*

2. **Wasserpflanzen tropischer Gewässer Mittel- und Südamerikas**

Schwert-Amazonaspflanze *(Echinodorus amazonicus)*
Transparente Amazonaspflanze *(Echinodorus berteroi)*
Große Amazonaspflanze *(Echinodorus bleheri)*
Horizontale Amazonaspflanze *(Echinodorus horizontalis)*
Langblättrige Amazonaspflanze *(Echinodorus longifolius)*
Gewelltblättrige Amazonaspflanze *(Echinodorus maior)*
Rötliche Amazonaspflanze *(Echinodorus osiris)*
Kleinblütige Amazonaspflanze *(Echinodorus parviflorus)*
Kleine Amazonaspflanze *(Echinodorus quadricostatus)*
Mittlere Amazonaspflanze *(Echinodorus subulatus)*
Zwerg-Amazonaspflanze *(Echinodorus tenellus)*
Argentinisches Pfeilkraut *(Sagittaria montevidensis)*
Südamerikanischer Froschbiß *(Limnobium stoloniferum)*

Rötliche Riesenvallisnerie *(Vallisneria neotropicalis)*
Gays Laichkraut *(Potamogeton gayi)* **
Rote Hakenlilie *(Crinium purpurascens)*
Seegrasblättriges Trugkölbchen *(Heteranthera zosteraefolia)*
Vandells Mooskraut *(Mayaca vandellii)* **
Nadelsimse *(Eleocharis acicularis)*
Wasserhaarnixe *(Cabomba aquatica)* **
Brasilianisches Tausendblatt *(Myriophyllum brasiliense)*
Weißköpfiger Wassernabel *(Hydrocotyle leucocephala)*
Kleines Papageiblatt *(Alternanthera reineckii)*

3. **Wasserpflanzen tropischer und subtropischer Gewässer Afrikas**

Hornfarn *(Ceratopteris thalictroides)*
Grundnessel *(Hydrilla lithuanica)*
Krause Wasserpest *(Lagarosiphon muscoides)*
Froschlöffelähnliche Ottelie *(Ottelia alismoides)*
Sumpfschraube *(Vallisneria spiralis)*
Zweireihige Wasserähre *(Aponogeton distachys)*
Zwergsimse *(Eleocharis parvula)*
Lanzettliches Speerblatt *(Anubias lanceolata)*
Zwergspeerblatt *(Anubias nana)*
Adventiv-Seerose *(Nymphaea micrantha)*
Afrikanische Ammanie *(Ammania senegalensis)*
Quirlblättriges Tausendblatt *(Myriophyllum verticillatum)*
Rotes Papageiblatt *(Alternanthera sessilis)*
Kleines Fettblatt *(Bacopa monniera)*
Zierlicher Sumpffrund *(Limnophila indica)*
Bachbunge *(Veronica beccabunga)*

Die Bepflanzungsanordnung für ein Amphibienaquarium entspricht im Prinzip der eines Beckens für Zierfische. Hauptsächlich dekorative Aspekte spielen bei der Gestaltung eine Rolle. So gilt im allgemeinen die Regel, in die hinteren Bereiche größer werdende, dicht wachsende Pflanzen zu positionieren. In der Mitte und in Frontscheibennähe soll-

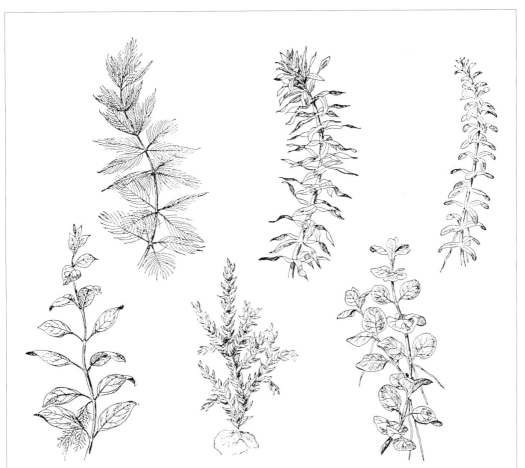

Einige für aquatile Amphibien geeignete Wasserpflanzen: oben links Tausendblatt *(Myriophyllum)*, oben Mitte Dickblättrige Wasserpest *(Egeria densa)*, oben rechts Kanadische Wasserpest *(Elodea canadensis)*, unten links Sumpfludwigie *(Ludwigia palustris)*, unten Mitte Quellmoos *(Fontinalis antipyretica)*, unten rechts Pfennigkraut *(Lysimachia nummularia)* (aus Frey)

ten klein bleibende Arten stehen oder auch freie Zonen erhalten bleiben. Einzelne, besonders attraktive Solitärpflanzen passen am besten in den vorderen Teil des Aquarienbodens. Es empfiehlt sich jedoch, sie mehr seitlich einzusetzen. Oft bilden diese Arten (zum Beispiel einige Amazonaspflanzen, *Echinodorus*) im Laufe der Zeit relativ große Wurzeln und breiten Staudenwuchs aus. Damit sie auch beim Einpflanzen festen Halt finden, befestigt man sie mit einem Stein oder nutzt Maschentöpfe aus Plast, die außerdem ein nährstoffreiches Substrat vorrätig halten.

Die Bepflanzung kann vor oder nach dem Einfüllen des Wassers vorgenommen werden. Letztere Variante hat den Vorteil, daß beim Pflanzen der optische Effekt sofort kontrollierbar ist. Besondere Beachtung gilt der Positionierung lichtbedürftiger Pflanzenarten direkt unter einem Strahler. Die gelegentliche Düngung der Aquarienpflanzen mit Mineralstofftabletten oder mit flüssigen Präparaten kann von Nutzen sein. In den meisten Fällen erweist sie sich allerdings als nicht erforderlich, da durch die im Gegensatz zu denen der Zierfische nährstoffreichen Exkremente aquatiler Amphibien die wichtigsten Substanzen in ausreichendem Maße vorhanden sind.

Wachstum und Vermehrung der Wasserpflanzen erfolgen in Amphibienaquarien meist so stark, daß schon bald Reduzierungen notwendig werden. Das ist selbst dann der Fall, wenn etwa Krallenfrösche *(Xenopus, Silurana)*, größere Wabenkröten *(Pipa)* oder Aalmolche *(Amphiuma)* durch ihre Schwimmaktivitäten oder das Auflegen ihrer massigen Körper auf Teile des Pflanzenbestandes Schäden (abgeknickte Blätter oder Stengel) verursachen. Schwieriger gestaltet sich die Bepflanzung bei grabenden Amphibien, wie zum Beispiel Schwimmwühlen *(Typhlonectes)*. Hier empfiehlt sich eine sehr feste Verankerung der Wurzelstöcke aller Pflanzen an einem Bodengitter oder an nicht zu bewegenden (auch nicht zu untergrabenden), großen Steinen. Eine andere Variante ist die Verwendung von Pflanzenmaterial, das frei im Wasser schwimmen kann, etwa Javamoos *(Vesicularia densa)*, Dickblättrige Wasserpest *(Egeria densa)* oder Hornfarn *(Ceratopteris thalictroides)*. Für ganz

besonders schöne, nach dem Vorbild der berühmten holländischen Aquarien, eingerichtete Becken eignen sich als Tierbesatz am besten Zwergkrallenfrösche *(Hymenochirus)*, kleinere Wabenkröten *(Pipa)* und aquatile Querzahnmolche *(Ambystoma)*.

Gern in dunklen Winkeln ruhenden Amphibien ist mit einer dichten Bepflanzung gedient. Sie finden dann leicht Versteckplätze, die sie oft immer wieder aufsuchen. So lassen sich auch unter Umständen mehrere aggressive Artgenossen gemeinsam in einem Aquarium auf kleinerem Raum halten. Das gelingt nur dann, wenn durch geschickte Pflanzenanordnung selten Sichtkontakt besteht. Jedes Individuum findet also auf kleiner Fläche genügend Revierstruktur vor. Andererseits entziehen sich diese Tiere auch dem Betrachter, und es bleibt wiederum dem Zweck eines Amphibienaquariums geschuldet, wie Bepflanzung und Tierbesatz anzulegen sind. Auch hier können Kompromisse sowohl zu einer natürlich wirkenden, aber auch die Interessen des Beobachters berücksichtigenden Pflanzendichte gefunden werden.

Die Pflege

Tägliche Handgriffe und Fütterung

Für die Unterhaltung der Aquarien und der darin gepflegten Amphibien machen sich je nach dem Zweck der Haltung und den Lebensbedingungen einzelner Arten oft unterschiedliche Maßnahmen notwendig. Einige Handgriffe sind allerdings in fast allen Fällen immer gleich, so daß sie hier allgemein abgehandelt werden sollen. Wenn die Beleuchtung nicht von einer Schaltuhr reguliert wird, ist es allmorgendlich und allabendlich erforderlich, diese ein- und auszuschalten. Täglich müssen Temperatur und Reinheitsgrad des Wassers überprüft werden.

Durch einen kurzen Blick auf die Tiere läßt sich täglich feststellen, ob sie normal und gut genährt aussehen oder an einer Krankheit leiden. Dabei erfaßt man natürlich nur sehr oberflächlich wenige Informationen, die als Gesamteindruck des Habitus eines Individuums zusammengefaßt werden. Doch bei einiger Erfahrung zeigen sich schon auf den ersten Blick Abweichungen vom normalen Zustand. Verhaltensstörungen, Apathie oder Freßunlust lassen sich meistens erst nach Langzeitbeobachtungen diagnostizieren. Es genügt aber manchmal bereits, ein Tier nicht am gewohnten Ort vorzufinden, sein abendliches Heraufschwimmen zur Wasseroberfläche oder ein anderes typisches Verhalten zu vermissen, um schließlich durch eingehende Studien den Grund für diese Veränderung herauszufinden.

Zu den täglichen Maßnahmen gehören bei Schauaquarien auch Reinigungsarbeiten, insbesondere der Frontscheibe sowohl innen als auch außen. Um Lichteinbußen zu verhindern, sollten ebenfalls die Deckscheiben berücksichtigt werden. Über die dabei anzuwendenden Techniken gibt der nächste Abschnitt Auskunft. Von den Tieren herausgewühlte oder beschädigte Pflanzen sollten neu eingepflanzt bzw. herausgenommen werden. Kranke Amphibien sind sofort zu separieren und zu quarantänisieren. Wieder ausgewürgte Nahrung, abgestorbene, nicht verzehrte Futtertiere oder große Kotballen entfernt man täglich aus dem Aquarium, da sie außer dem unästhetischen Anblick, den sie hervorrufen, das Wasser sehr schnell verderben.

Bei sich häufiger vermehrenden Arten ist regelmäßig Nachwuchs zu erwarten. Freilaicher sind oft auch Laichräuber. Es empfiehlt sich daher, Eier, freigesetzte Larven oder Jungtiere (bei Wabenkröten, *Pipa*, oder Schwimmwühlen, *Typhlonectes*) in separate Becken umzusetzen. Dabei ist darauf zu achten, daß möglichst alle wesentlichen Wasserwerte des Stammaquariums und des Aufzuchtbehälters übereinstimmen.

Man zweigt am besten etwas Wasser vom bisherigen Aquarium ab und füllt dort frisch auf. Die konsequente Haltung aquatiler Amphibien erfordert insofern mehr Mühe und Aufwand, als die Zierfischhaltung. Auch bei Zeitknappheit sollten diese wichtigen Handgriffe sofort ausgeführt werden, um größere Schäden zu verhindern.

Für die Fütterung trifft genau das Gegenteil dieser Aussage zu. Während die meisten Zierfische ihre Futtergaben sehr regelmäßig benötigen, lassen sich fast alle aquatilen Amphibien in größeren Abständen füttern. Lediglich Jungtiere und Larven müssen permanent mit Nahrung versorgt werden. Je größer das Individuum ist, um so mehr Nahrungs- und Energievorräte kann es anlegen. So wird beispielsweise eine Große Wabenkröte *(Pipa pipa)* bei der Aufnahme einer entsprechenden Nahrungsmenge in bezug zum Körpergewicht seltener fressen müssen als Boettgers Zwergkrallenfrosch *(Hymenochirus boettgeri)*.

Wie bereits in einem anderen Kapitel erwähnt, gibt es unter den wasserbewohnenden Amphibien wahre Hungerkünstler. Sehr lange halten es Riesensalamander (Cryptobranchidae), Aalmolche (Amphiumidae) und Grottenolm *(Proteus anguinus)* ohne Nahrung aus. Manchmal ist ein Dauerhungern aber auch von Degenerationserscheinungen begleitet.

Folgende pauschale Normen für einzelne Gruppen können aufgestellt werden:

— Fütterung ein- bis zweitägig bei Zwergkrallenfröschen *(Hymenochirus, Pseudohymenochorius)*;

— Fütterung drei- bis fünftägig bei Kleinem Armmolch *(Pseudobranchus striatus)*, allen neotenischen Arten der Querzahnmolche (Ambystomatidae) und der Lungenlosen Salamander (Plethodontidae), allen Krallenfröschen *(Xenopus, Silurana)* und Wabenkröten *(Pipa)*;

— Fütterung einmal wöchentlich oder seltener (bis zu einmal in 20 Tagen) bei Riesensalamandern (Cryptobranchidae), Aalmolchen (Amphiumidae), größeren Armmolchen *(Siren)* und Olmartigen (Proteidae).

Natürlich richtet sich der Nahrungsbedarf auch nach einer Reihe von Faktoren. Bei höheren Wassertemperaturen verkürzt sich die Verdauungszeit, und es steigt der Energiebedarf. Darum verringern sich die Abstände zwischen den Freßakten. Auch verlängerte Aktivitätsperioden im jahreszeitlichen Beleuchtungswechsel bringen einen höheren Futteraufwand mit sich. Manche Arten verschmähen in der Fortpflanzungszeit jegliche Nahrung, andere fressen vor der Paarungszeit mehr und in kürzeren Abständen, um die be-

nötigten Nährstoffe für das Reifen der Geschlechtsprodukte bereitzustellen.

Jeder Pfleger aquatiler Amphibien wird bald die normale Nahrungsmenge seiner Aquarienbewohner kennen. Sie ist mitunter individuell stark verschieden. So kann ein Dreizehen-Aalmolch *(Amphiuma means)* sehr viel fressen, ohne dabei Beschwerden zu bekommen, ein anderes Tier derselben Art verfettet jedoch bereits bei ein wenig mehr, als seine normale Portion ausmacht. Derartig überernährte Tiere bekommen leicht Kreislauferkrankungen. Sie bewegen sich nur noch selten und pflanzen sich auch nicht mehr fort. Eine bewährte Methode, beispielsweise Krallenfrösche *(Xenopus, Silurana)*, Axolotl *(Ambystoma mexicanum)*, größere Armmolche *(Siren)* und Plattschwanz-Schwimmwühlen *(Typhlonectes compressicauda)* zu zwingen, sich mehr zu bewegen, ist es, als Nahrung möglichst kleine, agile Futtertiere, zum Beispiel *Culex*-Larven oder *Daphnia*, anzubieten. Erst nach längerer Zeit des aktiven Beutefangs sind sie gesättigt und haben durch die Schwimmbewegungen sogleich wieder Energie verbraucht.

Außer den in der Tabelle aufgeführten Nahrungsobjekten gibt es selbstverständlich noch eine Reihe weiterer, die aber seltener im Handel angeboten werden. So fressen beispielsweise Wabenkröten *(Pipa)* und Krallenfrösche *(Xenopus, Silurana)*, aber auch Schwimmwühlen *(Typhlonectes)* und größere Armmolche *(Siren)* Kaulquappen unterschiedlicher Anuren, sofern diese keine Toxine absondern.

In größeren Laboratorien oder Schauvivarien fallen Froschlarven oft in so großer Zahl an, daß sie als Futter Verwendung finden. Viele für terrestrische Amphibien gezüchtete Nahrungstiere können Aquatilen ebenso mit der Pinzette gereicht werden, zum Beispiel Larven der Wachsmotte *(Galerida melonella)*, Larven diverser Fruchtfliegen *(Drosophila)*, Schwarzkäferlarven *(Tenebrio, Zophobas)*, Heimchen und Grillen. Große Krallenfrösche

Tab. 5. Im Handel (Zoo- und Anglerfachgeschäfte, Fleischereien) erhältliche Futterobjekte für aquatile Amphibien

	große Regenwürmer	kleine Regenwürmer	Tubifex	Enchyträen	Daphnia, Cyclops, Dipterenlarven	kleine Fische (bis 2 cm)	große Fische (bis 10 cm)	Rinderherz, Leber	Fischfleisch
Riesensalamander (Cryptobranchidae)	+	+				+	+	+	+
Kleiner Armmolch (*Pseudobranchus striatus*)		+	+	+	+			+	+
größere Armmolche (Siren)	+	+	+			+		+	+
Aalmolche (Amphiumidae)	+	+	+			+	+	+	+
Olmartige (Proteidae)	+	+	+			+		+	+
neotenische Querzahnmolche (Ambystomatidae)		+	+	+	+	+		+	+
neotenische Lungenlose Salamander (Plethodontidae)		+	+	+	+			+	+
Schwimmwühlen (Typhlonectidae)		+	+	+	+			+	+
kleinere Wabenkröten (*Pipa*)		+	+	+	+	+		+	+
Große Wabenkröte (*Pipa pipa*)	+	+	+	+	+	+		+	+
Zwergkrallenfrösche (*Hymenochirus, Pseudhymenochirus*)			+	+	+			+	+
Krallenfrösche (*Silurana, Xenopus*)		+	+	+	+	+		+	+

(Xenopus laevis), Gelbgefleckte Krallenfrösche *(Xenopus borealis)* und Mittlere Wabenkröten *(Pipa carvalhoi)* fressen sogar die ansonsten für eine Fütterung nicht zu empfeh-
lenden Larven größerer Fliegen *(Protoformia,
Musca)*.

Alle aquatilen Amphibien bevorzugen le-
bendes, sich bewegendes Futter. Darum sollte
man auch terrestrische Nahrungstiere mit
einer langen Pinzette hin und her bewegen.
Dasselbe gilt für Herz-, Leber- und Fisch-
fleischstückchen. Diese dürfen nur so groß
sein, daß sie von den Tieren leicht verschluckt
werden können. Sie gelten ausschließlich als
Ersatzfutter, da durch häufigere Gaben Man-
gelerscheinungen oder andere Schäden auftreten.

Nur in äußerster Not sollten nestjunge
Mäuse an große Arten verabreicht werden.
Die Verfütterung warmblütiger Tiere führt gelegentlich zum Auftreiben des Bauches und
schließlich zum Tode. Um insbesondere während der Jungtieraufzucht in ausreichendem
Maße Mineralstoffe und Vitamine verabreichen zu können, injiziert man Fleischstücken,
Fischen oder Regenwürmern entsprechende
Substanzen, die allgemein in der Veterinärme-
dizin Anwendung finden (Multivitaminflüs-
sigpräparate, Mineralstofflösungen) und verfüttert diese mit Hilfe einer Pinzette individuell, damit jedes Tier beücksichtigt wird.
Krallenfrösche *(Xenopus, Silurana)* und Axolotl *(Ambystoma mexicanum)* nehmen auch
künstlich erzeugte Nahrung an. Für sie wurden Pellets entwickelt, die man bei einschlä-
gigen Firmen bestellen kann.

Insbesondere für die Laborhaltung hoher
Individuenzahlen vereinfacht diese Fütte-
rungsmethode die Betreuung der Tiere. Ins
Aquarium geworfene Pellets sinken auf den
Boden, wo sie durch den Geruchssinn der
Amphibien gefunden und schließlich ver-
speist werden. Auch andere Nahrungsobjekte
(Fleischstücke, Regenwürmer usw.) nehmen
manche Arten vom Boden auch dann auf,
wenn sich diese nicht bewegen.

Larven und Jungtiere von Schwanz- und
Schleichenlurchen fressen im allgemeinen
dasselbe, wie ihre adulten Artgenossen. Oft
eignen sich hier kleinere Mengen oder Objekte. Die Larven der Froschlurche dagegen
sind Planktonfresser. Sie stellen erst während
der Metamorphose ihr gesamtes Stoffwech-
selsystem auf Fleischnahrung um. Als Kaulquappen filtern sie mit Hilfe eines Seihappa-
rates das pflanzliche und tierische Plankton
aus dem Wasser. Folgende Fütterungsfor-
men haben sich für die Aquarienpflege bewährt:

Die anfangs sehr kleinen Kaulquappen der
Zwergkrallenfrösche *(Hymenochirus, Pseudhymenochirus)* ernährt man am besten zunächst
mit Rädertierchen (Rotatoria) und später mit
den Naupliuslarven, die aus den im Handel erhältlichen Eiern von Salinekrebschen *(Artemia salina)* geschlüpft sind. Larven der kleineren Wabenkröten *(Pipa)* und Krallenfrösche
(Xenopus, Silurana) erhalten am besten Bäk-
kerhefe *(Saccharomyces cerevisiae)*. Frische He-
festückchen werden dabei in ein Sieb gelegt
und durch Schwenken an der Wasseroberfläche des Aquariums suspendiert.

Da Hefe vitamin- und nährstoffreich ist,
stellt sie eine ausgezeichnete Grundnahrung
dar. Man sollte aber chlorophyllhaltige Pflan-
zenzellen zufüttern, indem gefrorener, pürier-
ter Spinat ebenfalls gesiebt und ins Aquarienwasser gegeben wird. Es lassen sich auch Algen aus natürlichen Gewässern einbringen
oder Brennesselpulver durch Wasserwirbel
im Becken bewegen. Nach einer Suspensions-
fütterung macht es sich meistens erforderlich,
das Aquarium gründlich zu reinigen. Darum
sollten sich im Aufzuchtsbecken für Pipiden-
larven keinerlei Einrichtungsgegenstände befinden.

Reinigen und Warten

Außer den täglichen Handgriffen und der Fütterung sind regelmäßige Reinigungs- und Wartungsarbeiten an den Amphibienaquarien vonnöten. Wie bereits andernortes ausgeführt, reicht für die Amphibienhaltung das Filtern des Wassers allein nicht aus. Selbstverständlich gehören Säuberung und Erneuerung der Filtersubstrate zu den wichtigen und immer wieder durchzuführenden Tätigkeiten. Trotzdem sollte einmal wöchentlich ein Drittel des Wassers gewechselt werden. Das neu hinzugefügte Wasser ist in seiner Temperatur und möglichst auch in den anderen Werten (pH-Wert, Härtegrad) an das im Aquarium befindliche zu adaptieren. Nur durch einen solchen Wasserwechsel kann das übermäßige Wachstum vieler unliebsamer Mikrooganismen, wie beispielsweise Blaualgen (Cyanophycaeae), Schleimpilze (Myxomycetes) oder diverser Bakterien verhindert werden. Der hohe Anteil organischen Materials in den Amphibienaquarien ist auch für Grünalgen (Chlorophycaeae) ein Wachstumsfaktor.

Sie überziehen Steine, Aquarienpflanzen, Beckenwandungen und technische Geräte an allen beleuchteten Stellen mit grünlichen Belägen. Wenn man nicht regelmäßig für Abhilfe sorgt, können sich sogar Algenpolster oder lästige Fadenalgen ausbilden. So gehört zu den wöchentlichen Pflegemaßnahmen auch das Reinigen von Steinen oder Holzteilen sowie der Aquarienscheiben. Die Grünalgenbeläge stören insbesondere an der Frontscheibe, da sie den Betrachter bei seinen Beobachtungen behindern. Aber auch der Gesamteindruck des Aquariums leidet darunter.

Für kleinere Becken reichen Scheibenreiniger aus, die scharfe Klingen in einer Stahlhalterung führen. Bei größeren, besonders hohen Aquarien, reicht man mit diesen Geräten nicht zum Bodengrund hinab. In solchen Fällen helfen Magnetreiniger weiter. Man heftet sie von innen und außen an die Frontscheibe und kann nun durch die Bewegung des äußeren Magnetteils die innen befindlichen Reinigungsklingen am verschmutzten Glas entlangführen.

Leider ergeben sich aufgrund des hohen Nahrungsumsatzes und des im Vergleich zu Zierfischen viel stärkeren Anfalls an Exkrementen einige weitere Probleme bei der Haltung von Amphibien im Aquarium. So bleibt es nicht aus, daß von Zeit zu Zeit (etwa viertel- bis halbjährlich) der als Bodengrund dienende Kies oder Sand gründlich ausgewaschen werden muß. Unterläßt man diese Maßnahme, so kann es trotz Filterung und Luftzufuhr durch das starke Vermehren einiger Mikroorganismen zum „Umkippen" des Aquarienwassers kommen. Es würde also kaum noch Sauerstoff darin enthalten sein. Diese Verschmutzung tritt natürlich bei einem hohen Tierbesatz stärker auf, als bei in großen Behältern lebenden Einzelexemplaren.

Wie oft gereinigt werden muß, kommt auch ein wenig auf die Ernährung an. Verfüttert man vorrangig lebende Nahrungstiere, so hält sich der Verschmutzungsgrad meistens in Grenzen. Wird allerdings relativ oft Leber angeboten, so ist mit einer raschen Verschmutzung zu rechnen. Während kleinere Arten nahezu wie Zierfische gepflegt werden können, trifft die oben getroffene Aussage insbesondere für größere zu. Es gilt dabei stets zu unterscheiden, welche Pflegehandgriffe für das Leben der Tiere essentiell und welche nur von ästhetischer Bedeutung sind. Letztere dürfen bei Labor- und Heimtierhaltung schon einmal vernachlässigt werden. Allen lebensnotwendigen Faktoren gebührt jedoch größte Aufmerksamkeit. Selbst robuste Arten, wie beispielsweise Dreizehen-Aalmolche (*Amphiuma tridactylum*) überleben höhere Nitratwerte im Aquarienwasser nicht.

Die technischen Anlagen der Aquarien entstammen zumeist dem Angebot der Zoohandlungen. Sie haben im allgemeinen eine hohe Haltbarkeitsdauer. Trotzdem sollten sie von Zeit zu Zeit überprüft werden. Kleine undichte Stellen lassen doch einmal etwas Wasser in ein Pumpgehäuse eindringen, was zum Unterstromstellen des gesamten Aquariums führen kann. Diese Gefahr besteht insbesondere bei Wasserpumpen, die untergetaucht arbeiten. Manchmal platzen die Glaskörper von Stabheizern, reißen Schläuche oder nutzen sich Kabelisolierungen ab. Alle diese kleinen Ereignisse können verheerende Folgen haben. Darum ist Vorsicht beim Umgang mit elektrischen Geräten am Wasserbassin erforderlich. Die Beleuchtungskörper sollten ausgewechselt werden, wenn ihre Leuchtkraft nachläßt oder sie zu flackern beginnen. Die Lebensdauer der Lampen ist meist geringer als an trockenen Standorten. Außerdem sind sie durch die tägliche mehrstündige Leuchtdauer stark beansprucht. Heizer und Pumpen müssen beim Wasserwechsel ausgeschaltet werden, damit sie nicht ohne Wasser weiterarbeiten. Heizer können durch zu hohe Hitzeeinwirkung zerspringen, Wasserpumpen laufen heiß bis zum Ausfall des Motors.

Ein wichtiger Hinweis für Expositionen soll hier noch gegeben werden. Nach der Neugestaltung von Aquarien bzw. nach dem Umsetzen von Amphibien macht sich meistens eine neue Beschriftung erforderlich. Es schafft nicht nur einen schlechten Eindruck, sondern bringt auch eine negative didaktische Wirkung mit sich, wenn längere Zeit keine oder eine falsche Beschilderung der Schauaquarien bestehen bleiben.

Andere äußere Schäden an der Verkleidung der Aquarien (Wasserdurchlauf, Furnierflekken usw.) können den guten Eindruck, der durch eine ausgezeichnete Inneneinrichtung und Pflege auf den Betrachter wirkt, wesentlich schmälern. Auch an der Außenseite der Frontscheibe muß Sauberkeit herrschen. Die vielen Finger- und Nasenabdrücke kann man zwar einerseits als ein Lob für gute tierpflegerische Arbeit interpretieren, andererseits stören sie jedoch die nächsten Interessenten und sollten durch die kleine Mühe des Glasreinigens verschwinden.

Krankheiten und Tierhygiene

Grundlage einer gesunden Tierhaltung sind die Prinzipien der Veterinärhygiene, insbesondere der Quarantäne. Da es sich bei Amphibien um wechselwarme (poikilotherme) Wirbeltiere handelt, lassen sich die von der Säugetier- und Vogelhaltung bekannten Quarantänezeiten nur bedingt für diese Klasse anwenden. Mehr Übereinstimmungen findet man mit den Fischen. Auch die durch eine Quarantäne einzuschränkenden oder auszuschließenden Keime ähneln oft jenen, die bei Fischen nachgewiesen werden. Das Wachstum der meisten Mikroorganismen, aber auch parasitischer Einzeller (Protozoen) und Würmer ist von der Temperatur abhängig. Auf der Haut oder im Körperinneren von Amphibien lebende Parasiten müssen sich also an die unterschiedlichen Temperaturverhältnisse des wechselwarmen Organismus ihrer Wirte anpassen. Dabei handelt es sich um weniger konstante, meist kühlere Konditionen. Diese Situation trägt dazu bei, daß die bei Amphibien gefundenen parasitischen Arten im Gegensatz zu den bei Warmblütern nachgewiesenen eine höhere Toleranz gegenüber einer veränderten Umwelt aufweisen. Damit wird ihre Bekämpfung schwieriger.

Allein die Quarantänezeit festzulegen ist letztendlich nur eine Erfahrungshandlung. Bei frisch angekommenen (sowohl der Natur entstammenden als auch von einem Händler, einem Terrarianer oder einer Institution erworbenen) Tieren kann man niemals die Dauer der Quarantänezeit voraussehen. In der Regel setzt man sie zunächst mit ca. 3 bis 4 Wochen an, es zeigt sich aber an der individuellen Reaktion der Amphibien (Freßlust, Bewegungsaktivität, Gesamterscheinungsbild des Körpers, Beschaffenheit der äußerlich erkennbaren Organe), ob es zu einer Verlängerung kommen muß.

Bei aquatilen Amphibien hat es Fälle gegeben, in denen die Quarantäne bis auf fast ein Jahr ausgedehnt wurde. Das ist besonders dann vonnöten, wenn Bakterien- und Pilzbeläge offensichtlich auf Kiemen oder Haut, aber auch auf den Augen wachsen. Insbesondere Wildfänge erweisen sich immer wieder als sehr problematisch. Während ihrer Quarantäne kommt es häufig zu einer hohen Mortalität.

Schließlich dient die Quarantäne nicht nur der Verringerung mitgebrachter Parasiten, sondern auch einer Adaptation der neuen Amphibien an die gesunde Darmflora des alteingesessenen Bestandes. Die Funktion könnte als gegenseitiger Schutz der eingewöhnten und neu hinzugekommenen Tiere vor den Parasiten der jeweils anderen definiert werden. Außerdem erfolgt natürlich während dieser ersten Wochen eine Erholung der vom Transport gestreßten Tiere, ihr allmähliches Eingewöhnen an die neuen Bedingungen (Temperatur- und Lichtregime, Wasserfaktoren) und die Adaptation an eine möglicherweise andere Fütterung. Sollte nach Beendigung der Quarantäne eine Vergesellschaftung der neuen Amphibien mit den eingewöhnten vorgesehen sein, so empfiehlt sich auch hier ein behutsames Vorgehen. Besonders aggressive Tiere, zum Beispiel Riesensalamander (Crypotbranchidae) oder Aalmolche (Amphiumidae) könnten Beißereien beginnen, die zum Tode manches Individuums führen.

Neu eingesetzte Amphibien verdrängen aber auch andere aus ihren Schlupfwinkeln oder Ruheplätzen. Es kann zu Futterneid oder Revierkämpfen kommen. Darum sollte man seine Tiere in den ersten Wochen nach der Vergesellschaftung häufig beobachten. Magern einzelne Exemplare ab, so stehen sie zumeist unter psychischem Druck durch andere. Hier schafft außer der Trennung solcher Tiere beispielsweise eine stärker strukturierte Einrichtung des Aquariums mit mehr Versteckplätzen oder auch eine veränderte Fütterungstechnik Abhilfe.

Veterinärhygiene bedeutet aber ebenfalls, beim Auftreten bestandsinterner Krankheiten richtig zu handeln. Das gilt insbesondere

für Infektionen. Die davon betroffenen Tiere müssen sofort separiert und behandelt werden, als wären sie zu quarantänisierende Neuankömmlinge. Das heißt die Reinigung ihrer Becken erfolgt mit einem besonderen Instrumentarium, das nur für sie Verwendung findet (vom Wischlappen bis zum Absaugschlauch). Nach der Pflege ihrer Aquarien sollten die Hände desinfiziert werden, um Krankheiten weder auf andere Tiere, noch auf den Menschen zu übertragen. Wenn uns auch nur wenige für Amphibien gefährliche Erreger ernstlich schaden können, empfiehlt es sich doch, bei bisher unbekannten Krankheiten vorsichtig vorzugehen. Das Tragen von Gummihandschuhen schützt vor der Infektion kleinerer Schnittwunden oder auch vor dem Auftreten von Allergien. Während der Quarantäne oder im Krankheitsfall darf die Beckeneinrichtung nur das Notwendigste enthalten. In vielen Fällen reicht das nackte Glasbassin aus, einige Arten benötigen allerdings einen Unterschlupf, der aus schnell zu reinigendem Material bestehen und jederzeit einsehbar sein muß.

Großer Krallenfrosch *(Xenopus laevis)* und Axolotl *(Ambystoma mexicanum)* sind, wie auch in ihren anderen Lebensäußerungen, in bezug auf Krankheiten besser als alle anderen aquatilen Amphibien untersucht worden. Darum beziehen sich viele der folgenden Angaben über diverse Krankheitsphänomene vor allem auf diese beiden Species. Durch die umfangreichen genetischen und immunologischen Experimente, die an Krallenfröschen im Zoologischen Institut der Universität Genf (Schweiz), aber auch in den USA und in England durchgeführt worden sind, kennt man mittlerweile eine Reihe immer wieder auftretender Mutationen dieser Tiere.

So wurden bei Larven von Gelbgefleckten Krallenfröschen *(Xenopus borealis)* Mutanten mit runzeliger Kopfhaut gefunden ("wrinkled oedema"), die aufgrund mehrerer Defekte nicht lange lebensfähig sind. Zwei weitere Mutationen dieser Art führen ebenfalls frühzeitig zum Tode der Larven. Eine macht sich durch die angewinkelte Schwanzspitze bemerkbar („hooked tailtip"), die andere durch einen schmal ausgebildeten Larvenkopf („narrow head"). Kaulquappen des Tropischen Krallenfrosches *(Silurana tropicalis)*, die nicht länger als sechs Tage leben konnten, zeigten am Kopf, in der Leibeshöhle und in der Analregion Veränderungen („triple oedema"). Larven von Müllers Krallenfröschen *(Xenopus muelleri)* und Gelbgefleckten Krallenfröschen *(Xenopus borealis)* können aufgeblähte Bäuche haben. Sie sind möglicherweise ein Indiz für zwei Mutationen, die zur Beeinträchtigung der Herztätigkeit führen („bloated 1, 2"). Große Krallenfrösche *(Xenopus laevis)* weisen ähnliche Mutationen auf („oedema", „precocious oedema"). Bei albinotischen Exemplaren dieser Art können auch mehr Extremitätenteile (Polydactylie) oder andere Abnormitäten der Beine eine Folge von Mutationen sein („abnormal joints").

Die Lebensfähigkeit der betroffenen Tiere weit weniger einschränkende Mutationen sind beispielsweise Farbmangelmutanten. Sie entstehen durch genetische Blockierungen im Phenylalaninstoffwechsel. Im Extremfall entsteht Albinismus, das heißt Pigmentlosigkeit. Auch der umgekehrte Fall, also die abnorm hohe Melaninproduktion, wird gelegentlich beobachtet.

Diese Phänomene sind insbesondere als Domestikationseffekte von den hauptsächlich in Laboratorien gezüchteten, oben genannten wasserlebenden Amphibien und auch von Geflecktem Furchenmolch *(Necturus maculosus)* und Dreizehen-Aalmolch *(Amphiuma tridactylum)* bekannt. Beim Axolotl *(Ambystoma mexicanum)* bemühte man sich viele Jahre lang, totale Albinos zu züchten, was jedoch nicht gelang. Erst die Einkreuzung neotenischer, albinotischer Tiger-Querzahnmolche *(Ambystoma tigrinum)* führte zu einer konstanten albinotischen Zuchtlinie, dem sogenannten „Humphrey-Axolotl". Einige Arten, beispielsweise Rathbunscher

Brunnenmolch *(Typhlomolge rathbuni)* und Grottenolm *(Proteus anguinus)* reduzierten ihr Pigment im natürlichen Lebensraum, weil es durch die Lebensweise in unterirdischen, lichtfreien Gewässern nicht mehr erforderlich war. Andere auf einer „Rückerinnerung" an die frühere Ausbildungsform von Teilen des Organismus basierende Abnormitäten sind die sogenannten „Atavismen". Während adulte Axolotl an den Hinterextremitäten normalerweise keine Spannhäute besitzen, kann es gelegentlich vorkommen, daß diese doch ausgebildet sind.

Ebenso wie die Mutationen kann man auch Amphibientumore kaum heilend beeinflussen. Alle diese Geschwulstbildungen, ob gut- oder bösartig (malign oder benign), erhielten von den Veterinärmedizinern und Pathologen einen speziellen Namen. Bereits Anfang dieses Jahrhunderts befaßten sich die Wissenschaftler mit der Aufklärung der Krebskrankheit. Aquatile Amphibien spielten dabei als Versuchstiere eine große Rolle. Während sie wiederum an den typischen Laboratoriumsarten forschten, war der Fund eines zwei Zentimeter großen Fibroms an der Hand eines Chinesischen Riesensalamanders *(Andrias davidianus)* im Jahre 1902 eher dem Zufall geschuldet. Beim Großen Krallenfrosch *(Xenopus laevis)* wurden dagegen sehr viele verschiedene Geschwülste festgestellt, beispielsweise Adenokarzinome, Adenome der Leber, Nephroblastome an den Nieren, Tumore der Harnblase, Pigmenttumore (Melano-Karzinome) der Haut, Granuloma in den Lymphsäcken und Lymphoidtumoren (Lymphoma). Weitere in die Kategorie „Mißbildungen" einzuordnende Phänomene sind die Knochenverformungen. So beobachtete man durch Röntgenanalysen sowohl an Larven, als auch an erwachsenen Tieren des Großen Krallenfrosches Wirbelsäulenverkrümmungen, die offenbar relativ häufig auftreten.

Als „Hydrops" wird die bei Fischen häufig anzutreffende Gasblasenkrankheit bezeichnet. Sowohl Schwanzlurche, zum Beispiel

Gasbläschenkrankheit in der
Haut des Schwanzes eines
Axolotl *(Ambystoma mexicanum)*

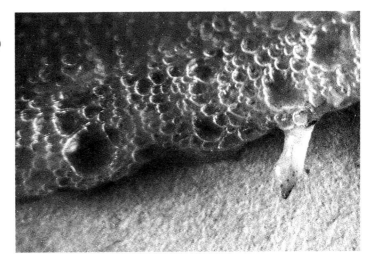

Hydrops-Krankheitsbild an
einer Larve des Großen
Krallenfrosches *(Xenopus laevis)*

Axolotl *(Ambystoma mexicanum)*, als auch Froschlurche, etwa Große Wabenkröten *(Pipa pipa)*, Mittlere Wabenkröten *(Pipa carvalhoi)*, Boettgers Zwergkrallenfrosch *(Hymenochirus boettgeri)*, Tropischer Krallenfrosch *(Silurana tropicalis)*, Gelbgefleckter Krallenfrosch *(Xenopus borealis)* und Großer Krallenfrosch *(Xenopus laevis)* sowie die Larven der letzteren Art erkranken gelegentlich an Hydrops. Es handelt sich dabei um die Ansammlung von Flüssigkeit in einigen oder allen peripheren Lymphsäcken. Dazu kann es kommen, wenn die als Flüssigkeitspumpen fungierenden Lymphherzen aus irgend einem Grunde nicht mehr aktiv sind. Dann gibt es keine Möglichkeit des Flüssigkeitsablaufs, und die Körper der Amphibien erinnern in ihrem Aussehen an einen mit Wasser gefüllten Luftballon. Abhilfe kann durch vorsichtiges Einführen einer dünnen Kanüle in den betreffenden Lymphsack und Heraussaugen mittels einer Injektionsspritze erfolgen. Oft werden die Wasserpolster aber auch von selbst durch eine Reaktivierung der Lymphherzen zurückgebildet.

Die von einigen Wissenschaftlern geäußerte Theorie, es würde sich bei Hydrops um eine Folgeerscheinung künstlicher oder hor-

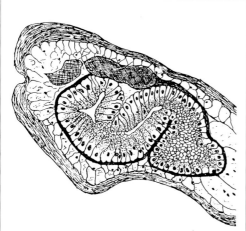

Nematodeninfektion im Darm eines in Men-
schenobhut gehaltenen Männchens der Großen
Wabenkröte *(Pipa pipa)* (aus Reichenbach-
Klinke & Elkan)

monstimulierter Vermehrung von Labortieren handelt, stimmt nicht. Man findet auch in
den natürlichen Lebensräumen immer wieder an Hydrops erkrankte aquatile Froschlurche. Eine der Gasbläschenkrankheit bei Fischen ähnelnde Ausprägungsform wurde am
Axolotl *(Ambystoma mexicanum)* festgestellt.
    Große Krallenfrösche *(Xenopus laevis)* dien-
ten in diversen Experimenten der Aufklärung
von Pathogenität und Infektionsfolgen wichtiger Keime. So wurden ihnen beispielsweise
die Erreger der Ornithose *(Clamydia psittaci)*
injiziert. Zu den natürlichen Parasiten der
Krallenfrösche gehören beispielsweise der
Microsporidier *Plistophora myotrophica,* der
Helminth *Protopolystoma xenopodis,* aber auch
die Trombidiformier *Xenopacarus africanus*
und *Xenopacarus kenyensis* aus der Nasen-
höhle der Frösche sowie der Egel *Marsupiob-
della africana.* Weitere beim Großen Krallenfrosch gefundene Parasiten sind Bandwür-
mer der Art *Cephalochlamys namaquensis,* die
sich in der Darmwandung festsetzen und die
Trematodenspecies *Diplostomum xenopi,*
welche zu einer Anreicherung des schwarzen
Farbstoffes Melanin in den Seitenorganen
führt. Rundwürmer (Nematoda) bilden im

Darmkanal der Großen Wabenkröte *(Pipa
pipa)* Zysten aus. Auch einzellige Tiere gehören zu den Krankheitserregern aquatiler Amphibien, beispielsweise das Geißeltierchen
Protoopalina intestinalis im Darm des Grottenolmes *(Proteus anguinus),* das Wimpertierchen
Haptophyra micliganensis, das Geißeltierchen
Protoopalina mitotica im Darm des Axolotl
(Ambystoma mexicanum) und das Sporentier-
chen *Glygea danilowskyi* in den Muskelfasern
des Großen Krallenfrosches *(Xenopus laevis).*
    Manche wasserlebende Amphibien zeigen
aber auch Symptome, die man mit aus der Humanmedizin bekannten Termini versieht. So
können Axolotl Gelbsucht (Hepatitis) bekommen, die bei ihnen kaum zu heilen ist.
Durch den gefährlichen Erreger *Mycobacte-
rium gigae* wird Tuberkulose bei Großen Krallenfröschen erzeugt. Sie kann hier auch als
eine auf der äußeren Haut sichtbare, pocken-
artige Wucherung ausgebildet sein, die sich

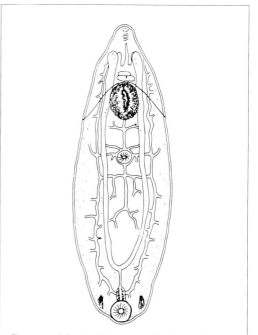

Der parasitische Plattwurm *Diplostomum xenopi* wurde beim Großen Krallenfrosch *(Xenopus
laevis)* gefunden (aus Nigrelli & Mararentano)

allmählich von einem Anfangsstadium bis zur maximalen Ausbildung entwickelt. Alle diese Infektionen, aber auch andere durch die Gattungen *Hexamita, Opalina, Trichodina* oder *Costia* hervorgerufene Infektionskrankheiten lassen sich nur sehr schwer bekämpfen.

Zwei gefürchtete Krankheitsbilder werden von einem Komplex verschiedener Erreger induziert. Bei vielen Froschlurchen tritt gelegentlich „Red legs" auf. In erster Linie erzeugen *Aeromonas hydrophila*, aber auch andere Bakterien der *Pseudomonas*-Gruppe die Primärinfektion. Verschiedene Pilze verschlimmern die Krankheit zusätzlich durch Sekundärinfektion. „Red legs" heißt zu deutsch „rote Beine", tatsächlich sind aber nicht nur die Extremitäten, sondern häufig auch Bauchhaut oder andere Hautbereiche rot unterlaufen.

Auf ähnliche Ursachen läßt sich bei Schwanzlurchen die vom berühmten deutschen Molchkundler Wolterstorff „Molchpest" genannte Krankheit zurückführen. Sie zeigt sich in der fetzenartigen, teilweisen Häutung. Außerdem treten Pusteln und Geschwüre in der Haut auf. Die „Molchpest" ist im allgemeinen von einem fauligen Wassergeruch begleitet, der wahrscheinlich von Bakterien- und Pilzkolonien hervorgerufen wird. Für diese Krankheiten werden sehr unterschiedliche Therapien empfohlen. Man sollte sie der Reihe nach ausprobieren, da sich ihre Wirksamkeit nach der Artzusammensetzung der Erreger, aber auch nach den äußeren Faktoren richtet. Das vorsichtige Lösen von etwas Kochsalz (NaCl) im Aquarienwasser ist die einfachste und zuerst auszuprobierende Möglichkeit. Hierdurch verändert sich das Milieu für die Keime und führt möglicherweise zu ihrer Reduzierung. Bei starkem Pilzbefall sollte Chloramin in einem Verhältnis zum Aquarienwasser von 1:100 000 drei bis sieben Tage lang beigemischt bleiben. Auch Merkurchrom hat sich (in einer Verdünnung von 1:250 000) bei dreitägiger Inkubation bewährt. Antibiotika werden meistens in die Lymphsäcke oder in die Muskulatur der Tiere injiziert. Von Tetracy-

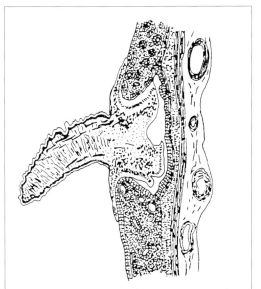

Der Bandwurm *Cephalochlamys namaquensis* hat sich im Darmgewebe eines Großen Krallenfrosches *(Xenopus laevis)* fest verankert (aus Reichenbach-Klinke & Elkan)

klin-HCl spritzt man 25 Milligramm pro Milliliter destillierten Wassers in einer Menge von 0,2 Milliliter. Gentamyzin wird mit 4,5 Milligramm pro Kilogramm Körpergewicht des kranken Tieres ebenfalls durch Injektion appliziert.

Gegen die oben genannten Parasiten hilft Metronidazol, das man mit Futterstücken in einem Verhältnis von 500 Milligramm pro 100 Gramm Nahrungsgewicht verabreichen kann. Gegen größere Parasiten des Darmtraktes findet das Präparat Rintal Anwendung. 0,1 Gramm werden in einem Milliliter Wasser gelöst. Einem Frosch in der Größe des ausgewachsenen Großen Krallenfrosches tropft man 0,1 Milliliter dieser Lösung mit einer Pipette in die geöffnete Maulspalte. Wenn auch gelegentlich über Unverträglichkeiten dieses Präparates diskutiert wird, so darf man davon ausgehen, daß die aquatischen Amphibien robuster auf derlei Medikamente reagieren, als kleine terrestrische Formen. Antibiotika wie Chloramphenicol, aber auch weniger aggressive Substanzen, zum Beispiel Kaliumpermanganat, Methylenblau, Trypaflavin oder wiederum Kochsalz sollten beim Auftreten von Darmvorfall in geringer Konzentration ins Aquarienwasser gegeben werden (diese läßt sich bei noch nicht erreichter Wirkung schrittweise erhöhen). Da die Ursachen des Phänomens noch weitgehend unbekannt sind, empfiehlt sich außerdem das Verabreichen leicht verträglicher, abwechslungsreicher Nahrung.

Sämtliche Hautdefekte lassen sich bei ständig im Wasser lebenden Amphibien nicht durch Salben, sondern nur mit Hilfe von Substanzzusätzen in das Aquarienwasser heilen. Folgende Vorschläge sollen hier beispielsweise genannt werden:

— Kupfersulfat; von einer Stammlösung (1 g:1000) 2 ml:10 000
— Rivanol; 1:100
— Trypaflavin; 1:100
— Methylenblau; von einer Stammlösung (1:100) 3:10 000
— Kochsalz (NaCl); 0,4%ige Lösung
— Kaliumpermanganat; 1:1000
— Chinin; 1:100

Um die Vermehrung der Keime bzw. den weiteren Befall verletzter Hautstellen zu verhindern, ist zusätzlich eine Temperaturveränderung (je nach Belastbarkeit der erkrankten Art) zu empfehlen.

Manche aquatilen Amphibienarten können auch von gesundheitsgefährdenden Viren befallen sein. Gegen die damit verbundenen Krankheiten existieren jedoch kaum Therapiemöglichkeiten. Folgende Viren wurden beispielsweise gefunden: Kaulquappen-Oedem-Virus (TEV), Lymphosarkoma-Virus und Lucke Tumor Herpesvirus (LTHV).

Unter Umständen kann auch der Laich Angriffsziel von Bakterien und Pilzen sein. Gewöhnlich sind allerdings befruchtete Eier sehr viel resistenter als unbefruchtete. Die häufigsten an Amphibienlaich nachgewiesenen Mikroorganismen sind Schimmelpilze *(Saprolegnia)*, aber auch *Basidiobolus ranarum* und *Fonsecaea pedrosoi.*

Die Fähigkeit der Amphibien, gelöste Stoffe durch die Haut oder die Kiemen resorbieren zu können, eröffnet für die Narkose mehr und zudem andere Möglichkeiten, als bei vielen anderen Tiergruppen. Als einfachste und mittlerweile auch gebräuchlichste Anästhesie findet das Narkosebad Anwendung. Dabei läuft derselbe Prozeß ab, wie während einer Inhalationsnarkose. Da aquatile Amphibien vor allem durch die Haut atmen, werden mit dem Gasaustausch betäubende Substanzen in den Körper transportiert.

Dabei ist zu beachten, daß neotenische Arten durch die Aufnahme von Substanzen über Kiemen und Haut geringere Dosen benötigen. Die Lösung der Anästhetika sollte stets im gewohnten Aquarienwasser erfolgen, da sonst durch eine Veränderung der Wasserfaktoren unerwünschte Nebenwirkungen auftreten könnten. Man mischt Aquarienwasser in kleinen Glasbehältern mit der notwendigen Menge Narkosemittel und setzt danach die Amphibien in diese Flüssigkeit. Bei Tieren, die auch mit Hilfe der Lungen atmen, sollten sich die Nasenlöcher stets über Wasser befinden. Nach Eintritt des erforderlichen Anästhesiegrades werden die Amphibien dem Bad entnommen und mit Aquarienwasser gespült, um dann für die notwendigen Eingriffe zur Verfügung zu stehen. Eine Übersicht der gebräuchlichsten bzw. relativ leicht beschaffbaren Anästhetika zeigt die Tabelle.

Je nach Dosierung (entsprechend der Anweisung zu den einzelnen Pharmaka) können unterschiedliche Narkosestadien erreicht werden (oberflächliche und tiefe Anästhesie sowie das sog. Toleranz- oder chirurgische Stadium). Die Narkosetiefe ist von der Amphibienart und von individuellen Faktoren abhängig. Die Bädermethode ermöglicht eine stete Dosiserhöhung bei geringem Risiko.

Die Injektionsnarkose bei adulten aquatilen Amphibien wird am häufigsten mit 1:1000 bis 1:3000 verdünntem MS 222 (Tricain Methansulphonat) oder Urethan (2%iges Ethylcarbamat) durchgeführt. Larven lassen sich

Tab. 6. Gebräuchliche Anästhetika für
Narkosebäder bei aquatilen Amphibien

Pharmaka	Dosierung im Narkosebad
Ethanol	3–5 %ige Lösung
Chlorhydrat	4–5 %ige Lösung
Chlorbutanol	2–5 g pro 1 Liter Wasser
Hexylresorcin	50–200 mg pro 1 Liter Wasser
Paraldehyd	5 g pro 1 Liter Wasser
Pentobarbital	4 g pro 1 Liter Wasser
Propoxat	4–16 mg pro 1 Liter Wasser
Tricaine	30 mg–3 g pro 1 Liter Wasser
Urethan	10–25 g pro 1 Liter Wasser

mit 1%igem Urethan oder 0,05%igem Chloreton ruhig stellen. Die Anästhesie wird durch eine Injektion von ca. 0,1 Milliliter Narkosemittel pro 10 Gramm Körpergewicht in einen Bein-, Bauch- oder Rückenlymphsack, in das Ende des Wirbelkanals (bei Fröschen) oder in den Bauchraum (intraperitoneal) realisiert. Seltener findet das Muskelrelaxans Tricuran in der vorgeschriebenen Dosis Anwendung. Kälte- oder Hitzeanästhesie eignen sich für aquatile Amphibien i. d. R. nicht. Ist es aufgrund eines Krankheitsbildes, als Vorbeugung vor weiteren Infektionen oder anderen Gründen notwendig, Frosch-, Schwanz-, oder Schleichenlurche zu töten, so geschieht das für die Tiere am schadlosesten durch Überdosierung des Anästhetika oder mit Hilfe von Chloroform. Es wirkt gleichsam toxisch und narkotisierend. In einen geschlossenen Glasbehälter werden chloroformgetränkte Wattebäusche gelegt und danach die Amphibien dazugesetzt.

Aquatile Amphibien im Laboratorium

In der Regel gelten für die Versuchstierhaltung aquatiler Amphibien dieselben Grundsätze, wie für aquaristische Zwecke. Es kommen jedoch zwei wesentliche Faktoren hinzu: die Standardisierung der Haltungsbedingungen und ihre Anpassung an Massenhaltung und -zucht sowie die Konditionierung der Tiere für spezielle Experimente. Letzteres bedeutet, Zuchtstämme mit einheitlichen, teilweise sehr speziellen Eigenschaften zu entwickeln, die permanent verfügbar sein müssen. Schließt man die Entnahme von Amphibien aus ihren natürlichen Lebensräumen und anderweitigen Erwerb aus, so ergeben sich im wesentlichen zwei Zuchtmöglichkeiten im eigenen Laboratorium: die standardisierte, gezielte Zucht unter einheitlichen Bedingungen und die weitgehend dem Zufall überlassene, unkontrollierte, unter verschiedenen Bedingungen durchgeführte Zucht. Während letztere für eine Reihe klassischer Experimente in der Tierphysiologie und Anatomie (insbesondere in Studentenkursen) sicher hinreichend ist, benötigt man für molekularbiologische und genetische Tests zumeist genauer definierte Objekte.

Eine gezielte Laboratoriumszucht vom Großen Krallenfrosch *(Xenopus laevis)* kann beispielsweise folgende Zuchtlinien zum Ziel haben:

— durch Zellkernverpflanzung eines Individuums entstandene Tiere (heterozygote isogene Klone)
— durch besondere Merkmale (etwa eine Mutation) markierte heterozygote Zuchtlinien
— Inzuchtlinien (meistens von bereits geklonten Tieren abstammend)
— mit normalem doppelten Chromosomensatz ausgestattete, jedoch durch Jungfernzeugung (Parthenogenese) produzierte Frösche (gynogenetisch diploide Zuchtlinien)

- standardisierte homozygote Zuchtlinien (meistens drei oder mehr Generationen einer diploiden Gynogenese)
- die Hälfte des normalen Chromosomensatzes (also einen einfachen) besitzende Zuchtlinien (haploide Tiere)
- mit drei oder mehr Kopien des Chromosomensatzes ausgestattete Frösche (polyploide Tiere)

Eine individuelle Markierung erfolgt in den meisten Laboratorien durch Zehenamputation. Diese Methode gestattet eindeutige Untersuchungen. Bei adulten Individuen besteht keine Regenerationsgefahr und nach korrekter Ausführung beeinträchtigt die Amputation in keiner Weise die biologische Aktivität der Amphibien. Nur bei Froschmännchen muß die Amputation der Daumen vermieden werden, da diese bei der Paarungsumklammerung dem Halt am Weibchen dienen.

Zwei Präparationsvorgänge sollen an dieser Stelle exemplarisch vorgestellt werden, da sie experimentell am häufigsten Verwendung finden. Für sehr viele Versuche wird Blut benötigt. Mit Hilfe der modernen Methoden genügen meistens wenige Tropfen, um beispielsweise eine elektrophoretische Trennung wichtiger Eiweiße oder einen Immuntest durchzuführen. Bei dieser Technik bleiben die Tiere am Leben. Eine weitere Methode erlaubt die Gewinnung von Urin aus der Harnblase der Amphibien. 18 Stunden nach der Injektion von 0,2 bis 1,0 Milliliter (abhängig vom Körpergewicht) einer 15%igen Insulinlösung in einen Lymphsack schneidet man mittels eines Skalpells einen winzigen Ritz in die Körperflanke des zu untersuchenden Tieres und führt von dort aus eine feine Kapillare bis zur Harnblase, von wo aus der Urin abgezapft werden kann.

Für die Inkubation von Blutzellen, Gewebeteilen oder Organen eignen sich einige auf Amphibien abgestimmte physiologische Lösungen. Die älteste ist Amphibien-Ringer, danach folgten Holtfreter-Lösung und andere. Auch die in der Humanmedizin verwandten

Tab. 7. Physiologische Lösungen für Amphibien

Amphibien-Ringer

6,5 g	Natriumchlorid
0,14 g	Kaliumchlorid
0,12 g	Kalziumchlorid
0,1 g	Natriumhydrogenkarbonat
1 l	Aqua dest.

Holtfreter-Lösung

Stammlösung A (autoklavierbar)

3,5 g	Natriumchlorid
0,05 g	Kaliumchlorid
0,1 g	Kalziumchlorid
950 ml	Aqua dest.

Stammlösung B (sterilisierbar über Bakterienfilter; aseptisch mit Stammlösung A zu mischen)

0,4 g	Natriumhydrogenkarbonat
100 ml	Aqua dest.

Nährmedien (zum Beispiel Hanks, Eagle) lassen sich durch eine entsprechende Verdünnung an die physiologischen Verhältnisse der Amphibien adaptieren. In der Immunologie ist insbesondere eine exakte Kenntnis des Blutbildes vonnöten. Der Große Krallenfrosch (Xenopus laevis) besitzt zum Beispiel pro Milliliter Blut 565 800 rote Blutkörperchen (Erythrozyten), 17 100 Blutplättchen (Thrombozyten) und 8150 weiße Blutkörperchen (Leukozyten). Während Frosch- und Schleichenlurche relativ kleine, aber im Gegensatz zu denen der Säugetiere mit einem Zellkern versehene rote Blutkörperchen ausbilden, sind die der Schwanzlurche meistens wesentlich größer. Mit 75 Mikrometer Länge und 40 Mikrometer Breite sind die der Aalmolche (Aphiumidae) im Tierreich am größten.

Bei einer Massenhaltung, wie sie in den meisten Laboratorien notwendig ist, entstehen oft Situationen, bei denen sich die Wasserqualität schlagartig verändert (zum Beispiel durch den Tod eines Tieres, das im Filtersystem eingeklemmt ist). Folgende kritische Grenzwerte, die zu Schäden insbesondere während der Aufzucht führen, sind bekannt:

Lithiumchlorid	0,3%
Kaliumchlorid	1,2%
Natriumchlorid	1,0%
Magnesiumchlorid	1,3%
Kalziumchlorid	1,5%

Natürlich lassen sich diese für aquatilen Amphibien pauschal angegebenen Ziffern nur bedingt anwenden, da jede Art, ja jedes Individuum auf die Veränderung des Wassers anders reagiert. In einer Zuchtgruppe von Großen Krallenfröschen *(Xenopus laevis)*, bei denen ein mittlerer Besatz von einem Tier pro zwei Liter Wasser eingehalten wurde, kommt es beispielsweise nach Erhöhung des Kochsalzgehaltes zunächst bei einigen wenigen Tieren, später bei mehreren zu Reaktionen. Einige Individuen halten sogar extreme Werte aus. Ähnlich verhält es sich mit der Toleranz gegenüber der Wasserstoffionenkonzentration. Axolotl *(Ambystoma mexicanum)* sterben in einem sauren Milieu ab pH 3,5 bis 4 und in einem alkalischen von pH 11 bis 12. In der Fachliteratur findet man viele Methoden zur Bestimmung der Wasserfaktoren. Einige klassische sollen hier genannt werden:

— die Bestimmung des Sauerstoffgehalts nach Winkler und Alsterberg,
— der Harnstoffkonzentration nach Coulombe und Favreau sowie Ashley,
— der Chloride mit Silbernitrat, der Phosphate und Nitrate durch Direktmessungskolorimetrie sowie
— des Kaliumgehalts mit einem Coleman-Photometer.

Seit dem vorigen Jahrhundert wurden weltweit unzählige Modelle für Haltungsbecken aquatiler Amphibien entwickelt. Die ältesten Bassins waren mit einer Gasflamme beheizte Glasglocken.

Institutionen der Universitäten in Michigan, USA (Amphibian Facility), Hiroshima, Japan (Laboratory of Amphibian Biology) und Genf, Schweiz (Station de Zoologie expérimentale) haben durch ihre umfangreichen Forschungen entscheidende Fortschritte erbracht. Die Haltung adulter Amphibien be-

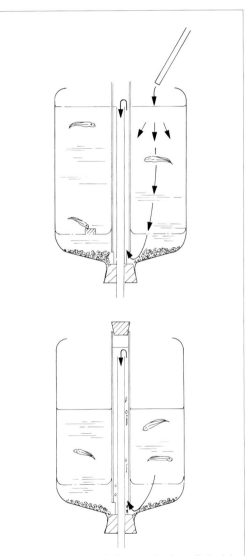

Larven-Aufzuchtbehälter nach dem Beispiel der Amphibian Facility der Universität Michigan, USA: links mit permanentem Wasserdurchlauf und Überlaufrohr, rechts mit einem einfachen Ablauf (aus Nace)

währte sich am besten in Beton- oder Plast-becken von ca. einem Quadratmeter Grundflä-che und 30 Zentimeter Höhe. Sie sind in der Regel mit einem Abflußrohr versehen. Über ihnen ist ein Hahn angebracht, der bei Bedarf Frischwasser zuführt. Ein zentral durch große Pumpen betriebenes Filter- und Durchlüf-tungssystem sowie eine stabile Raumhei-zungsregelung sorgen für die entsprechenden Umweltfaktoren. Nach der Reinigung dieser Behälter erfolgt eine Desinfektion mit Benzal-koniumchlorid. In manchen Laboratorien verwendet man nach dem Ausspülen der Bek-ken mit heißem Wasser auch jodhaltige Des-infektionsmittel.

Larvenaufzuchtbehälter können bei relativ geringer Besatzdichte in ihrem Aufbau denen für adulte aquatile Amphibien entsprechen. Insbesondere die Pipidenlarven fordern durch die besondere Fütterungstechnik (Hefe, Pflanzensuspensionen) einen häufige-ren Wasserwechsel. Für diese Suspensions-fresser eignen sich durch ein Plastgitter nach unten abgeschirmte, runde Flaschen mit einem Überlaufrohr in der Mitte. Von oben wird, etwa nach dem Vorbild eines medizini-schen Tropfs, ständig Wasser zugeführt. Der Detritus sammelt sich unter dem Rost und kann von Zeit zu Zeit abgelassen werden, ohne daß die Gefahr eines Larvenverlustes entsteht. Die ständige Frischwasserzufuhr hält den Nitratgehalt des Wassers in Grenzen und es kommt auch nicht zum unbeliebten Crowd-Effekt.

Der Transport neotenischer Arten muß stets im Wasser erfolgen. Alle anderen aquati-schen Amphibien können auch in feuchten Leinenbeuteln, mit nassem Zellstoff ausgeleg-ten Plastgefäßen oder in Torfmoos *(Sphag-num)* transportiert werden. Da die meisten ständig im Wasser lebenden Arten eine sehr glitschige, feuchte Haut besitzen, ist der Um-gang mit ihnen nicht einfach. Der Fang erfolgt mit Hilfe eines Keschers oder im Fall emp-findlicher, kiementragender Species mit Pla-stik- oder Glasfangglocken.

Um größere Arten für diverse Untersu-chungen in den Händen zu halten, benötigt man stets eine zweite Person, die jeweils ein Tier aus dem Fanggerät entnimmt. Eine Hand greift hinter dem Kopf fest zu und fixiert da-mit auch die Vorderextremitäten, die zweite faßt an der Schwanzwurzel zu. Besonders bis-sig sind Aalmolche *(Amphiuma)*, aber auch größere Armmolche *(Siren)*. Da sie stets ver-suchen, sich wie Aale herauszuwinden, lassen sich auch Schwimmwühlen *(Typhlonectes)* kaum mit einer Hand festhalten. Durch ihre dicken, glitschigen Körper sind Krallenfrö-sche *(Xenopus, Silurana)* am schwierigsten zu fixieren. Ein Halten an den Extremitäten ist nicht möglich. Die Tiere versuchen sich au-ßerdem durch Kratzen mit ihren Hornkrallen zu befreien. Am besten bewährte sich das Hal-ten aquatiler Amphibien mit Leinenlappen oder Stoffhandschuhen, da diese bei sachge-mäßer Handhabung nicht am Schleim der Tiere abrutschen.

Fortpflanzung

Anreize zur Paarung

Die Vielzahl von Faktoren, die in der Natur für Reifung der Geschlechtsprodukte und Regulation der Hypophysenhormone sorgen, kann man bei der Haltung aquatiler Amphibien auf ein geringes Maß reduzieren. „Komplizierte" Arten, die selten in Menschenobhut gezüchtet wurden, sollten allerdings mit der gesamten Palette von Umweltfaktoren konfrontiert werden, die einen Einfluß auf das Fortpflanzungsgeschehen haben. Dazu gehören alle im Abschnitt über die Lebensweise in der Natur bereits genannten Konditionen, etwa die allmähliche Tageslängen- und Temperaturzunahme im Frühjahr, Frischwasserzufuhr und andere. Erst dann, wenn alle ökologischen Stimulationsmethoden versagen, kommt eine hormonelle Stimulation zur Anwendung. Diese Methode wird aber auch bei traditionellen Labortieren angewandt, um zu beliebiger Jahreszeit Individuen in den für die entsprechenden Experimente benötigten Entwicklungsstadien vorrätig zu haben.

Bereits zu Beginn dieses Jahrhunderts verwendete man in der berühmten Forscherfamilie Hertwig für Kreuzungsexperimente herausoperierte Hirnanhangsdrüsen (Hypophysen) von Individuen jener Arten, die künstlich vermehrt werden sollten. Je nach ihrem physiologischen Zustand benötigte man acht bis fünfzehn Hypophysen (in Amphibien-Ringer) für eine Rückenlymphsack-Injektion. Eine solche Prozedur leitete in beiden Geschlechtern die Fortpflanzung ein. Die Probleme bestanden aber darin, daß es häufig zu Überdosierungen kam, die zum Tode der stimulierten Individuen führten. Außerdem war

es erforderlich, zunächst so viele Exemplare einer Art zu töten, wie Hypophysen für die Injektionen benötigt wurden.

Inzwischen lernte die Wissenschaft, nicht zuletzt auch durch die medizinische Anwendung der Großen Krallenfrösche *(Xenopus laevis)* für die Schwangerschaftsbestimmung, daß viele Amphibien auch auf menschliche Sexualhormone reagieren. Glücklicherweise sprachen alle bisher getesteten aquatilen Amphibien positiv auf die Behandlung mit relativ geringen Mengen von Human-Choriongonadotropin, einem menschlichen Sexualhormon, das aus der Plazenta entnommen wird, an.

Heute führen Apotheken und Tierärzte dieses Präparat in verschiedenen, für eine Injektion vorgesehenen Fabrikationen. Zur Stimulation der Fortpflanzung aquatiler Amphibien eignen sich am besten Ampullen, die 500 oder noch besser 1500 IE (Internationale Einheiten) von Human-Choriongonadotropin enthalten (beispielsweise Gonadex). Diese hohe Konzentration empfiehlt sich deshalb, weil das Hormon am besten intramuskulär und möglichst in Kopfnähe (zum Beispiel in den oberen Armmuskel bei Anuren oder in die unter der Rückenhaut verlaufenden Muskelpakete bei Caudaten und Gymnophionen) injiziert wird und dabei ein Volumen von einem Milliliter nicht überschritten werden darf. Für die Stimulation rechnet man etwa 5 IE auf 100 Gramm Körpergewicht, so daß bei kleineren Arten und einer hohen Hormonkonzentration nur sehr geringe Mengen zur Injektion kommen. Während die an Laborbedingungen adaptierten Arten durchaus die den Präparaten beigegebene physiologische Kochsalzlösung vertragen, sollten für andere sterilisierte Amphibien-Ringer oder Holtfreter-Medium als Körperflüssigkeit verwandt werden.

Die Synchronisation der Geschlechtspartner ist der schwierigste Teil einer hormonellen Stimulation. In den meisten Fällen bringt eine vorzeitige Stimulation der Männchen (6 bis 8 Stunden vor den Weibchen) gute Ergebnisse. Oft benötigen die Männchen zum Zeitpunkt der Hormoninjektion beim Weibchen einen zweiten Stimulationsschub. Es stellte sich heraus, daß Human-Choriongonadotropin im Gegensatz zu Hypophyseninjektionen bei Überdosierungen kaum schädlich wirkt. So vertragen Axolotl beispielsweise 180 bis 200 IE. Auch andere Hormone werden gelegentlich angewandt, etwa Salmoniden-Gonadotropin aus der Fischzucht, Testoviron und Silbestrol in Kombination und in jüngerer Zeit synthetische Luliberinderivate.

Die typischen Laboratoriumtiere wie Großer Krallenfrosch und Axolotl sowie die in Zierfischzüchtereien häufig vermehrten Boettgers Zwergkrallenfrösche (Hymenochirus boettgeri) reagieren bereits auf sehr einfache Reize. Letztere laichen in der Regel nach dem Auffüllen von weichem Frischwasser und dem Zusammenbringen der vorher getrennt gehaltenen Geschlechtspartner. Krallenfrösche paaren sich ebenfalls unmittelbar nach einem Wasserwechsel, wobei die Temperatur zunächst geringer sein, dann aber rasch ansteigen sollte. Axolotl pflanzen sich am besten durch einen Kälteschock fort. Entweder füllt man in ihr Aquarium kaltes Wasser ein, oder es werden Eiswürfel hineingegeben.

Voraussetzung für die erfolgreiche Fortpflanzung sind aber auch die Rahmenbedingungen. So benötigen die meisten Tiere ein Mindestmaß an Raum, um ihr Paarungsverhalten ausleben zu können. Für die Fortpflanzung erforderliche Einrichtungen, zum Beispiel Laichsubstrate, sind ebenfalls einzubringen (siehe voriges Kapitel). Schließlich ist dafür zu sorgen, daß die Elterntiere ausreichend und abwechslungsreich ernährt sind,

damit einerseits gesunde Nachkommen entstehen und andererseits nicht übermäßiger Kannibalismus auftritt.

Fortpflanzungsverhalten und Brutpflege

Aquatile Schwanzlurche der Familien Querzahnmolche (Ambystomatidae) und Lungenlose Salamander (Plethodontidae) zeigen im wesentlichen ein ähnliches Verhalten, wie ihre terrestrischen Verwandten, die in den meisten Fällen zur Fortpflanzung das Wasser aufsuchen. So legen die Weibchen der Gelbsalamander (Eurycea) ihre Eier regelmäßig nebeneinander angeordnet an die gewölbte Unterseite hohl liegender oder aus dem Ufer hervorragender Steine ab. Dazu werden meistens sauerstoffreiche Orte ausgewählt.

Bei der Paarung konkurrieren oft mehrere Männchen um ein Weibchen, und es kommt

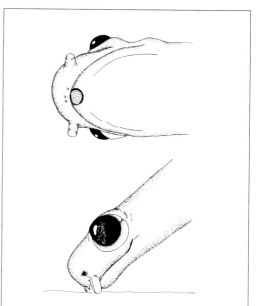

Gelbsalamander-Männchen (Eurycea) besitzen an der Unterlippe und an anderen Stellen des Körpers Drüsen, die der sexuellen Stimulation dienen (aus Arnold)

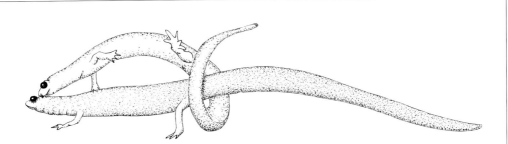

Das Gelbsalamander-Männchen *(Eurycea)* drückt seine Kehle auf den Hinterkopf des Weibchens und regt dieses damit zur Paarungsbereitschaft an (aus Arnold)

gelegentlich zu Beißereien, bis sich das stärkste Tier durchgesetzt und alle Nebenbuhler abgedrängt hat. Das Männchen beginnt nach einigen Kopf-an-Kopf-Kontakten mit dem Weibchen und dem Streicheln von dessen Kehle einen Schwanzwedellauf. Während der Schwanz etwa 90° vom Körper abgewinkelt ist, wird die Spermatophore abgelegt, und das mit seinem Kopf weiterhin in Kloakennähe des Männchens bleibende Weibchen läßt sich nun soweit vorwärts locken, daß die Spermatophore genau an seiner Kloake positioniert ist. Nun nehmen die Kloakenlippen des Weibchens die Spermatophore auf.

Das Paarungsverhalten aller neotenischen Querzahnmolche ähnelt wahrscheinlich dem des Axolotl. Nachdem das Männchen seine Partnerin mehrfach umschwommen hat, beginnt es damit, dessen Kloake zu „beschnuppern". Durch dieses Verhalten stimuliert, schenkt nun meistens das Weibchen seine Aufmerksamkeit der Kloake des Männchens, und es kommt zu einigen kreisförmigen Ringläufen des Paares. Dabei pulsiert der Schwanz des Männchens in permanenten kurzen Wedelbewegungen, und es setzt mehrere Spermatophoren ab. In der Regel gelangt mindestens eine unter die Kloake des Weibchens und wird von ihr aufgenommen.

Danach werden 300 bis 1100 Eier an Wasserpflanzen abgelegt. Sie sind meist dunkelgrau pigmentiert. Axolotl rollen ihre Eier nicht in Blätter ein, wie das bei vielen Wassermolchen (Salamandridae) der Fall ist. Die mittelamerikanischen aquatilen Querzahnmolche laichen oft zweimal im Jahr. Ihre primäre Paarungszeit liegt im August, die sekundäre folgt erst im Dezember.

Furchenmolche *(Necturus)* paßten ihre Fortpflanzungsbiologie der Lebensweise in Fließgewässern an. Ihre Eier werden in Unterwassernestern an Bodenmulden oder unter Steinen zusammengehalten. Jedes Ei ist durch ein Gallertstäbchen fest angeheftet. Beim Louisiana-Furchenmolch *(Necturus maculosus louisianensis)* wurden Nester von bis zu 20 Zentimeter Breite mit 49 Eiern beobachtet. Golfküsten-Furchenmolche *(Necturus beyeri)* und Neuefluß-Furchenmolche *(Necturus*

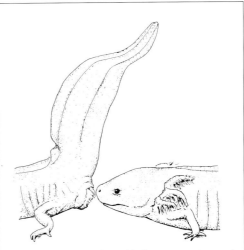

Das Axolotl-Weibchen *(Ambystoma mexicanum)* beschnuppert beim Paarungsspiel die Kloake des Männchens (aus Arnold)

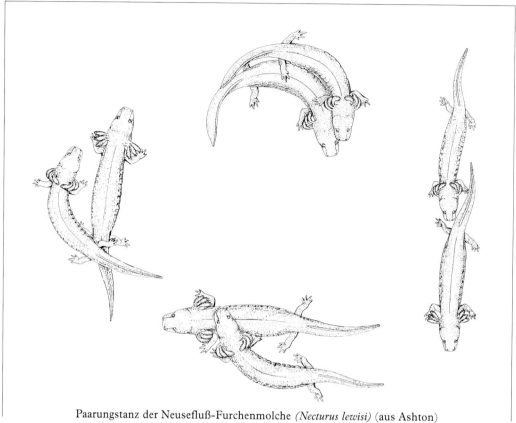

Paarungstanz der Neusefluß-Furchenmolche *(Necturus lewisi)* (aus Ashton)

lewisi) legen noch größere Nester mit einem maximalen Durchmesser von 36 Zentimetern mit 35 bis 40 gelblichen Eiern an. Die Weibchen der Gefleckten Furchenmolche *(Necturus maculosus)* bewachen ihre Nester vor Laichräubern, insbesondere kannibalischen Artgenossen, und befächeln die Eier ständig durch rhythmische Bewegungen ihrer Kiemen. Bei den Neusefluß-Furchenmolchen *(Necturus lewisi)* übernimmt offenbar das männliche Geschlecht diese Brutpflegefunktion. Die Hauptfortpflanzungszeit beginnt in der Regel im Juni und endet im Juli.

Wie bereits im Abschnitt über das Verhalten beschrieben wurde, sind die Männchen der Grottenolme *(Proteus angiunus)* in der Paarungs- und Laichzeit aggressiv und verteidigen ihr Revier. Diese Phase dauert etwa einen Monat und tritt, je nach Population, zwischen

August und April auf. Durch Duftstoffe, die von den im Gegensatz zu allen anderen bisher untersuchten Schwanzlurchen mit seitlichen Poren ausgestatteten Kloakendrüsen abgegeben werden, markieren sie das individuelle Territorium und locken Weibchen an. Wenn sie in die Nähe eines Männchens kommen, beißt sie dieses in Flanken und Bauch; es vollführt einen Paarungstanz, bei dem offenbar durch intensive Schwanzvibration eine weitere chemische Stimulation erfolgt.

Das Männchen läuft vor dem ebenfalls schwach schwanzwedelnden und die Kloake des Männchens anstupsenden Weibchen und schiebt schließlich seinen Kopf unter den seiner Partnerin. In diesem Augenblick wird die Spermatophore abgesetzt und sogleich danach vom Weibchen aufgenommen. Durch Frischwasser, etwa während der Schnee-

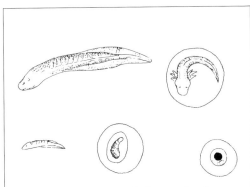

Eier und frisch geschlüpfte Larven des Grottenolms *(Proteus angiunus)* (aus Kammerer)

schmelze oder gelegentlich starker Regenfälle, erfolgt die Eiablage an Gestein oder am Boden von Höhlen. Die Tiere produzieren meistens mehrere Gelege und können in einer Saison (das heißt nach einer Befruchtung) bis zu 500 Eier ablegen. Beide Geschlechter betreiben durch das Bewachen der Eier und Zufächeln von Frischwasser mit Hilfe des Schwanzes Brutpflege.

In Höhlengewässern ohne Frischwasserzufuhr findet man auch lebendgebärende Olme. Möglicherweise üben aber weitere Faktoren, beispielsweise die Temperatur, einen Einfluß auf die Fortpflanzungsweise aus. Manche Herpetologen nehmen sogar an, daß es sich um mehrere Unterarten oder sogar Arten handelt. Die 28 bis 30 Zentimeter langen Weibchen gebären aus jedem Eileiter ein relativ weit entwickeltes, 8 bis 10 Zentimeter langes Jungtier. Diese Fortpflanzungsweise erinnert an das ebenfalls beim Alpensalamander *(Salamandra atra)* gefundene Prinzip. Dabei ernähren sich jeweils die übriggebliebenen Larven von ihren Artgenossen, die sich mit ihnen gemeinsam im Uterus befinden. Dieses Fortpflanzungsprinzip wurde für Olme nachgewiesen, da man bei sezierten trächtigen Weibchen lebendige Larven ohne Dottersack in jedem Eileiter gefunden hatte.

Hellbender *(Cryptobranchus alleganiensis)* nehmen im männlichen Geschlecht mit fünf, im weiblichen mit sechs Jahren erstmals an der Fortpflanzung teil. Je nach Arealteil paaren sie sich zwischen Ende August und Anfang Oktober. Nachdem das Männchen eine Brutgrube meistens in Höhlen geschützt angelegt, deren Öffnung stromabwärts gerichtet ist, bzw. bei Bishops Hellbender *(Cryptobranchus alleganiensis bishopi)* Felsspalten ausgesucht hat, die in 80 Zentimeter Tiefe parallel zum Strom, bzw. stromaufwärts positioniert sind, legt das Weibchen maximal 500 Eier, die an Gallertfäden perlschnurartig miteinander verbunden sind. Jeder Eileiter produziert eine Schnur.

In dem für primitive Schwanzlurche typischen Prinzip der äußeren Befruchtung überzieht das Männchen dieses Gelege mit einer Spermawolke. Anschließend betreibt es Brutpflege, indem sein Körper meistens sehr dicht an den Eischnüren lagert und diese möglicherweise durch die permanenten Atembewegungen mit Frischwasser versorgt. Bei Bishops Hellbender fand man im Gegensatz zur Nominatform nicht nur ein Männchen, sondern drei Individuen in der Buthöhle bei einem Gelege.

Die asiatischen Riesensalamander *(Andrias)* ähneln im Fortpflanzungsverhalten sehr ihren nordamerikanischen Verwandten. Die Paarungszeit dauert von Juni bis September. Auch bei ihnen legt das Männchen eine Laichgrube an, die sich meistens zwischen größeren Kieseln befindet. Der so vorberei-

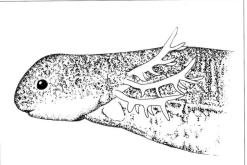

Kopfteil einer frisch geschlüpften Larve des Japanischen Riesensalamanders *(Andrias japonicus)* (aus Kerbert)

tete Laichplatz wird nun gegen andere Männchen verteidigt. Erst dann, wenn sich ein Weibchen einfindet, toleriert das Männchen auch weitere Geschlechtsgenossen, die sich in der Regel alle am Paarungsritual beteiligen.

Das erste Männchen beißt seine Partnerin in den Oberkiefer und beginnt danach, sich gemeinsm mit ihr um die Längsachse zu drehen. Nach einiger Zeit schließen sich die übrigen Männchen an und drehen sich ebenfalls mit dem Weibchen. Kurz vor der ersten Eiablage erhöht sich die Geschwindigkeit der Umdrehungen, dann gibt das Weibchen mit nach oben orientierter Bauchseite die ersten ca. 100 hellgelben Eier ab, die wie bei den nordamerikanischen Verwandten in einer Gallertschnur miteinander verbunden sind.

In Abständen von wenigen Minuten erfolgen nun weitere Ausschübe von jeweils ca. 100 Eiern, bis eine Gesamtanzahl von etwa 500 erreicht ist. Zwischendurch sprühen die Männchen ihren Samen wolkenartig über das Gelege. Das Paarungsspiel dauert insgesamt 45 Minuten. Wiederum bewachen die Männchen ihre Eier bis zum Schlupf der Larven. Laichräuber werden mit einem Drohgebaren (weit geöffnetes Maul) verscheucht.

Möglicherweise findet auch beim Hellbender *(Cryptobranchus alleganiensis)* eine derartige Beteiligung mehrerer Männchen an der Befruchtung des Geleges eines Weibchens statt. Das schrittweise Ausstoßen der Eier könnte es außerdem ermöglichen, den Samen mehrerer Männchen an der Befruchtung zu beteiligen. Einer anderen Theorie zufolge, die in Ansätzen bereits während sehr früher, vom Anfang dieses Jahrhunderts stammender Beobachtungen entstand, könnten die Riesensalamander-Weibchen auch den über die Kloake aufgenommenen Samen ein Jahr lang in ihren Eileitern aufbewahren, so daß eine innere Befruchtung vorliegen würde.

Bis vor kurzem nahmen die Zoologen auch für die Sibirischen Winkelzahnmolche *(Salamandrella keyserlingii)* und alle anderen Vertreter dieser primitiven Schwanzlurchfamilie (Hynobiidae) eine äußere Befruchtung an, bis sich herausstellte, daß die Spermien jeweils von der Paarung des Vorjahres in den Eileitern des Weibchen aktiv bleiben und bereits befruchtete Eier abgelegt werden.

Auch für die Armmolche besteht noch keine Gewißheit über die Art und Weise der Befruchtung. Während die größeren Arten *(Siren)* Laichballen frei im Wasser ablegen, heften die Weibchen Kleiner Armmolche *(Pseudobranchus striatus)* ihre Eier einzeln an Pflanzenstengel. Für eine äußere Befruchtung sprechen die sehr großen, bewegungsaktiven Spermien; andererseits könnten diese ebenso, wie bei den Winkelzahnmolchen nachgewiesen, eine innere Befruchtung realisieren. Spontanes Laichen einzelner Weibchen im Aquarium erbrachte keine befruchteten Eier.

Im Februar und März findet die Vermehrung der Großen und Mittleren Armmolche *(Siren lacertina, Siren intermedia)* statt. Letztere Art legt maximal 381 Eier, die erste bis zu 299. Von beiden Species fand man vereinzelt brutpflegende Weibchen im schlammigen Grund des Flachwassers. Die Nestmulden des Mittleren Armmolches *(Siren intermedia)* befanden sich auf torfartigem Schlamm unter einem Wasserhyazinthenteppich *(Eichhornia crassipes)* in einer Wassertiefe von 35 bis 40 Zentimetern. Sie sind in ihrem Durchmesser 60 bis 95 Zentimeter groß. Die Eier liegen in drei bis vier Schichten. Äußere Eier besitzen dickere Gallerthüllen, als jene in der unteren Schicht. Über das Paarungsverhalten der Armmolche (Sirenidae) liegen bisher noch keine Erkenntnisse vor.

Auch von den Aalmolchen (Amphiumidae) fehlen noch detaillierte ethologische Studien des Rituals der Eiablage. Es ist bekannt, daß die Weibchen im vierten Lebensjahr geschlechtsreif werden. Zur Paarungszeit, die bei allen drei Arten im Winterhalbjahr stattfindet, versammeln sich viele Individuen an bestimmten Stellen des Flachwassers. Nach zum Teil voneinander abweichenden Anga-

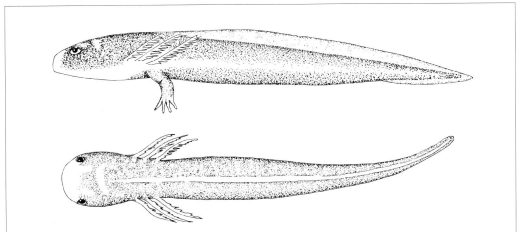

Seiten- und Rückenansicht einer frisch geschlüpften Larve des Westlichen Mittleren Armmolches *(Siren intermedia nettingi)* (aus Minton)

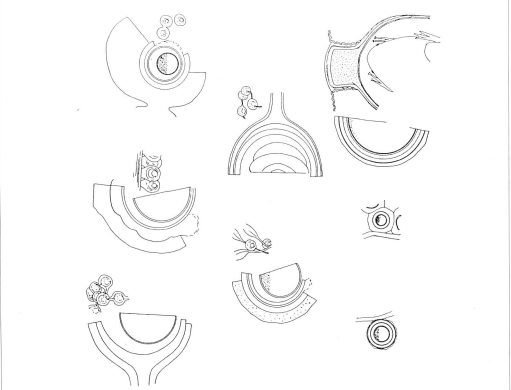

Gelege- und Eiaufbau einiger aquatiler Amphibien: linke Spalte, oben Axolotl *(Ambystoma mexicanum),* Mitte Gefleckter Furchenmolch *(Necturus maculosus),* unten Hellbender *(Cryptobranchus alleganiensis),* mittlere Spalte, oben Zweizehen-Aalmolch *(Amphiuma means),* unten Großer Armmolch *(Siren lacertina),* rechte Spalte, oben Große Wabenkröte *(Pipa pipa),* Mitte Boulengers Zwergkrallenfrosch *(Hymenochirus boulengeri),* unten Großer Krallenfrosch *(Xenopus laevis)* (aus Salthe)

ben über die Paarungsspiele kann in jedem Fall gesagt werden, daß es sich dabei im Vergleich mit bisher von Schwanzlurchen bekannten Verhaltensmustern um sehr abweichende Rituale handelt. Mehrere Weibchen sollen ein Männchen umwerben, indem sie mit ihren Schnauzen dessen Körper vom Kopf beginnend und zum Schwanz übergehend streicheln. Danach umschlingt eines der Weibchen den Partner, und es kommt zur direkten Spermaübergabe von Kloake zu Kloake.

Es handelt sich also um eine innere Befruchtung. Die Eiablage erfolgt in Nestern, die sich in Höhe des Wasserspiegels, aber auch auf feuchtem Boden an Land befinden. Zweizehen-Aalmolche *(Amphiuma means)* produzieren 33 bis 50 Eier, bei Dreizehen-Aalmolchen *(Amphiuma tridactylum)* wurden maximal 200 Eier pro Nest gezählt. Wie bei den Riesensalamandern (Cryptobranchidae) haben die Eier schnurartige Gallertverbindungen. Die Weibchen rollen sich schlangenähnlich um ihr Gelege und heben es dabei von unten etwas an. Beim Senken des Wasserstandes verhindert dieses Verhalten das Austrocknen der Eier. Diese Laichwacht kann bis zu fünf Monate lang dauern. Erst dann schlüpfen die recht weit entwickelten Larven mit sieben bis acht Zentimetern Länge aus den Eihüllen.

Unscheinbare Schwimmwühlen *(Chthonerpeton indistinctum)* sind von August bis September paarungsaktiv. Bei Untersuchungen ihrer Fortpflanzungsbiologie zeigte sich, daß jedes Weibchen sechs bis zehn Jungtiere zur Welt bringt. Plattschwanz-Schwimmwühlen *(Typhlonectes compressicauda)*, die am besten erforschten aquatischen Schleichenlurche, haben vier bis sieben Nachkommen. Auch bei diesen Amphibien fand man heraus, daß in den Eileitern nur wenige Jungtiere aufwachsen können. Normale Eier und durch Zellteilung erzeugte Nährzellen des Uterus dienen den Larven als Nahrung (Oophagie). Durch das Vorhandensein eines besonderen Begattungsorgans (Phallodeum) kann die

Paarung wie bei allen Schleichenlurchen in Form einer Copula vollzogen werden. Dabei kommt es zur direkten Samenübertragung. Das Sperma ist von einem Drüsensekret umgeben, dessen Produktion erst kurz vor der Paarung einsetzt.

Es handelt sich also um eine innere Befruchtung. Während der Copula halten sich die Tiere im hinteren Körperbereich meist eng umschlungen. Durch den offenbar höheren Sauerstoffbedarf und die Erregung holen die verpaarten Tiere gemeinsam öfter Luft, als es normalerweise geschieht. Dabei und während anderer Fortbewegungen zieht das größere Weibchen seinen Partner mit. Die Copula dauert länger als eine Stunde. Nach der Trennung ist beim Männchen noch einige Minuten lang das ausgestülpte Phallodeum sichtbar, es nimmt aber in seiner Größe allmählich ab.

Die „Geburt" der Larven erfolgt nach 215 bis 233 Tagen (in der Natur wird sie auf etwa sechs Monate geschätzt). Sie dauert 10 bis 40 Minuten lang. Dabei erscheinen zunächst die noch durchbluteten äußeren Lappenkiemen. Diese stellen ihre Atmungsfunktion jedoch bald ein und werden milchig. Höchstens 36

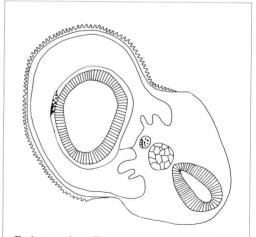

Embryo der Plattschwanz-Schwimmwühle *(Typhlonectes compressicauda)* mit 1,4 Zentimetern Länge (aus Delsol, Exbrayat, Flatin & Gueydan-Baconnier)

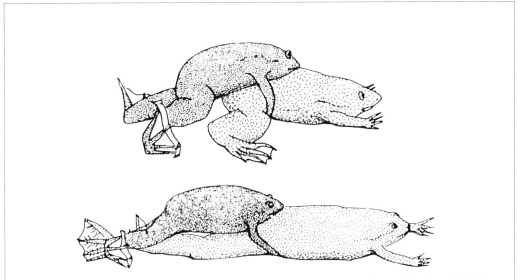

Paarungsklammer beim Großen Krallenfrosch *(Xenopus laevis):* oben mit laichbereitem Weibchen, unten mit nicht paarungswilligem Weibchen (aus Kelley)

Stunden nach der Geburt sind sie von der Ansatzstelle am Nacken der Tiere abgefallen. Es ist vorgekommen, daß ein noch nicht vollständig geborenes Jungtier bereits an der Wasseroberfläche nach Luft schnappte. Auch die Geburt der Schwarzen Schwimmwühle *(Typhlonectes natans)* konnte bereits beobachtet werden. Sie entspricht im wesentlichen der oben beschriebenen.

Die Krallenfrösche der Gattung *Xenopus* vermehren sich während der feuchten Jahreszeit (Juli bis September) in ihrer afrikanischen Heimat. Nachdem die Männchen meist am frühen Morgen relativ häufig ihren Paarungsruf ertönen ließen, beginnen sie den Weibchen nachzustellen. Schließlich gehen sie mit ihnen eine Lendenumklammerung (Amplexus inguinalis) ein. Den Klammergriff an der glitschigen Haut der Partnerin unterstützen schwärzliche Brunftschwielen, die das Abrutschen verhindern. In der Regel produziert ein Paar 500 bis 1000 Eier, die frei ins Wasser abgegeben werden. Während des Laichens schwimmen die Krallenfrösche im Amplexus am Boden entlang, verhalten sich jedoch meistens ruhig. Einer der Gründe, wes-

halb die Taxonomen die zweite Gattung der Krallenfrösche, *Silurana,* reaktiviert haben, war neben einer Reihe anderer Merkmale die Tatsache, daß der Tropische Krallenfrosch *(Silurana tropicalis)* einen Paarungstanz vollführt, wie er auch bei anderen Vertretern dieser Anurenfamilie, nämlich den Zwergkrallenfröschen *(Hymenochirus, Pseudhymenochirus)* und Wabenkröten *(Pipa)* beobachtet wird.

Die Männchen von Boettgers Zwergkrallenfrosch *(Hymenochirus boettgeri)* lassen ebenfalls zunächst ihren Ruf erklingen. Meistens nehmen sie dabei die für Zungenlose (Pipidae) typische, bereits beschriebene Stellung ein. Paarungsbereite Männchen vollführen scharrende Bewegungen mit den hinteren und umklammernde mit den vorderen Extremitäten. Nähert sich ein Artgenosse, so wird dieser meist seitlich berührt, und es erfolgt schließlich der Versuch eines Amplexus. Handelt es sich um ein Männchen oder ein laichunwilliges Weibchen, so verhält sich das Tier still und streckt die Hinterextremitäten aus. Dabei kann ein brummender Abwehrruf, der mit dem Angriffslaut identisch ist, produziert werden. Helfen diese Verhaltensweisen

Durch das Reiben der Hinterextremitäten des Männchens am Kopf des Weibchens wird bei Boettgers Zwergkrallenfrosch *(Hymenochirus boettgeri)* wahrscheinlich ein sexueller Stimulator übergeben (aus Rabb & Rabb)

noch nicht, um das klammernde Männchen loszuwerden, beginnen die Frösche mit Armzucken, Körperzittern und ruckartigen Bewegungen der Beine. Manchmal schlüpfen sie auch durch enge Spalten oder schwimmen zwischen Wasserpflanzen, um sich zu befreien.

Zwei Verhaltensweisen der Männchen beschwichtigen häufig die zunächst nicht paarungswilligen Weibchen. Zum einen ist das ein wiederholtes, kontraktionsartiges, pumpendes Umklammern und zum anderen das Reiben der Hinterextremitäten seitlich am Kopf der Weibchen. Letzteres Verhalten entspricht der bei der Großen Wabenkröte *(Pipa pipa)* beobachteten Übergabe chemischer Stimuli, um die Paarungsbereitschaft zu steigern. Die Eiablage erfolgt dann in einem radartigen Tanz, bei dem beide Partner gemeinsam einen „Purzelbaum" vollziehen. Das Paar ruht zunächst am Boden, schwimmt dann zur Wasseroberfläche, um in den meisten Fällen

Paarungstanz bei Boettgers Zwergkrallenfrosch *(Hymenochirus boettgeri)* (aus Österdal & Olsson)

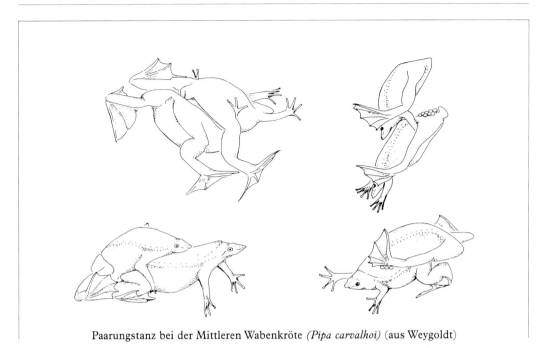

Paarungstanz bei der Mittleren Wabenkröte *(Pipa carvalhoi)* (aus Weygoldt)

dort Luft zu holen (Übersprungreaktion), sinkt dann ein wenig ab, um sogleich die Bauchseiten zur Wasseroberfläche zu drehen und dort mit nach oben gedrehten Kloaken die Geschlechtsprodukte abzugeben. Wahrscheinlich sind die Balancierbewegungen des sich in Rückenlage befindlichen Weibchens sowie die Kontraktionen bei der Eiablage ein Signal für seinen Partner, um in diesem Augenblick das Sperma auszustoßen.

Ähnlich wie die Zwergkrallenfrösche rufen auch Männchen Mittlerer Wabenkröten *(Pipa carvalhoi)* zur Paarung. Es handelt sich um einen klickenden Laut, der in einem Summton endet. Die Paarungsrufe veranlassen laichbereite Weibchen herbeizuschwimmen. Diese Froschlurche vollführen gelegentlich Kommentkämpfe, die von summenden Lauten begleitet werden. Sie entstehen wahrscheinlich aus Fehlpaarungen der Männchen mit gleichgeschlechtlichen Artgenossen. Möglicherweise handelt es sich aber auch um zwei verschiedene Verhaltensweisen, die sehr ähnliche Merkmale aufweisen. Manchmal beteiligt sich auch ein drittes Tier durch Umfas-

sen von Kopf oder Flanke eines anderen. Auch bei diesen Wabenkröten beobachtet man gelegentlich das Reiben der Hinterextremitäten am Kopf des umklammerten Tieres. Dieses Verhalten könnte wiederum dem oben beschriebenen Zweck dienen.

Die im Lendenamplexus verpaarten Wabenkröten ruhen zunächst am Boden. Nach kurzzeitigem Emporstrecken des Weibchens (eine Intentionsbewegung, die normalerweise vor dem Luftholen zu beobachten ist) schwimmen beide Partner nach oben, um sich kurz darauf im freien Wasser um ihre Körperlängsachse zu drehen. Die Bauchseite nach oben gerichtet, erreichen sie die Wasseroberfläche bzw. deren Nähe. Es erfolgt die Abgabe der Geschlechtsprodukte, und durch eine Drehung um die Querachse nehmen die Tiere wieder ihre normale Lage ein. Danach sinken sie langsam, gebremst durch kreisende Bewegungen der Hinterextremitäten des Männchens, wieder zu Boden. Die weißen Eier haften, unterstützt durch ihre klebrige Oberfläche und das Andrücken von Bauch und Kehle des Männchens, auf dem Rücken des Weibchens. Zuerst ordnen sie sich in Kloakennähe an, die nächsten rollen nach vorn bis zur Nakkengegend. Nach vier bis acht Stunden können in vielen „Purzelbaumtänzen" bis zu 200 Eier abgelegt werden. Manchmal fallen einige Eier zu Boden, auch das Abstoßen ganzer Gelege wurde beobachtet. Selten sieht man einzelne Weibchen beim Paarungstanz. Sie legen dann aber nur wenige Eier ab, die kaum am Rücken haften. In 24 bis 36 Stunden überwächst die Rückenhaut das Gelege. Dabei sinken die Eier auch etwas ein, wobei sich um jedes eine Brutkammer bildet. Da nun keine Gallerthülle mehr benötigt wird, schiebt sich diese nach oben und deckt vorübergehend pfropfenartig die Brutkammern ab. Bei der Mittleren und Kleinen Wabenkröte *(Pipa carvalhoi, Pipa parva)* schlüpfen Larven aus den Brutwaben des Rückens.

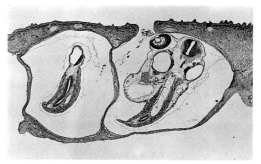

Histologischer Schnitt durch eine Brutkammer der Mittleren Wabenkröte *(Pipa carvalhoi)*; die sich darin entwickelnde Larve ist deutlich erkennbar

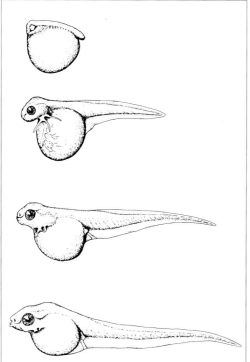

Embryonen und Larven der Mittleren Wabenkröte *(Pipa carvalhoi)*, die in unterschiedlichen Stadien aus den Eikammern herauspräpariert wurden (aus Weygoldt)

Sehr ähnlich, nur vollkommener, erfolgt die Fortpflanzung der Großen Wabenkröte *(Pipa pipa)*. Wiederum ist von den Männchen ein klickender Paarungsruf zu vernehmen. Bis zu dreißig Stunden dauert der Lendenamplexus bei dieser Art. Über die chemische Stimulation des Weibchens wurde bereits berichtet. Durch kontraktile Bewegungen der Arme des Männchens, Kopfnickbewegungen und häufiges ritualisiertes Luftholen wird der Paarungstanz eingeleitet. Die Drehung um die Längsachse erfolgt bei Großen Wabenkröten bereits am Boden, so daß sich das Paar mit den Füßen seitlich abstoßen kann, um das kreisende Schwimmen zu beginnen. Die folgenden Bewegungen gleichen den für die vorige Art beschriebenen. Bis zu 250 Eier sinken in die Rückenhaut ein, wo sich der Nachwuchs in den Brutkammern bis zur Metamorphose entwickelt.

Vor und während der Paarung treten häufig Rivalitäten der Männchen auf. Das im Amplexus befindliche Männchen wird durch Bisse und Trittbewegungen, aber auch durch Zweitumklammerungen belästigt. Dabei reißt dieses gelegentlich in einer Drohgebärde sein Maul weit auf. Während solcher Auseinandersetzungen sind Abwehrlaute als einzelne „Klicks" zu vernehmen. Eine ähnliche Fortpflanzungsbiologie wurde bei der Gelben Wabenkröte *(Pipa arrabali)* festgestellt.

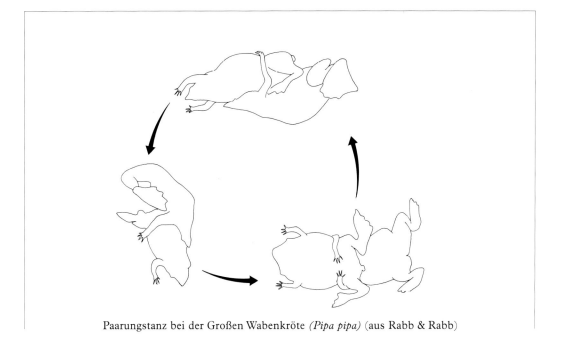

Paarungstanz bei der Großen Wabenkröte *(Pipa pipa)* (aus Rabb & Rabb)

Entwicklung der Nachkommen und Lebensdauer

Je nach Fortpflanzungsstrategie handelt es sich bei den Nachkommen um Larven oder fertig entwickelte Tiere. Aufgrund dieser Konditionen und der artspezifischen Besonderheiten variiert die Aufzucht der Tiere. Wie im Abschnitt über die Fütterung bereits ausgesagt wurde, ist die richtige Besatzdichte der Larven in einem Aufzuchtsaquarium von Wichtigkeit. Auch auf die entsprechende Pflege muß geachtet werden, um keine wesentliche Verschlechterung der Wasserqualität zuzulassen. Über die Details gibt das entsprechende Kapitel Auskunft.

Die Individualentwicklung der einzelnen Arten richtet sich nach ihren spezifischen Entwicklungszeiten, ist aber auch von der Temperatur abhängig. Manche in kalten Fließgewässern vorkommende Schwanzlurche, etwa die aquatilen Gelbsalamander *(Eurycea)*, benötigen allein einen Monat für die Entwick-

lung der Embryonen in den Eiern vor dem Schlupf. Selbst bei terrestrischen Arten erstreckt sich die Larvenentwicklung über mehr als zwei Jahre, so daß bei neotenischen

An den Zehen der Hinterextremitäten von Männchen der Großen Wabenkröte *(Pipa pipa)* sind Drüsen erkennbar, die der chemischen Paarungsstimulation dienen

Formen auch sehr spät mit dem Eintritt der Geschlechtsreife zu rechnen ist. Mittlere Wabenkröten *(Pipa carvalhoi)*, die tropische Gewässer bewohnen, sind in der Entwicklungsgeschwindigkeit stark temperaturabhängig. Ihre Larven schlüpfen bereits 13 bis 15 Tage nach der Eiablage aus dem Rücken der Weibchen, wenn die Temperatur 26 °C beträgt. Nur drei bis vier Grad weniger verlangsamen die Entwicklungsdauer bereits um das Doppelte. Die Elterntiere der Hellbender *(Cryptobranchus alleganiensis)* harren bis zu 84 Tagen bei ihren Eiern aus, bis die Larven schlüpfen. Die Embryonen von Gefleckten Furchenmolchen *(Necturus maculosus)* benötigen maximal 57 Tage bis zum Schlupf.

Der Zeitpunkt des Eintritts der Geschlechtsreife ist von vielen Faktoren abhängig, in erster Linie aber von exogenen Einflüssen wie Temperatur, jahreszeitliche Aktivitätsphasen (je nach Lokalität innerhalb des Areals) und Nahrunsangebot. Meistens korreliert er mit dem Wachstum der Tiere. Manche Arten sind in der Regel relativ früh geschlechtsreif, zum Beispiel Große Krallenfrösche *(Xenopus laevis)* nach 9 bis 10 Monaten, Boettgers Zwergkrallenfrösche *(Hymenochirus boettgeri)* nach 12 bis 18, Mittlere Wabenkröten *(Pipa carvalhoi)* nach 6 bis 9 und Große Wabenkröten *(Pipa pipa)* nach 12 bis 14 Monaten. Plattschwanz-Schwimmwühlen *(Typhlonectes compressicauda)* paaren sich erstmals im zweiten Lebensjahr. Viele Schwanzlurche hingegen benötigen mehr als zwei oder mehr Jahre, um sich fortpflanzen zu können. Neotenische Gelbsalamander *(Eurycea)* und Mittlere Armmolche *(Siren intermedia)* sind mit zwei Jahren geschlechtsreif, die Riesensalamander (Cryptobranchidae) brauchen dazu bis zu sechs Jahre. Bei ihnen sind die Männchen meist ein Jahr vor den Weibchen paarungsbereit. Axolotl *(Ambystoma mexicanum)* können sich allerdings auch schon nach einem Jahr fortpflanzen.

In der modernen Zoologie spielen Kenntnisse über die Lebenserwartung von Amphibien eine wesentliche Rolle. Um ihre Fortpflanzungsstrategien und damit die Funktion aller Entwicklungsstadien als Räuber und Beute zu bestimmen, entwickelten die Biologen einen neuen Forschungszweig (Chronobiologie). Er befaßt sich mit dem Feststellen der natürlichen Generationsfolge. Diese ist von sehr vielen biotischen und abiotischen Faktoren abhängig, die auch einen direkten Einfluß auf die Lebenserwartung im ökologischen System haben. Anhand von Markierungen finden die Wissenschaftler einzelne Individuen immer wieder und können damit Aussagen über ihre Beteiligung an der Fortpflanzung innerhalb einer Population treffen. Das Alter von Amphibien läßt sich außerdem mit Hilfe von Schnitten durch die Zehen bestimmen.

In einer geeigneten histologischen Färbung kann man die Knochenringe zählen. Sie geben ähnlich den bekannten Jahresringen von Bäumen Aufschluß über die Lebensjahre der Einzeltiere. Meistens unterliegen die Amphibien im natürlichen Lebensraum sehr vielen Einflüssen, die von vornherein ihr Leben verkürzen. Die so ermittelten Angaben stellen also das realistische Alter dar. Die physiologischen Möglichkeiten eines Organismus bei guter Pflege in Menschenobhut zu überdauern, sind oft viel höher. Hierbei handelt es sich um die tatsächlichen Altersrekorde. Die Tabelle faßt einige bemerkenswerte Beispiele für Höchsthaltungsdauern zusammen.

Tab. 8. Beispiele tatsächlicher Altersrekorde aquatiler Amphibien

Art	Jahre/Monate	Art	Jahre/Monate
Hellbender (*Cryptobranchus alleganiensis*)	55	Axolotl (*Ambystoma mexicanum*)	25
Japanischer Riesensalamander (*Andrias japonicus*)	70	Tennessee-Höhlen-salamander (*Gyrinophilus palleucus*)	3,11
Mittlerer Armmolch (*Siren intermedia*)	7,6	Plattschwanz-Schwimmwühle (*Typhlonectes compressicauda*)	4,11
Großer Armmolch (*Siren lacertina*)	25	Mittlere Wabenkröte (*Pipa carvalhoi*)	7
Zweizehen-Aalmolch (*Amphiuma means*)	27	Große Wabenkröte (*Pipa pipa*)	6,9
Dreizehen-Aalmolch (*Amphiuma tridactylum*)	15,11	Gedrungener Zwergkrallenfrosch (*Hymenochirus curtipes*)	5,6
Gefleckter Furchenmolch (*Necturus maculosus*)	9	Scheinbarer Zwergkrallenfrosch (*Pseudhymenochirus merlini*)	1
Kleiner Furchenmolch (*Necturus punctatus*)	4,6	Tropischer Krallenfrosch (*Silurana tropicalis*)	15
Grottenolm (*Proteus anguinus*)	15		

Die Artenübersicht

In diesem speziellen Teil des Buches sollen die einzelnen Gattungen, Arten und Unterarten vorgestellt werden. Dabei wird auf eine genaue taxonomische Zuordnung durch die wissenschaftliche Namensgebung und eine entsprechende systematische Stellung besonderer Wert gelegt. In vielen Fällen sind deutsche bzw. englische Trivialnamen bekannt. Anders als im laufenden Text werden sie hier der wissenschaftlichen Nomenklatur nachgeordnet. Möglichst genaue Angaben über die Verbreitung der einzelnen Species und Subspecies sollen dabei helfen, das Areal abzustecken. Nur von einigen Schwimmwühlen (Typhlonectidae) fehlen derartige Angaben, da sie noch nicht einmal anhand der Typusexemplare nachzuvollziehen sind. Viele Arten dieser Familie sowie mancher anderer findet man relativ selten in den Aquarien oder in Laboratorien. Hier beschränkt sich das Buch auf die wenigen bekannten Angaben über Verbreitung, Lebensraum und Merkmale. Nur die vivaristisch erschlossenen Species werden auch in ihrer Haltung dargestellt.

Für die Bestimmung einzelner Arten in bestimmten Gruppen sind außer morphologischen Merkmalen einige weitere erforderlich. So lassen sich beispielsweise manche Krallenfrösche *(Xenopus, Silurana)* am besten anhand ihres Karyotyps, also der Chromosomenzahl, bestimmen. Durch das Vorstellen von Hilfsmitteln soll hier versucht werden, ein Ansprechen dieser Arten zu erleichtern. Biotop- und Bestimmungsangaben werden pragmatisch für eine oder mehrere Species bzw. Subspecies, aber auch ganze Gattungen gemacht. Auch dabei stehen die vivaristisch interessanten Arten im Vordergrund. Zeichnungen und Fotos ergänzen die taxonomischen Aussagen des Textes. Der spezielle Teil dieses Buches ist jedoch am besten verständlich, wenn er nach der Lektüre der anderen Kapitel gelesen und für Detailfragen zu einzelnen Formen herangezogen wird.

Klasse Amphibia LINNÉ, 1758
Lurche

Ordnung Caudata OPPEL, 1811
Schwanzlurche

Familie Cryptobranchidae FITZINGER, 1826
Riesensalamander

Gattung Andrias TSCHUDI, 1837
Asiatische Riesensalamander

Andrias davidianus (BLANCHARD, 1871)
Chinesischer Riesensalamander
Chinese giant salamander
Verbreitung: Qinghai bis Jiangsu, Süd-Sichuan, Guangxi, Guangdong, China
Merkmale: Größte rezente Amphibienart mit bis zu 1,80 Metern Gesamtlänge. Die Körperfärbung ist je nach Herkunft und Alter sehr

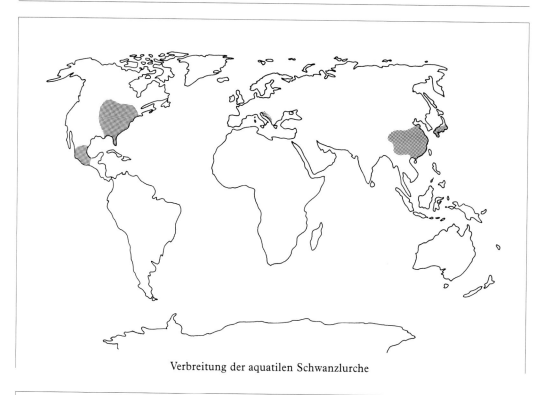

Verbreitung der aquatilen Schwanzlurche

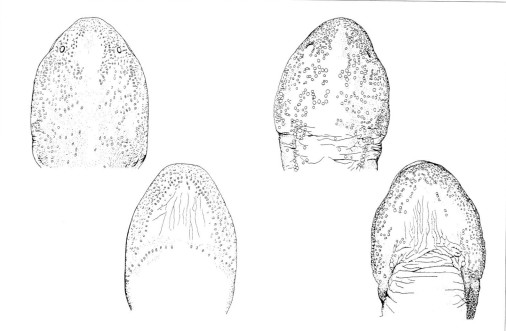

Kopf des Chinesischen Riesensalamanders *(Andrias davidianus)* links und des Japanischen Riesensalamanders *(Andrias japonicus)* rechts, unten jeweils Unterseite des Kopfes (aus Liu)

unterschiedlich zwischen olivgelb, rotorange und dunkelschwarzbraun, wobei die dunklere Tönung dominiert. Dabei kann eine sehr unregelmäßige Musterung aus verschieden gefärbten Flächen entstehen. Der hellgraue Bauch trägt dunkle Flecken. Am mäßig breiten Körper befinden sich seitlich Hautfalten, die der Atmung dienen. Der Schwanz ist seitlich abgeflacht und bildet einen dicken Hautsaum aus. An den fünf Zehen und vier Fingern befinden sich ebenfalls Hautsäume.

Der ovale, relativ flache Kopf ist durch sehr kleine, lidlose Augen und eine große Maulspalte gekennzeichnet. Die Warzenreihen auf der Kopfoberseite sind im Vergleich zu *Andrias japonicus* schwächer ausgebildet. Der Chromosomensatz beträgt 30. Die Eifärbung ist gelblich.

Biotop: Die Art bewohnt klare Gebirgsflüsse in 200 bis 1000 Metern Höhe. Der Bodengrund ist steinig oder sandig. Stets befinden sich ausreichend Höhlen und andere Versteckmöglichkeiten im Lebensraum der Tiere. Die Wassertemperaturen betragen im Winter 3 bis 12 und im Sommer 16 bis 21°, der pH-Wert liegt bei 6,5 bis 7,2. Als Nahrung wurden Fische *(Saurogobio)*, Frösche *(Rana)* sowie Süßwasserkrabben, Käfer- und Libellen- und andere Insektenlarven festgestellt.

Haltung: Diese Art sollte nur von Spezialisten und an konkreten Forschungsaufträgen arbeitenden Institutionen gehalten werden. Allein der enorme Raumbedarf schränkt den Kreis der Interessenten an Riesensalamandern ein. Die Zucht ist in großen Bassins von 4×3×2,1 Metern gelungen. Sie wird in China offenbar zu unterschiedlichen Zwecken betrieben. Der Wasserdurchlauf eines natürlichen Baches oder der Einsatz von Umwälzpumpen mit Filtersystem sind wesentliche Voraussetzungen für erfolgreiche Haltung und Zucht. Werden Betonbecken als Bassins genutzt, so empfiehlt sich eine glatte Innenschicht, da sich die Tiere durch Reiben an rauhen Oberflächen, die es in ihrem Habitat nicht gibt, schwere Hautschäden zufügen.

Das Hauptfutter besteht aus Fischen und Molluskenfleisch. Für die Zucht setzt man die zuvor getrennt gehaltenen Geschlechtspartner zusammen. Bei einer Paarung werden in der Regel mehr als 300 Eier abgelegt. Nach 35 bis 45 Tagen schlüpfen die 2,8 bis 3 Zentimeter langen Larven. Weitere 15 Tage später sind ihre Extremitäten sichtbar und an den vorderen befinden sich bereits Zehen. Zu diesem Zeitpunkt werden die Larven dunkler und schwimmen aktiv. 30 Tage nach dem Schlupf beginnen die nunmehr 4,5 bis 4,8 Zentimeter langen, bräunlich gefärbten Larven erste Nahrung aufzunehmen, da ihr Dottervorrat aufgebraucht ist. Je nach Aufzuchtstemperatur erreichen die Tiere nach 206 Tagen eine Körperlänge von zehn bis dreizehn Zentimetern.

Andrias japonicus (TEMMIMCK, 1836)
Japanischer Riesensalamander
Japanese giant salamander
Farbfotos Seite 92 und 93

Verbreitung: Südwestteil der Insel Honshu, nordöstlich bis zur Präfektur Gifu, Shikoku, auf der Insel Kyushu nur in der Präfektur Oita, Japan

Merkmale: Die Art wird maximal 1,45 Meter lang und 30 Kilogramm schwer. Bis auf die stärker ausgebildeten und langstieligeren Warzen auf der Kopfoberseite ist diese Art *Andrias davidianus* sehr ähnlich. Der Chromosomensatz beträgt ebenfalls 30. Die Eifärbung ist hellgelb.

Biotop: Die Art bewohnt flache Gebirgsflüsse in 200 bis 800 Metern Höhe. Der Bodengrund besteht aus großen Steinblöcken und Grobkieseln. Die Tiere leben verborgen in Höhlen. Im Sommer beträgt die Wassertemperatur 18 bis 22 °C, im Winter erreicht sie den Gefrierpunkt. Der pH-Wert liegt zwischen 5,0 und 7,1. Als Nahrung der erwachsenen Individuen dienen vor allem Süßwasserkrabben und Fische. Jungtiere fressen Wasserinsekten, Würmer und Kleinkrebse.

Haltung: Für diese Art trifft dasselbe zu, was bereits über die Haltung des Chinesischen

Riesensalamanders ausgesagt wurde. Eine Erhaltungszucht wird im Asa-Zoopark (Japan) betrieben. Dabei kommen die zunächst getrennt gehaltenen Tiere durch ein Verbindungssystem zwischen jeweils vier Freilandboxen mit den Maßen 90×70×45 Zentimetern zusammen, um sich zu verpaaren. Die Wassertemperatur entspricht der im natürlichen Lebensraum. Als Nahrung dienen Forel-

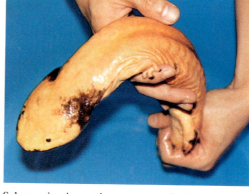

Mitte: Einzige Zuchtstation für Chinesische Riesensalamander in Sangzi, China
Unten: Männchen des Japanischen Riesensalamanders *(Andrias japonicus)* mit Laichschnüren bei der Brutpflege

Sehr wenig pigmentiertes, apart gefärbtes und gezeichnetes Exemplar des Chinesischen Riesensalamanders *(Andrias davidianus)*

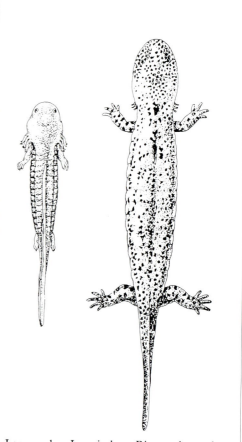

Larven des Japanischen Riesensalamanders *(Andrias japonicus)* in unterschiedlichen Entwicklungsstadien (aus Sato)

len und andere Fische. Die Zucht erfolgt in Gruppen mit mehreren Männchen und Weibchen. Bei Temperaturen von 11,5 bis 20° schlüpfen die Larven nach 42 bis 49 Tagen. Durch ein gutes Wasserdurchlauf- und Filtersystem können die Jungtiere in relativ großer Besatzdichte aufgezogen werden. 30 Tage nach dem Schlupf nehmen sie erstmals Nahrung (*Chironomus*-Larven, kleine Regenwürmer) auf. Nach einem Jahr fressen sie auch Tintenfischfleisch, Garnelen und kleine Fische. In neun Monaten hatten die Nachzuchttiere eine Länge von 42 Zentimetern erreicht.

Gattung Cryptobranchus LEUCKARD, 1821

Cryptobranchus alleganiensis (DAUDIN, 1803)
Schlammteufel, Hellbender
Hellbender

Cryptobranchus alleganiensis alleganiensis (DAUDIN, 1803)
Gemeiner Schlammteufel
Common hellbender
Verbreitung: Süd-New York bis Nord-Maryland, Südwest-New York bis Südost-Kansas, extrem nördlicher Mississippi, Appalachen-Gebirge von Nord-Alabama bis West-Pennsylvania, USA

Cryptobranchus alleganiensis bishopi (GROBMAN, 1943)
Bishops Schlammteufel
Ozark hellbender
Verbreitung: Ozark-Fluß, Südost-Missouri, Nordost-Arkansas

Oben: Aufzuchtbassins mit Jungtieren des Japanischen Riesensalamanders *(Andrias japonicus)* im Asa-Zoopark, Japan
Mitte: Portrait eines Hellbenders *(Cryptobranchus alleganiensis alleganiensis)*
Unten: Fang von Hellbendern *(Cryptobranchus alleganiensis alleganiensis)* in einem Fluß von Maryland, USA

Merkmale: Die bis zu 74 (Weibchen) bzw. 68,8 (Männchen) Zentimeter lang werdende Art besitzt eine runde Schnauze am flachen, mit einer breiten Mundspalte versehenen Kopf. Die Kiefer sind regelmäßig bezahnt. Bishops Schlammteufel wird maximal nur 62 Zentimeter lang und besitzt deutlich kleinere Kiemenöffnungen als die Nominatform. An den Körperflanken befindet sich tief eingefaltete Haut, die der Atmung dient. Die äußeren Finger und Zehen besitzen Hautsäume. Am flachen Schwanz steht ebenfalls ein Hautsaum, der sich auf dem Rücken fortsetzt.

Die Grundfärbung des Körpers ist je nach Herkunft schmutziggrauschwarz bis rotbraun mit mehr oder weniger deutlichen schwarzen Punkten (bei Bishops Schlammteufel meist ineinander verlaufende Flecken auf einer helleren Körpergrundfärbung). Die hellere Bauchseite trägt ebenfalls meist eine Punktierung. Der Chromosomensatz beträgt 30. Die Eier sind gelblich gefärbt.

Biotop: Die Art bewohnt kühle, klare Flüsse mit hohem Sauerstoffgehalt und einer mittleren Temperatur von 11 bis 22 °C. Man findet sie stets in Höhlen oder unter relativ großen Steinen. Das Substrat besteht aus Gestein, grobem Kies und seltener auch aus Sand. Die Tiere halten sich meist im Flachwasser in einer Tiefe bis zu 50 Zentimetern auf. Die Nahrung besteht aus Krebstieren *(Cambarus)*, Fischen, Würmern und Mollusken.

Haltung: Die Anlage von Haltungsbecken für Schlammteufel sollte denen der asiatischen Riesensalamander entsprechen, die Maße dürfen aber aufgrund der geringeren Körpergröße etwas kleiner sein. Als Hauptfutter dienen Fische, Regenwürmer und Fleischstücke. Für die Zucht werden vorher getrennt gehaltene Tiere zusammengebracht. Dabei ist darauf zu achten, daß es zwischen gleichgeschlechtlichen Exemplaren nicht zum gegenseitigen Beißen kommt. Die Larven schlüpfen aus den 200 bis 500 Eiern nach 68 bis 84 Tagen bei einer Körperlänge von 2,5 bis 2,9 Zentimetern. Sie fressen zunächst Klein-krebse *(Daphnia, Cyclops)* und *Tubifex*, später bereits Regenwürmer. Nach 18 Monaten besitzen die nun 10 bis 13 Zentimeter großen Jungtiere keine Außenkiemen mehr. Wie die anderen Riesensalamander benötigen sie eine sehr lange Zeit bis zur Geschlechtsreife, die frühestens nach fünf Jahren einsetzt.

Für Schauzwecke empfiehlt sich die getrennte Haltung der einzelnen Tiere. Sie gewöhnen sich auch an relativ gut einsehbare künstliche Höhlen. Die häufigsten Probleme bei der Eingewöhnung bestehen darin, daß viele Exemplare durch lange Transportwege ausgehungert sind und erst langsam wieder an Nahrungsaufnahme und -verdauung gewöhnt werden müssen.

Familie Proteidae GRAY, 1825
Olmartige

Gattung Necturus RAFINESQUE, 1819
Furchenmolche

Necturus alabamensis (VIOSCA, 1937)
Alabama-Furchenmolch
Alabama waterdog
Farbfoto Seite 96
Verbreitung: West-Georgia, Florida bis zum Pearl-Fluß, Louisiana und Mississippi, USA
Merkmale: Der langgestreckte, walzenförmige Körper von 15,2 bis 21,6 Zentimetern Gesamtlänge besitzt kleine Extremitäten und relativ große, buschige, rote Kiemenbüschel. Am vorn abgeflachten, spatelförmigen Kopf stehen kleine Augen. Die Art unterscheidet sich von den anderen durch eine hohe Anzahl von Zähnen (17 bis 26) auf dem Zwischenkiefer, eine mittelmäßige Anzahl von Kerben (5 bis 8) zwischen den gespreizten Zehen, eine ungefleckte, weiße Bauchseite sowie nur wenige Punkte auf dem rotbraunen bis schwärzlichen Rücken. Der Chromosomensatz beträgt 38. Die Jungtiere sind stets ungestreift.
Biotop: Der Lebensraum dieser Art entspricht dem bei *Necturus lewisi* beschriebenen.
Haltung: Wie bei *Necturus maculosus*.

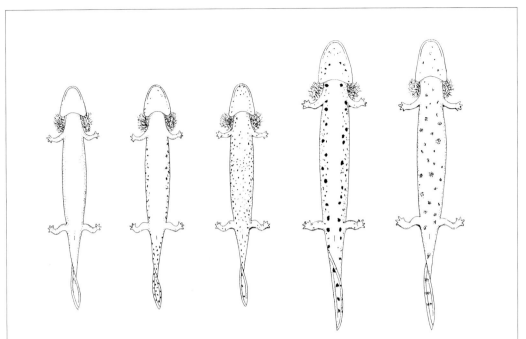

Bauchseiten einiger Furchenmolche (von oben nach unten): Kleiner Furchenmolch *(Necturus punctatus)*, Alabama-Furchenmolch *(Necturus alabamensis)*, Golfküsten-Furchenmolch *(Necturus beyeri)*, Louisiana-Furchenmolch *(Necturus maculosus louisianensis)*, Gemeiner Gefleckter Furchenmolch *(Necturus maculosus maculosus)* (aus Conant)

Necturus beyeri (VIOSCA, 1937)
Golfküsten-Furchenmolch
Gulf coast waterdog
Farbfoto Seite 96
Verbreitung: Ost-Texas bis zum Pearl-Fluß, Südost-Louisiana, USA
Merkmale: Der langgestreckte, walzenförmige Körper von 16 bis 22,2 Zentimetern Gesamtlänge besitzt kleine Extremitäten und relativ große, federartige, dunkelrote Kiemenbüschel. Am vorn abgeflachten, spatelförmigen Kopf stehen kleine Augen. Die Art unterscheidet sich von den anderen durch eine relativ hohe Anzahl von Zähnen (15 bis 24) auf dem Zwischenkiefer, eine große Anzahl von Kerben (6 bis 9) zwischen den gespreizten Zehen, eine mit runden oder ovalen Punkten versehene Bauchseite sowie starke Punktierung bzw. Netzzeichnung auf dem braunen Rücken. Der Chromosomensatz beträgt 38. Die Jungtiere sind stets ungestreift.

Biotop: Die Art wurde in klaren Flüssen in 0,3 bis 2 Metern Wassertiefe gefunden. Das Intervall der Wassertemperatur beträgt 4 bis 27 °C, der pH-Wert liegt bei 5,5. Die Wasserpflanzen des Biotops wurden als *Vallisneria americanum*, *Oronitum aquaticum*, *Taxodium distichum*, *Nyssa aquatica*, *Myrica serifera* und *Alnus serrulata* bestimmt. Je nach Jahreszeit bevorzugen die Tiere unterschiedliche Nahrung. Am häufigsten werden aber stets Wasserasseln, *Chironomus*-Larven, Bachflohkrebse *(Gammarus)*, Regenwürmer *(Lumbricus)* sowie verschiedene Insekten *(Progomophus, Leptophlebia, Dubiraphia* und *Boyeria vinosa)* verzehrt. Aufgrund des geringen Nahrungsangebotes legen die Tiere im Sommer eine Ruhephase ein.
Haltung: Wie bei *Necturus maculosus*.

Necturus lewisi (Brimley, 1924)
Neusefluß-Furchenmolch
Neuse-river waterdog
Verbreitung: Neuse- und Tar-Flußsysteme,
Nord-Carolina, USA
Merkmale: Der langgestreckte, walzenförmige Körper von 16,5 bis 27,6 Zentimetern
Gesamtlänge besitzt kleine Extremitäten und
relativ große, buschige, rote Kiemenbüschel.
Am spatelförmigen Kopf stehen kleine Augen. Die Art unterscheidet sich von den ande-
ren durch ihre besonders große Körperlänge,
einen sehr stark abgeflachten Schwanz sowie
am Rücken viele unregelmäßige schwarze bis
blauschwarze Flecken auf dunkelbraunem
bis grauem Grund. Die helle Bauchseite ist
schwarz gefleckt. Der Chromosomensatz beträgt 38. Die Jungtiere weisen eine markante
Streifung auf.
Biotop: Die Art bewohnt Flüsse mit klarem
Wasser, relativ hoher Fließgeschwindigkeit
und Wassertemperaturen von 1 bis 22 °C. Der
Bodengrund besteht aus Sand, Kies oder
Schlick. Die Tiere leben vergesellschaftet mit
einer Reihe von Fischen *(Catostomus commer-
soni, Noturus turiosus)*, Mollusken *(Caruncu-
lina pulla, Prolasmidonta heterodon)* und Kreb-
sen (diverse Arten der Gattungen *Cambarus*
und *Procambarus*). Man findet diese Art in
einer Wassertiefe von 1,5 bis 2,4 Metern. Als
Nahrung werden Köcherfliegenlarven, Mollusken, Kleinkrebse sowie Mücken- und Eintagsfliegenlarven bevorzugt.
Haltung: Wie bei *Necturus maculosus.*

Necturus maculosus (Rafinesque, 1818)
Gefleckter Furchenmolch
Mudpuppy

Oben: Bishops Hellbender *(Cryptobranchus alleganiensis bishopi)*
Mitte: Alabama-Furchenmolch *(Necturus
alabamensis)*
Unten: Golfküsten-Furchenmolch *(Necturus beyeri)*

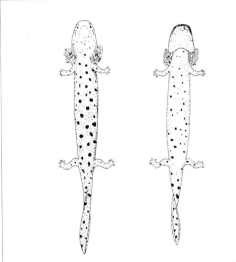

Neusefluß-Furchenmolch *(Necturus lewisi)*, links Rückenansicht, rechts Bauchansicht (aus Conant)

Neusefluß-Furchenmolch *(Necturus lewisi)*

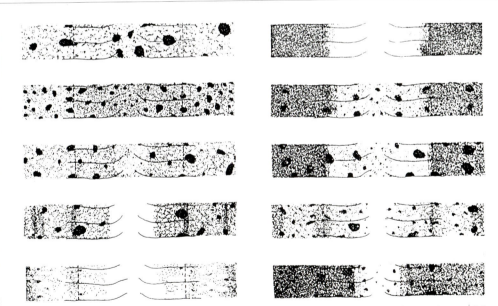

Querband-Ausschnitte der Rückenzeichnung einiger Furchenmolche: Links von oben nach unten Neusefluß-Furchenmolch *(Necturus lewisi)*, Golfküsten-Furchenmolch *(Necturus beyeri)* der östlichen Population, Golfküsten-Furchenmolch *(Necturus beyeri)* der westlichen Population, Alabama-Furchenmolch *(Necturus alabamensis)*, Lödings Furchenmolch *(Necturus punctatus lödingi)*, rechts von oben nach unten Gemeiner Kleiner Furchenmolch *(Necturus punctatus punctatus)*, Gesprenkelter Furchenmolch *(Necturus maculosus stictus)*, Gemeiner Gefleckter Furchenmolch *(Necturus maculosus maculosus)*, Louisiana-Furchenmolch *(Necturus maculosus louisianensis)*, Gemeiner Gefleckter Furchenmolch *(Necturus maculosus maculosus)* aus der Tennessee-Fluß-Population (aus Hecht)

Gefleckter Furchenmolch *(Necturus maculosus)*

Jungtier des Gefleckten Furchenmolches

Necturus maculosus louisianensis
(VIOSCA, 1938)
Louisiana-Furchenmolch
Louisiana mudpuppy
Verbreitung: Louisiana, USA

Necturus maculosus maculosus (RAFINES-
QUE, 1818)
Gemeiner Gefleckter Furchenmolch
Common mudpuppy
Verbreitung: Östliches Nordamerika, atlanti-
sches Tiefland und Flachland am Golf von
Mexiko, USA

Necturus maculosus stictus (BISHOP, 1941)
Gesprenkelter Furchenmolch
Green-Bay mudpuppy
Verbreitung: Green-Bay und seine Neben-
flüsse, Wisconsin, Michigan, USA
Merkmale: Der langgestreckte, dick-walzen-
förmige Körper von 20,3 bis 43,2 Zentimetern Gesamtlänge besitzt kleine Extremitäten
und große, federförmige, kastanienfarbene
Kiemenbüschel. Am spatelförmigen, breiten
Kopf stehen kleine Augen. Die Nominatform
besitzt große Punkte auf einem dunkelbraun-
grauen Körper. *Necturus maculosus louisianensis* weist eine schwarze Punktierung an der insgesamt helleren Bauchseite auf. *Necturus maculosus stictus* wird von allen Subspecies am
größten und ist durch einen grauen Rücken

mit nur wenigen schwarzbraunen Punkten gekennzeichnet. Alle Unterarten besitzen viele,
teilweise vergrößerte Zähne. Der Chromosomensatz beträgt 38. Ihre Jungtiere sind sämt-
lich gestreift.
Biotop: Diese Art lebt in mehr oder weniger
schnell fließenden Gewässern, aber auch in
Seen und großen Weihern mit sehr unterschiedlicher Wasserqualität. Der Bodengrund
kann aus Schlamm, Kies, Sand oder Lehm bestehen.
    Man findet die Tiere meist in einer Wasser-
tiefe von etwa einem Meter, wo sie sich zwischen Wasserpflanzen, aber auch auf kahlem
Boden aufhalten. Im Sommer steigt die Wassertemperatur auf maximal 34 °C, im Winter
geht sie mitunter bis auf 1 °C zurück. In einigen Teilen des Areals hält die Art Sommer-
ruhe, da bei hohen Temperaturen nur ein geringes Nahrungsangebot (Kleinkrebse, Wasserasseln, Mollusken, Insektenlarven und Fische der Gattung *Notropis*) gegeben ist.
Haltung: Die Haltung erfolgt in mittelgroßen
Aquarien mit etwa 100 Litern Wasservolumen. Ein permanenter Wasserumlauf ist dabei unabdingbar. Für Laborzwecke genügen
als Versteckplätze einige Röhren. Fehlen
diese, so stoßen sich die schreckhaften Molche schnell ihre Schnauzen auf. Die Tiere füh-
len sich jedoch bei guter Bepflanzung und
einem weichen, sandigen Bodengrund woh

ler. Die ständige Sauerstoffzufuhr muß durch ausreichende Belüftung gegeben sein.

Zur Ernährung eignen sich Regenwürmer, kleine Fische, *Tubifex* sowie Fisch- und Herzfleisch. Furchenmolche sind mitunter sehr ausdauernde Pfleglinge, die bei ausreichend großer Aquariengrundfläche auch in mehreren Exemplaren vergesellschaftet werden können.

Die Zucht wird seit vielen Jahren in nordamerikanischen Laboratorien durch hormonelle Stimulation (Human-Choriongonadotropin) betrieben. Dabei entstehen sehr viele Nachkommen, die man mit standardisierten Methoden aufzieht. Nach der etwa 50 Minuten dauernden Paarung werden Eier von 6,4 bis 6,6 Millimeter Durchmesser in Bodennestern abgesetzt. Die gestreiften Larven schlüpfen mit einer Größe von 2,3 Zentimetern und nehmen schon bald *Daphnia* und *Cyclops* an. Erst mit einer Größe von mehreren Zentimetern wandelt sich die Streifenzeichnung allmählich in eine Fleckung um.

Necturus punctatus (GIBBES, 1850)
Kleiner Furchenmolch
Dwarf waterdog

Necturus punctatus lödingi (VIOSCA, 1937)
Lödings Furchenmolch
Verbreitung: Vom Hundsflußsystem, Mobile County, Alabama, bis zum Apalachicola-Flußsystem, Florida, Georgia, USA

Necturus punctatus punctatus (GIBBES, 1850)
Gemeiner Kleiner Furchenmolch
Verbreitung: Vom Chowan-Flußsystem bis zum Altamaha-Fluß, Virginia, Nord- und Süd-Karolina, USA
Merkmale: Der langgestreckte, walzenförmige Körper von 11,4 bis 18,9 Zentimetern Gesamtlänge besitzt kleine Extremitäten, einen stark abgeflachten Schwanz und buschige, schmale, rötliche Kiemenbüschel. Am ovalen, rundschnäuzigen Kopf stehen kleine

Augen. Die Nominatform besitzt 5 bis 9 Kerben zwischen den gespreizten Zehen, weniger Gaumendachzähne (16 bis 24) und einen hellen Rücken. Alle Unterarten weisen in der Regel keinerlei Fleckung oder Punktierung auf. Auch die Jungtiere sind einfarbig. Auf der hellgrauen Bauchseite verläuft längs eine blauweiße Mittellinie. Der Chromosomensatz beträgt 38.

Biotop: Die Art bewohnt relativ große und trübe Flüsse des Flachlandes mit sandigem oder schlammigem Grund. Die Tiere bevorzugen eine Wassertiefe von 25 bis 50 Zentimetern.

Sie leben mit verschiedenen Fischarten, aber auch mit Zweizehen-Aalmolchen *(Amphiuma means)* vergesellschaftet. Als Hauptnahrungskomponenten konnten Regenwürmer, *Chironomus*-Larven und andere Insekten nachgewiesen werden.

Haltung: Wie bei *Necturus maculosus*.

Kleiner Furchenmolch *(Necturus punctatus)*

Gattung Proteus LAURENTI, 1768
Olme

Proteus anguinus (LAURENTI, 1768)
Grottenolm
Olm
Verbreitung: Nordostitalien und Istrien im Norden bis Montenegro im Süden entlang des Adria-Küstenbereiches
Merkmale: Die Art besitzt einen sehr langgestreckten, wurmartigen Körper von maximal 30 Zentimetern Gesamtlänge. Die Extremitäten sind sehr klein und dünn. Sie tragen drei Finger bzw. zwei Zehen. Individuen, die nicht dem Licht ausgesetzt waren, besitzen kein Pigment. Aus Höhlen herausgespülte oder unter Licht gehaltene Exemplare werden dunkelgrau. In der Regel ist der Körper fleischfarben bis cremeweiß, die Kiemenbüschel sind blutrot gefärbt. Die unter der Haut liegenden Augen kann man nur andeutungsweise erkennen. Am abgeflachten Schwanz steht ein Hautsaum, der ein wenig auf den hinteren Rückenteil übergehen kann. Die Schnauze ist stumpf und spatelförmig.
Biotop: Die Tiere bewohnen ausschließlich Höhlengewässer des adriatischen Karstes und werden von dort nur selten ausgespült, so daß die pigmentierten Exemplare aus der Du-

boccia-Grotte nur als vorübergehendes Phänomen angesehen werden. In den Gewässern befindet sich ein klares, nährstoffarmes, kalkreiches Wasser von 8 bis 15 °C. Als Nahrung dienen die in den Höhlengewässern vorkommenden Krebstiere *(Asselus, Gammarus, Niphargus, Troglocaris)*.
Haltung: Diese Art ist kaum für eine Haltung in Labor oder Aquarium geeignet. Ausschließlich zur Erforschung ihrer Biologie werden in einigen Institutionen und bei sehr wenigen Spezialisten kleine Gruppen von Grottenolmen gehalten. Diese gedeihen nur dann gut, wenn sie bei Dunkelheit leben können und Beobachtungen unter langwelligem Licht bzw. mit Hilfe von Spezialsichtgeräten erfolgen. Als Futter werden neben Kleinkrebsen auch Regenwürmer und Fleischstücke angenommen.

Je nach Haltungsbedingungen erfolgt eine Eiablage bzw. das Lebendgebären. Der Schlupf aus den 1,2 Zentimeter großen Eiern kann bei einer Wassertemperatur von 11 bis 12 °C nach 110 bis 115 Tagen beobachtet werden. Die Larven haben dann eine Länge von 1,5 bis 2,5 Zentimetern, sind pigmentiert und besitzen noch gut entwickelte Augen. Ein Hautsaum beginnt am Kopf und verläuft bis zum Schwanzende. Nach zwei Wochen bilden

Grottenolm *(Proteus anguinus)*

sich die Zehen heraus. 110 bis 115 Tage nach dem Schlupf sehen die Jungtiere bereits wie ihre Eltern aus. Sie fressen in dieser Zeit *Cyclops* und *Daphnia*. Ihre Geschlechtsreife erreichen sie allerdings erst nach 10 bis 12 Jahren.

Familie Amphiumidae GRAY, 1825
Aalmolchartige

Gattung Amphiuma GARDEN, 1821
Aalmolche

Dreizehen-Aalmolch *(Amphiuma tridactylum)*

Amphiuma means (GARDEN, 1821)
Zweizehen-Aalmolch
Two-toed amphiuma
Verbreitung: Küstenebene von Virginia bis zur Südspitze von Florida, westlich bis Süd-Mississippi, USA
Merkmale: Der aalartige, runde Körper ist 45,7 bis 116,2 Zentimeter lang. Jede Extremität besitzt zwei Finger bzw. Zehen. Vor dem Arm befindet sich ein Kiemenloch. Die Grundfärbung ist graubraun, wobei der Bauch etwas heller erscheint. Die Art bildet 50 bis 55 Zähne im Oberkiefer, 23 bis 24 im Gaumendach und 36 bis 40 im Unterkiefer aus. Der Chromosomensatz beträgt 28.
Biotop: Sehr unterschiedliche permanente und temporäre stehende sowie langsam flie-ßende Gewässer. Die Art ist ein Kulturfolger; sie besiedelt auch Reisfelder, Kanäle und Teiche. Dabei wird ein weicher, schlammiger Bodengrund, in dem sich die Tiere eingraben können, bevorzugt.
    Bei Trockenheit überdauern die Aalmolche im feuchten Schlamm oder in Wasserlöchern. Als Nahrung dienen hauptsächlich Süßwasserkrabben, Regenwürmer, verschiedene grö-ßere Wasserinsekten, aber auch Mollusken und kleine Fische.
Haltung: Die Tiere müssen entfremdet gehalten werden, da eine Imitation ihres natürlichen Lebensraumes für eine gute Pflege ausscheidet. Geräumige Aquarien ab 100 Liter

Wasservolumen mit weichem Sand oder feinkörnigem Kies eignen sich am besten. Durch gewölbte Steine lassen sich gut einsehbare Versteckplätze schaffen. Die Wassertemperatur sollte zwischen 22 und 27 °C liegen. Verschiedenes Futter, etwa Regenwürmer, Fische, Fisch- und Herzfleisch werden angenommen. Die Tiere vermehren sich je nach Herkunft im Sommer bzw. im Winter. Dabei legen die Weibchen bis zu 200 Eier, wahrscheinlich aber in der Regel nur 30 bis 50 in Nester, die sich knapp unter dem Wasserspiegel befinden. Die Gelege werden von ihnen bewacht. Für Zuchtversuche sollte deshalb dem Aquarium ein Übergang zu einem Sumpfteil (Paludarium) angeschlossen sein. Nach etwa fünf Monaten schlüpfen die bereits 5,4 Zentimeter großen Jungtiere. Zu diesem Zeitpunkt besitzen sie sehr helle Außenkiemen, die aber schon bald darauf nicht mehr vorhanden sind.

Amphiuma phloeter (NEILL, 1964)
Einzehen-Aalmolch
One-toed-amphiuma
Verbreitung: Levy, Jefferson, Cahoun und Liberty counties, Florida, USA
Merkmale: Der aalartige, im Querschnitt runde Körper ist 21,6 bis 33 Zentimeter lang. Jede Extremität besitzt einen Finger bzw. Zeh. Vor dem Arm befindet sich ein Kiemenloch.

Einzehen-Aalmolch *(Amphiuma phloeter)*

Hinterextremitäten und Kloake des Einzehen-Aalmolches *(Amphiuma phloeter)*

Kopf und Extremitäten sind verhältnismäßig kurz. Die Grundfärbung ist graubraun, wobei der Bauch etwas heller erscheint.
Biotop: Der Lebensraum entspricht im wesentlichen dem von *Amphiuma means*, nur werden offenbar langsam fließende Gewässer bevorzugt.
Haltung: Wie bei *Amphiuma means*.

Amphiuma tridactylum (CUVIER, 1827)
Dreizehen-Aalmolch
Three-toed-amphiuma
Verbreitung: Südost-Missouri, extrems Südost-Oklahoma bis zum Golf von Mexiko, den Mississippi begleitend, USA
Merkmale: Der aalartige, im Querschnitt runde Körper ist 45,7 bis 106 Zentimeter lang. Jede Extremität besitzt drei Finger bzw. Zehen. Vor dem Arm befindet sich ein Kiemenloch. Die Grundfärbung ist auf dem Rücken dunkelbraun, auf dem Bauch hellgrau. Der Chromosomensatz beträgt 28.
Biotop: Die Art bewohnt schlammige stehende und langsam fließende Gewässer. Die Wassertemperaturen betragen je nach Jahreszeit und Gewässer 5 bis 25 °C, wobei erst ab 7 °C eine Aktivität der Tiere zu verzeichnen ist. Als hauptsächliche Nahrung wurden Süßwasserkrabben *(Procambarus)*, Regenwürmer sowie auch größere Insekten nachgewiesen.

Haltung: Die Haltung erfolgt im Prinzip wie bei *Amphiuma means*, nur sollte das Aquarium noch geräumiger sein. Auch bei dieser Art richtet sich der Fortpflanzungstermin nach der Herkunft. Offenbar laichen diese Aalmolche auch zwischen Wasserpflanzen, wo man wiederholt ihre Eischnüre gefunden hat. Bis zu 200 Eier von 5 bis 6 Millimetern Durchmesser konnten aber auch in Nestern nachgewiesen werden.

Nach dem Schlupf tragen die 4,3 bis 6,2 Zentimeter großen Jungtiere noch äußere Kiemen. Bei einer Temperatur von 20 bis 22° erreichen sie nach 16 Tagen eine Länge von 7,6 Zentimetern.

Familie Sirenidae GRAY, 1825
Armmolche

Gattung Pseudobranchus GRAY, 1825
Kleine Armmolche

Pseudobranchus striatus (LE CONTE, 1824)
Kleiner Armmolch
Dwarf siren

Pseudobranchus striatus axanthus
(NETTING UND GOIN, 1942)
Gestreckter Kleiner Armmolch

Verbreitung: Zentrales Nordost-Florida, Oke-
fenokee-Sümpfe, Georgia, USA

Pseudobranchus striatus belli
(SCHWARTZ, 1952)
Bells Kleiner Armmolch
Verbreitung: Südliches Drittel von Florida,
USA

Pseudobranchus striatus lustricolus
(NEILL, 1951)
Sumpf-Armmolch
Verbreitung: Westliche Region Floridas an
der Golfküste, Ansatzbereich der Halbinsel,
USA

Pseudobranchus striatus spheniscus
(GOIN UND CRENSHAW, 1949)
Keilköpfiger Kleiner Armmolch
Verbreitung: Südwest-Georgia und angren-
zender Teil Floridas, USA

Pseudobranchus striatus striatus
(LE CONTE, 1824)
Gestreifter Kleiner Armmolch
Verbreitung: Küstenregion Süd-Karolinas
und Südost-Georgia, USA
Merkmale: Der schlanke Körper der Art wird
10,2 bis 25,1 Zentimeter lang und trägt seit-
lich am Hinterkopf dunkel pigmentierte Kie-

men sowie ein paar Kiemenschlitze. An den
Vorderextremitäten sind drei Finger mit deut-
lich verhornten Spitzen ausgebildet. Der
Chromosomensatz beträgt 64. Die Kleinen
Armmolche bringen zuweilen mit geöffnetem
Maul quäkende Laute hervor.

Pseudobranchus striatus axanthus besitzt einen sehr langgestreckten Körper mit 34 bis
37 Furchen und einem kurzen Kopf. Die Streifung des Rückens ist auf einer grauen Grundfärbung nur verschwommen zu erkennen. Die
graue Bauchseite weist keine gelben Flecken
auf.
Pseudobranchus striatus belli besitzt einen
kurzen, jedoch schlanken Körper mit 29 bis
33 Furchen und einen sehr schmalen Kopf.
Die Lateralstreifen sind verbreitert. Die
Grundfärbung ist relativ hell. Am Bauch sind
kleine Flecken ausgebildet.
Pseudobranchus striatus lustricolus weist einen relativ dicken, großen Körper auf. Der abgeflachte Kopf hat eine stumpfe Schnauze.
Die Vorderextremitäten sind relativ lang und
schlank. Auf dem schwarzen Rücken befinden sich weiße Flecken. Die mehr als zehn
Streifen sind sehr schmal. Drei dorsale, stark
hervortretende Streifen fallen besonders auf.
Ein heller, orangefarbener Lateralstreifen ist
breiter ausgebildet. Die mehr bauchseits ange-

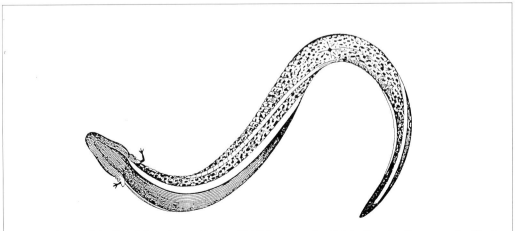

Kleiner Armmolch *(Pseudobranchus striatus)* – Abbildung aus der Originalbeschreibung von Le Conte

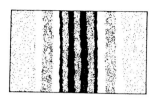

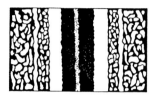

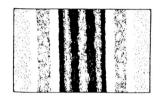

Querband-Ausschnitte der Rückenzeichnung der Unterarten des Kleinen Armmolches (von oben nach unten): Keilköpfiger Kleiner Armmolch *(Pseudobranchus striatus spheniscus)*, Gestreifter Kleiner Armmolch *(Pseudobranchus striatus striatus)*, Bells kleiner Armmolch *(Pseudobranchus striatus belli)*, Sumpf-Armmolch *(Pseudobranchus striatus lustricolus)*, Gestreckter Kleiner Armmolch *(Pseudobranchus striatus axanthus)* (aus Conant)

ordneten Streifen wirken ebenfalls breiter und glänzen silbrig-weiß.

Pseudobranchus striatus spheniscus besitzt einen kurzen, schlanken Körper mit einem keilförmigen Kopf. Die deutlich sichtbaren Lateralstreifen verlaufen über die Augen bis zur Schnauzenspitze. Die sehr schmalen Seitenstreifen sind dunkler als bei den anderen Subspecies. Die Nominatform besitzt einen relativ kurzen, dickeren Körper. Ein breiter, dunkelbrauner Längsstreifen verläuft über die Rückenmitte. Seitlich schließen sich schmale, hellere Streifen an, die bis zu den Extremitäten reichen. Zwischen ihnen ist die braune bis graugrüne Körpergrundfarbe sichtbar, die kleine gelbe Flecken aufweist. Auf der etwas helleren Bauchseite stehen ebenfalls helle Flecken.

Biotop: Die Art bewohnt flache, stehende, seltener langsam fließende Gewässer mit dichten Wasserpflanzenbeständen und schlammigem Boden. Sie bevorzugt Bereiche mit dichten Schwimmpflanzenteppichen, insbesondere Wasserhyazinthen *(Eichhornia crassipes)* und Zypressensümpfe. Als Kulturfolger besiedeln die Tiere auch Gräben und Teiche. Trockenzeiten überdauern sie im feuchten Schlamm und bilden währenddessen ihre Kiemen zurück. Als Nahrung dienen hauptsächlich *Chironomus*-Larven, wasserlebende Würmer und Muschelkrebse (Ostracoda).

Haltung: In einem mittelgroßen Aquarium von 80 bis 100 Litern Wasservolumen lassen sich diese Tiere ausdauernd halten. Es empfiehlt sich eine gute Wasserdurchlüftung. Die Temperaturen sollten zwischen 15 und 26 °C liegen, wobei für eventuelle Zuchtversuche eine jahreszeitliche Rhythmik in Temperatur- und Beleuchtungsregime anzuraten ist. Als Nahrung dienen *Tubifex, Daphnia* und Regenwürmer. Die Molche sind in der Lage, Regenwürmer zu verschlingen, die fast ihre eigene Größe erreichen.

Kleine Armmolche legen ihre dunkelbraun pigmentierten Eier einzeln ab. Nur gelegentlich sind zwei miteinander verklebt. Ihr

Durchmesser beträgt 5 bis 7,5 Millimeter. Beim Schlupf sind die Larven 1,5 Zentimeter lang und besitzen bereits gut ausgebildete Finger. Ein Hautsaum erstreckt sich vom Kopf über den Rücken bis zum Schwanz.

Gattung Siren LINNÉ, 1758
Größere Armmolche

Siren intermedia (BARNES, 1826)
Mittlerer Armmolch
Lesser siren

Porträt des Mittleren Armmolches *(Siren intermedia)*

Siren intermedia intermedia
(BARNES, 1826)
Östlicher Mittlerer Armmolch
Eastern lesser siren
Verbreitung: Pearl-Flußsystem, Südwest-Mississippi, Südost-Louisiana, USA

Siren intermedia nettingi (GOIN, 1942)
Westlicher Mittlerer Armmolch
Western lesser siren
Verbreitung: Zentral-Alabama, Mississippi-Valley bis Nord-Michigan, südliche und zentrale Golfregion von Texas, USA

Mittlerer Armmolch *(Siren intermedia)*

Siren intermedia texana (GOIN, 1957)
Rio Grande-Armmolch
Rio Grande siren
Verbreitung: Rio Grande-Valley bis Nord-Tamaulipas, Mexiko, Jim Wells- und Kleberg-Gebiet, San Patricio, Aransas-Gebiet, Texas, USA
Merkmale: Die Art wird 18 bis 68,6 Zentimeter lang. Am relativ schlanken Körper fallen das zugespitzte Schwanzende, dunkel pigmentierte Kiemenbüschel, vier Paare Kiemenschlitze und kleine Vorderextremitäten mit vier (selten drei oder fünf) Fingern auf. Der Chromosomensatz beträgt 46. Die Mittleren Armmolche erzeugen gelegentlich klikkende Laute.
　Die Nominatform besitzt 31 bis 35 Körperfurchen und wird höchstens 38 Zentimeter lang. Der braunschwarze Rücken ist schwarz gesprenkelt. *Siren intermedia nettingi* weist 33 bis 37 Körperfurchen auf und wird maximal 50,2 Zentimeter lang. Der Rücken trägt eine braune, schwarze, olive oder blaugraue Grundfärbung und ist mit einzelnen, winzigen schwarzen Punkten gezeichnet. Auf der helleren Bauchseite stehen häufig weiße Flecken.
　Siren intermedia texana hat 36 bis 38 Körperfurchen und wird bis zu 68,6 Zentimeter lang. Die Rückenfärbung variiert von dunkelgrau mit einer verwaschenen Zeichnung bis zu hellbraungrau mit verschiedenen winzigen, dichten Punkten. Die Unterseite ist insgesamt heller, besonders aber am Unterkiefer, an den Extremitäten, den Kiemen und am Bauch.

Biotop: Warme und langsam fließende Gewässer mit schlammigem Boden und dichten Wasserpflanzenbeständen, wo sich die Tiere tagsüber verborgen halten. Sie überdauern Trockenzeiten in einem Kokon. Gelegentlich werden sie auch in feuchten Nächten an Land gefunden. Durch die Verbreitung der Wasserhyazinthen *(Eichhornia crassipes)* wurde die Art zum Kulturfolger und begann damit, Kanäle, Teiche und Parkanlagen zu besiedeln.

Meistens halten sich die Molche im flachen Wasser (nicht tiefer als ein Meter) auf. Als hauptsächliche Nahrung wurden *Chironomus*- und Eintagsfliegenlarven, Wassermilben, Mollusken sowie kleine Krabben nachgewiesen. *Siren intermedia* nimmt regelmäßig Pflanzenteile, zum Beispiel Hornkraut *(Myriophyllum)* und Fadenalgen mit der tierischen Nahrung auf.

Haltung: Für Jungtiere genügen mittelgroße Aquarien. Erwachsene Tiere hält man in Becken mit 150 und mehr Litern Wasservolumen. Der Bodengrund sollte aus weichem Sand bestehen. Als Bepflanzung eignen sich feinfiedrige Arten, aber auch Schwimmpflanzen. Die Wassertemperatur kann im Winter auf 12 °C absinken, sollte aber im Sommer bis auf 24 °C ansteigen. Als Nahrung dienen Regenwür-

mer, *Tubifex*, kleine Fische, Kleinkrebse und gelegentlich auch Fisch- oder Herzfleisch.

Mit etwa zwei Jahren werden die Tiere geschlechtsreif. Die Paarungszeit beginnt im zeitigen Frühjahr und endet im Juli. Die 4,4 Millimeter großen Eier werden in Bodennestern abgelegt. Meist haften viele Eier fest aneinander. Beim Schlupf sind die Larven 1,1 Zentimeter lang, tragen gut entwickelte Außenkiemen und zeichnen sich durch einen insbesondere auf der Bauchseite stark ausgebildeten Hautsaum aus. Dieser Hautsaum wird etwa zwei Monate nach dem Schlupf zurückgebildet. Die dunkle Zeichnung der Kopf- und Körperseiten sowie der rötliche Schnauzenrand der Jungtiere sind im neunten Entwicklungsmonat nach dem Schlupf nicht mehr erkennbar. Zu diesem Zeitpunkt weisen die Tiere eine Körperlänge von 4,5 bis 6,7 Zentimetern auf. Die Jungtiere ernährt man mit *Daphnia*, *Tubifex* und Encytraeen.

Siren lacertina (LINNÉ, 1766)
Großer Armmolch
Greater siren
Verbreitung: Küstenebene von Washington, südlich über Alabama bis nach Florida, USA
Merkmale: Die Art wird 50 bis 97,8 Zentimeter lang. Ihr aalartiger, stämmiger Körper be-

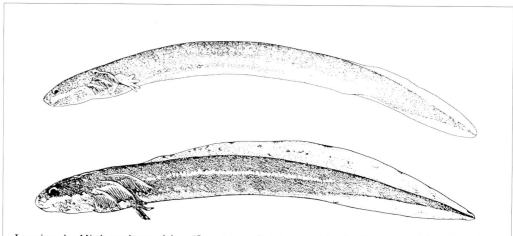

Jungtiere des Mittleren Armmolches *(Siren intermedia)* oben und des Großen Armmolches *(Siren lacertina)* unten (aus Gibbons & Semlitsch)

sitzt kleine Vorderextremitäten mit vier Fingern, 36 bis 40 Furchen, dunkel pigmentierte Kiemenbüschel, vier Paare Kiemenschlitze und eine abgerundete Schnauzenspitze. Der Rücken trägt eine grauolive Grundfärbung und ist gelegentlich schwarz gefleckt. Die Flanken erscheinen heller. Auf ihnen werden unauffällige grünlich-gelbe Flecken beobachtet. Der blaugraue Bauch trägt zuweilen hellgrüne Flecken, aber auch grüngelbe Pünktchen. An den Zehenspitzen befinden sich oft gelbliche oder schwarze Enden. Die Schnauze ist ebenfalls gelblich, öfter aber hellbraun gefärbt. Der Chromosomensatz beträgt 52. Die Tiere erzeugen Rufe, die denen des Karolina-Laubfrosches *(Hyla cinerea)* ähneln.

Biotop:Die Art besiedelt diverse, relativ warme, stehende und langsam fließende Gewässer mit weichem, schlammigen Boden und dichtem Wasserpflanzenbewuchs. Die Jungtiere halten sich zwischen den Pflanzen auf. Erwachsene Exemplare graben sich im Schlamm ein. Auch diese Art fand durch die Verbreitung der Wasserhyazinthe *(Eichhornia crassipes)*, zwischen deren Wurzelbüscheln sich die Jungtiere häufig aufhalten, neue Lebensräume in der Kulturlandschaft. Ähnlich *Siren intermedia* findet man diese Tiere insbesondere in flachen Bereichen.

Als hauptsächliche Nahrung wurden Süßwasserkrabben, Würmer und Mollusken nachgewiesen. *Siren lacertina* nimmt regelmäßig Pflanzenteile auf.

Haltung: Jungtiere benötigen mittelgroße, erwachsene Exemplare hingegen große Aquarien mit einem Wasservolumen von 150 und mehr Litern. Die Haltung erfolgt wie bei *Siren intermedia.* Bereits im Februar beginnt die Paarungszeit. Die Eier sind mit 9 Millimetern deutlich größer als die beim Mittleren Armmolch. Mit 1,6 Zentimetern schlüpfen die Jungtiere aus den Eiern. Ihr Körper ist stark abgeflacht und besitzt einen Hautsaum, der hinter dem Kopf beginnt. Ein gelber Streifen auf den Körperseiten fällt besonders auf; ein bräunlicher Hinteraugenstreifen sowie die

Großer Armmolch *(Siren lacertina)*

gelblich-braune Kehle sind weiterhin typisch für Jungtiere dieser Art und verlieren sich im Laufe des ersten Lebensjahres. Im siebenten Monat messen die Großen Armmolche etwa 7,5 Zentimeter.

Familie Ambystomatidae Hallowell, 1858
Querzahnmolche

Gattung Ambystoma Tschudi, 1838
Eigentliche Querzahnmolche

Ambystoma andersoni (Krebs und Brandon, 1984)
Andersons Querzahnmolch
Andersons' salamander

Verbreitung: Laguna de Zapaco, Michoacan, Mexiko

Merkmale: Die etwa 18 Zentimeter großen Molche besitzen am wenig abgeflachten Kopf drei mittelgroße, dunkelrot gefärbte Kiemenäste, deren Basisteil der Körpergrundfärbung entspricht. Diese ist auf Rücken und Kopfoberseite gelborange bis bronzefarben, an Flanken, Schwanz und Bauch jedoch hellokker bis cremegelb. Die Zeichnung besteht aus

Anderson Querzahnmolch *(Ambystoma andersoni)*

unregelmäßigen, teilweise netzartigen, anderenteils fleckenartigen schwärzlichen Elementen. Am Rumpf sind sie am größten und bilden im Inneren blaugraue Flächen aus. Der Schwanz ist von einem Hautsaum umschlossen, der sich auf der Rückseite, immer flacher werdend, bis in den Nacken fortsetzt. Zwischen den Zehen sind Spannhäute ausgebildet; sie fehlen jedoch an den Vorderextremitäten. Die Schwanzlänge ist kürzer als die Kopf-Rumpf-Länge.

Biotop: Über den bisher einzigen bekannten Fundort, der Laguna de Zapaco und den von ihr ausgehenden Fluß von 2000 Metern Gebirgshöhe liegen keine detaillierten Daten vor.

Haltung: Wie bei *Ambystoma mexicanum*.

Ambystoma dumerilii (DUGÉS, 1870)
Dumerils Querzahnmolch
Lake Pátzcuaro salamander
Verbreitung: Pátzcuaro-See, Michoacan, außerdem möglicherweise San Juan del Rio, Queretaro, Mexiko
Merkmale: Die 18,8 bis 28,2 Zentimeter gro-

ßen Molche besitzen am abgeflachten Kopf beidseitig drei sehr große, dunkelrotbraun bis oliv gefärbte Kiemenäste, deren relativ großer, dicker Basisteil der Körperfärbung entspricht. Diese ist dunkel- bis rötlicholiv, wobei einige Bereiche weißlich oder gelborange aufgehellt sein können. Um die schwarzbraunen Augen befinden sich oft dunkler pigmentierte Flächen. Die Haut ist runzelig und mit teilweise an Gehirnwindungen erinnernden Strukturen versehen, die an den Flanken zur Querfaltenbildung neigen und auf dem Kopf kraterartige Vertiefungen ausbilden.

Der abgeflachte Schwanz ist von einem Hautsaum umschlossen, der sich auf der Rückenseite als fleischiger Kiel von etwa einem Zentimeter Höhe bis in den Nacken fortsetzt. Zwischen Fingern und Zehen sind Spannhäute ausgebildet. Die Schwanzlänge ist stets geringer als die Kopf-Rumpf-Länge. Ein kleiner äußerer Mittelfußhöcker (Metatarsaltuberkel) ist sichtbar.

Biotop: Die Art bewohnt den relativ flachen Pátzcuaro-See und hält sich bevorzugt in einer Wassertiefe von fünf bis sieben Metern

Dumerils Querzahnmolch *(Ambystoma dumerilii)*

Tiefe auf. Die Wassertemperatur beträgt im Mittel 15 bis 19 °C.

Haltung: Die Haltung entspricht im wesentlichen der bei *Ambystoma mexicanum* beschriebenen. Die Art ist jedoch empfindlicher. Als Wassertemperatur hat sich das Intervall zwischen 15 und 20 °C bewährt, die Temperatur kann aber auch zeitweise etwas ansteigen. Von August bis Dezember reifen die Geschlechtsprodukte, um während der von März bis April stattfindenden Paarungen abgegeben zu werden. Die Tiere produzieren sehr viele Eier mit einem Durchmesser von etwa 1,8 Millimetern. Jungtieraufzucht und -ernährung erfolgen wie bei *Ambystoma mexicanum*.

Porträt von Dumerils Querzahnmolch *(Ambystoma dumerilii)* mit den sehr großen Kiemenbüscheln

Ambystoma lacustris (TAYLOR UND SMITH, 1945)
Zumpangosee-Querzahnmolch
Lake Zumpango salamander
Verbreitung: Lake Zumpango, Mexiko

Frisch geschlüpfte Larve von Dumerils Querzahnmolch *(Ambystoma dumerilii)*

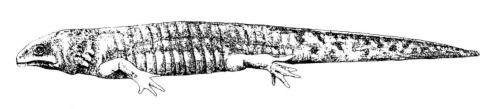

Zumpangosee-Querzahnmolch *(Ambystoma lacustris)* (aus Taylor & Smith)

Merkmale: Die 18,9 bis 24,1 Zentimeter großen Molche besitzen am abgeflachten Kopf beidseitig drei relativ kleine, meist stummelartige Kiemenäste. Der Rücken ist braunoliv gefärbt und trägt cremeweiße oder graue Drüsenflecken sowie sehr kleine Pünktchen. Die Vorderextremitäten zeigen eine hellolive Färbung. Auf Kopf, Rücken und den Seitenflächen des stark abgeflachten Schwanzes sind schwarz-olive Flecken angeordnet. Lippensäume und Schwanzunterseite erscheinen etwas heller. Die Bauchseite hat eine gelblichweiße Grundfärbung.

Der Schwanz ist von einem mehr oder weniger stark ausgebildeten Flossensaum umgeben, der bis in den vorderen Bereich des Rükkens reichen kann. An den relativ kleinen Extremitäten sind Spannhäute nur an den Zehenansätzen zu erkennen. Die Schwanzlänge ist ein wenig geringer als die Kopf-Rumpf-Länge.

Biotop: Über den Lebensraum im Zumpango-See liegen keine speziellen Angaben vor.

Haltung: Wahrscheinlich ähnlich wie bei *Ambystoma mexicanum* und *Ambystoma dumerilii*.

Ambystoma lermaense
(TAYLOR, 1940, „1939")
Lermasee-Querzahnmolch
Lake Lerma salamander

Verbreitung: Lake Lerma, Osten von Toluca, Mexiko

Merkmale: Die 16,3 bis 25,1 Zentimeter großen Molche besitzen am stark abgeflachten Kopf beidseitig drei mittelgroße, rot-violettbraune Kiemenäste, bei denen der untere am kürzesten und der obere am längsten ist. Der schwarze Körper trägt einen purpurnen Schein, wobei die Winkel der Maulspalte und die Fingerspitzen heller sind. Auch an den Drüsenwarzen stehen helle Punkte. In der Kehlregion befindet sich faltige Haut.

Der Schwanz ist von einem Hautsaum umschlossen, der sich sehr flach bis in den Nakken fortsetzt. Die Extremitäten sind frei von Spannhäuten. Der Schwanz ist ebenso lang wie die Kopf-Rumpf-Länge. Ein äußerer Mittelfußhöcker (Metatarsaltuberkel) ist sichtbar.

Biotop: Über den Lebensraum im Lake Lerma, der offenbar mit dem Rio Lerma-Rio

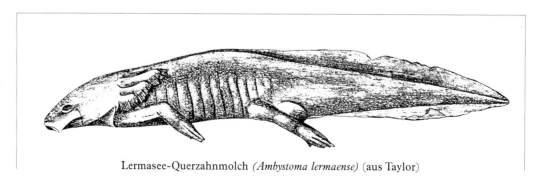

Lermasee-Querzahnmolch *(Ambystoma lermaense)* (aus Taylor)

Santiago-System verbunden ist, liegen keine speziellen Angaben vor.

Haltung: Wahrscheinlich ähnlich wie bei *Ambystoma mexicanum* und *Ambystoma dumerilii*. In Toluca wird die Art lebend auf Fischmärkten angeboten und dafür sehr einfach gehältert.

Ambystoma mexicanum (SHAW, 1789)

Axolotl

Verbreitung: Lake Xochimilco und Lake Chalco, Valley of Mexico, Mexiko

Merkmale: Die maximal 30 Zentimeter großen Molche besitzen am schwach abgeflachten, relativ breiten Kopf beidseitig drei mittelgroße, dunkelbraungraue Kiemenäste, bei denen der untere am kürzesten und der obere am längsten ist.

Axolotl *(Ambystoma mexicanum)*

Der relativ gedrungene Körper ist dunkelgraubraun ist schwarz gefärbt und trägt unterschiedlich große schwarze Flecken oder Punkte. Häufig tritt auch eine Marmorierung oder ein metallischer Farbglanz der Haut auf. Die Bauchseite ist meist etwas heller. Der abgeflachte Schwanz trägt beidseitig einen Hautsaum, der sich bis zur vorderen Rückenhälfte fortsetzt. Die Extremitäten sind in der Regel frei von Spannhäuten. Der Schwanz ist kürzer als die Kopf-Rumpf-Länge.

Biotop: Angaben zur Wasserqualität der Xochimilco- und Chalco-Seen liegen nicht vor. Es handelt sich um flache, stellenweise austrocknende bzw. nicht mehr als einen Meter tiefe Gewässer, die durch Gräben miteinander verbunden sind. Die tiefste Stelle liegt bei 10 Metern. Die Axolotl verbergen sich in den dichten Wasserpflanzenbeständen und halten sich in der Regel am Boden auf. Die Laichzeit erstreckt sich über das Winterhalbjahr von September bis Mai.

Haltung: Die Art unterliegt durch ihre jahrzehntelange Laborhaltung einem Domestikationseffekt. Unterschiedliche Zuchtlinien haben sich an jeweils spezielle Temperatur- und Nahrungsfaktoren angepaßt. Für eine Laborhaltung genügen mittelgroße Aquarien von

80 × 40 × 40 Zentimetern ohne jegliche Einrichtungsgegenstände. Nur zur Fortpflanzung sollten Wasserpflanzen bzw. Ersatzstoffe (Kunststoffwolle, Plastikpflanzen) als Laichsubstrat eingebracht werden. In Schauaquarien stören Axolotl selbst feinfiedrige Pflanzenbestände nicht. Sie sind stets sichtbar und verbergen sich kaum einmal.

Als Nahrung dienen Kleinkrebse (zum Beispiel *Daphnia), Tubifex*, Regenwurmstückchen, kleine Fische sowie Fisch- und Herzfleisch. Die Haltungstemperatur kann zwischen 4 und 23° schwanken, das Optimum liegt bei 18°. Selbst extreme pH-Werte werden zeitweise ausgehalten; im alkalischen Bereich bis zu 10, im sauren bis 4,5. Im Normalfall sollte der pH-Wert allerdings neutral sein.

Für die Zucht setzt man vorher getrennt gehaltene Geschlechtspartner zusammen und bringt Eis oder sehr kaltes Wasser (mehrtägige Kühlschrankhaltung bietet sich ebenfalls an) in das Aquarium ein. Das Ansteigen der Temperaturen induziert in der Regel die Paarung. In Laboratorien verwendet man häufig Human-Choriongonadotropin-Injektionen zur Fortpflanzungsstimulation. Wenige Tage nach der Spermaaufnahme legt das Weibchen 300 bis 1100 Eier von 5 bis 7 Millimetern Durchmesser in kleinen Klumpen

Laich des Axolotls *(Ambystoma mexicanum)*

Albinotischer Humphrey-Hybridaxolotl
(Ambystoma mexicanum × Ambystoma tigrinum)

Ambystoma taylori (BRANDON, MARUSKA UND RUMPH, 1981)
Brackwasser-Querzahnmolch
Taylors' salamander
Farbfoto Seite 103
Verbreitung: Laguna Alchichica, Ost-Puebla, Mexiko
Merkmale: Die etwa 12 bis 18 Zentimeter großen Molche besitzen am abgeflachten Kopf beidseitig drei große, oft sehr weit verzweigte, weinrote bis violettfarbene Kiemenäste. Die Körperfärbung ist goldgelb, gelbbraun bis weißlich-blaugrau. Überall sind relativ regelmäßig schwarze Punkte verteilt. Der Schwanz ist von einem Hautflossensaum umschlossen, der sich flach bis zum vorderen Teil des Rückens fortsetzt und dort breit ausläuft. Die Extremitäten sind von Spannhäuten frei. Der Schwanz ist kürzer als die Kopf-Rumpf-Länge.
Biotop: Das einzige bekannte Vorkommen befindet sich in der Laguna Alchichica, einem Salzwasser führenden Kratersee. Dort kommt die Art mit den als Larven sehr ähnlichen *Ambystoma tigrinum* vor.
Der Kratersee befindet sich 2345 Meter über dem Meeresspiegel. Die maximale Wassertiefe beträgt 64,6 Meter. Der Salzgehalt wurde mit etwa 8,2 Promille bestimmt. In der Regel halten sich die Tiere in 6 bis 10 Metern Tiefe auf. Der Bodengrund besteht aus Vulkangestein. In von Wasserpflanzen bestandenen Regionen bewohnen die Molche auch flachere Bereiche in einem halben Meter Wassertiefe. Größere Exemplare leben offenbar auch in 12 Metern Tiefe.
Haltung: Die Haltung erfolgt in mittelgroßen Aquarien prinzipiell wie bei *Ambystoma mexicanum*. Um eine lange Lebensdauer zu ermöglichen, sollte der Salzgehalt nicht unter sechs Promille liegen; die Tiere vertragen aber auch mehr als zehn Promille. Offenbar stagniert das Wachstum im Süßwasser und es erfolgt eine Metamorphose. Eine Aufzucht von Jungtieren gelang im Cincinnati-Zoo erfolgreich.

oder einzeln an Wasserpflanzen ab. Bei einer Temperatur von 20° schlüpfen die Larven nach etwa 14 Tagen mit einer Größe von 7 Millimetern. Die Vorderextremitäten werden nach 22, die Hinterextremitäten mit den Zehen nach 84 Tagen sichtbar.
Beim Schlupf besitzen die Larven eine olive bis bräunliche Grundfärbung. Mit etwa drei Zentimetern Körperlänge wird ihre Haut mehr und mehr durchsichtig bzw. ockergelb. Kleine schwarze Tüpfel übersäen dann den gesamten Körper. Die erste Nahrung besteht aus Kleinkrebsen wie *Cyclops* und später *Daphnia*. Nach etwa einem Jahr tritt die Geschlechtsreife ein.

Brackwasser-Querzahnmolch *(Ambystoma taylori)*

Familie Plethodontidae GRAY, 1850
Lungenlose Salamander

Unterfamilie Plethodontinae GRAY, 1850
Eigentliche Lungenlose Salamander

Gattung Eurycea RAFINESQUE, 1822
Gelbsalamander

Eurycea nana (BISHOP, 1941)
San Marcos-Gelbsalamander
San Marcos salamander
Verbreitung: San Marcos-River, Hays county, Süd-Texas, USA
Merkmale: Die sehr kleine, nur bis zu 5 Zentimeter lange Art besitzt einen schmalen Kopf mit einer breiten, runden Schnauze. Ein dunkler Ring umgibt die mittelgroßen Augen. Auf der dunklen Iris befinden sich wenige helle Flecken. Die Kiemen sind vollständig pigmentiert.

Auf der Mitte des schlanken, etwas abgeflachten Körpers verläuft eine Längsfurche vom Kopf bis zur Schwanzwurzel. Am schmalen Schwanz ist ein breiter Hautsaum ausgebildet. Vier Finger und fünf Zehen befinden sich an den schlanken Extremitäten. Auf der hellbraunen Grundfärbung sind unregelmäßige, helle Linien erkennbar. Beiderseits der Rückenfurche stehen 7 bis 9 unregelmäßige, helle Punkte. Manchmal tritt eine solche Zeichnung auch oberhalb der Beine auf. Die Bauchseite ist gelbweiß. An Oberkiefer, Schwanzbasis und Kloake der Männchen wurden Drüsen nachgewiesen, die der sexuellen Stimulation dienen.

Biotop: Die Art bewohnt einen See am Oberlauf des San Marcos-Flusses. Sie lebt auf Algenmatten des klaren Gewässers. Im Frühjahr wandert sie wahrscheinlich in Schmelzwasserzuflüssen aufwärts und ist dann offenbar zeitweise mit *Eurycea neotenes* vergesellschaftet.

Haltung: Wie bei *Eurycea neotenes*.

Eurycea neotenes (BISHOP UND WRIGHT, 1937)
Texas-Höhlensalamander
Texas salamander

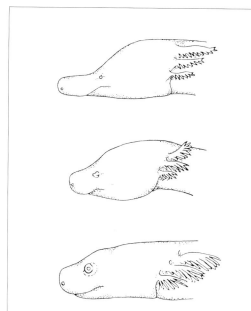

Kopfbereich einiger nordamerikanischer, neotenischer Arten der Lungenlosen Salamander (Plethodontidae) von oben nach unten: Rathbunscher Brunnenmolch *(Typhlomolge rathbuni)*, Honey-Creek-Höhlensalamander *(Eurycea tridentifera)*, Texas-Höhlensalamander *(Eurycea neotenes)* (aus Conant)

Eurycea neotenes neotenes (BISHOP UND WRIGHT, 1937)
Eigentlicher Texas-Höhlensalamander
Edwards Plateau salamander
Verbreitung: Edwards-Plateau, West- und Zentral-Texas, USA

Eurycea neotenes pterophila (BURGER, SMITH UND POTTER, 1950)
Fern Bank-Höhlensalamander
Fern Bank salamander
Verbreitung: Fern Bank Spring, nordöstlich von Wimberley an der Blanco River-Straße, Hays county, West-Texas
Merkmale: Die mittelgroße, 4,8 bis 10,5 Zentimeter lange Art besitzt einen relativ breiten Kopf mit einer breiten, runden Schnauze und kleinen Augen. Die Kiemen erscheinen in hellroter Färbung. Rumpf und Schwanz sind etwas abgeflacht und haben einen ovalen Querschnitt. Ein schmaler Hautsaum verläuft auf der Rückenseite bis zur Schwanzspitze, bauchseits reicht er nur bis zur Mitte des Schwanzes. An den relativ stämmigen Extremitäten sind vier Finger mit fünf Zehen ausgebildet. Auf der hellgelben Grundfärbung stehen dunklere Punkte und auf jeder Körperseite zwei Reihen heller Flecken. Bei älteren Individuen dunkelt die untere Reihe nach. Die Bauchseite ist einfarbig gelbweiß gefärbt.

Eurycea neotenes pterophila läßt sich von der Nominatform ausschließlich anhand einiger Knochenmerkmale (zum Beispiel eines Y-förmigen Basibranchiums) unterscheiden. Der Status ist umstritten, da eine hohe Variabilität des Knochenbaus bereits innerhalb einzelner Populationen und in Abhängigkeit des Lebensalters beobachtet wurden. An Oberkiefer, Schwanzbasis und Kloake der Männchen wurden Drüsen nachgewiesen, die der sexuellen Stimulation dienen.

Biotop: Die Art bewohnt kühle Quellen, Bäche und Höhlengewässer. Man findet die Molche unter Steinen und Laub, manchmal laufen sie auch am Bodengrund entlang. In sechs Populationen wurden Metamorphosen beobachtet. Wahrscheinlich führt das zeitweise Austrocknen der Lebensräume zu diesem Phänomen.

Haltung: In mittelgroßen Aquarien von etwa 100 Litern Wasservolumen gelingt die Haltung über längere Zeit. Das weiche Wasser sollte gut belüftet und damit sehr sauerstoffreich sowie mit Hilfe einer Pumpe stets fließend gehalten werden. Temperaturwerte von 10 bis 15 °C sind zu empfehlen. Als Futter sind kleine Regenwürmer, *Tubifex* sowie Enchytraeen geeignet. Aus den auf Steinen abgelegten Eiern schlüpfen 1,4 Zentimeter große Larven, die erst mit zwei Jahren geschlechtsreif werden. Durch Injektionen von Schilddrüsenhormon (Thyroxin) konnte eine vollständige Metamorphose erzielt werden.

Eurycea tridentifera (MITCHELL UND REDDELL, 1965)

Honey Creek-Höhlensalamander

Comal blind salamander

Verbreitung: West-Comal county, Nord-Bexar county, Süd-Kendall county, Zentral-Texas, USA

Merkmale: Die mittelgroße, 3,8 bis 8,5 Zentimeter lange Art besitzt einen relativ breiten, großen Kopf mit einer breiten, runden Schnauze. Die unter einer Stirnwölbung stehenden, von Haut überzogenen Augen sind klein und nicht funktionstüchtig. Die Kiemen erscheinen rosarot. Der Hautsaum am abgeflachten Schwanz reicht oben bis zur Rückenmitte und unten bis zur Schwanzmitte.

Zwischen den gespreizten Zehen der schlanken Extremitäten befinden sich zwei Hautfalten. Auf der cremegelben Grundfärbung stehen diffuse graue Flecken oder Linien. Nur an der oberen Körperseite ist jedoch eine Pigmentierung sichtbar. Sie endet abrupt in der Flankenmitte. Eine feine, dunkle Linie verläuft von den Augen zu den Nasenöffnungen. Die Oberseiten der Extremitäten weisen etwas Pigment auf. Die Bauchseite ist unpigmentiert und sehr transparent. Der Chromosomensatz beträgt 28.

Biotop: Die Art bewohnt Höhlengewässer am Südrand des Edward-Plateaus in folgenden Kalkstein-Höhlen: Honey Creek-Höhle, Elm Springs-Höhle, Cibolo Creek-Höhle, Kappelman Salamander-Höhle, Grossers Sinkhole-Höhle, Schlechtwetter Pit-Höhle, Calmbach-Höhle sowie wahrscheinlich weitere Höhlen der Cibolo Sinkhole-Ebene. In der Honey Creek-Höhle kommt die Art mit *Eurycea neotenes* vergesellschaftet vor. Einzelne Bastarde wurden nachgewiesen.

Haltung: Wie bei *Eurycea neotenes*. Die Tiere sollten allerdings stets in abgedunkelten Aquarien gehalten werden. Aus den 7 bis 18 Eiern von 3,5 Millimeter Durchmesser schlüpfen 1,3 Zentimeter große Larven mit sehr kurzen Schwänzen.

Flachstirn-Gelbsalamander *(Eurycea tynerensis)*

Eurycea tynerensis (MOORE UND HUGHES, 1939)

Flachstirn-Gelbsalamander

Oklahoma salamander

Verbreitung: Flüsse Grand (Neosho) und Illionis bis zum Springfield-Plateau-Einschnitt im Ozark-Plateau, Südwest-Missouri, Nordwest-Arkansas, Nordost-Oklahoma, USA

Merkmale: Die mittelgroße, 5,1 bis 8,1 Zentimeter lange Art besitzt einen schlanken Kopf mit einer breiten, runden Schnauze. Die relativ kleinen Kiemen sind in der Regel dunkel pigmentiert. Am schwach abgeflachten Schwanz ist ein sehr schmaler Hautsaum ausgebildet. Zwischen den gespreizten Zehen der Extremitäten befinden sich sieben bis elf Hautfalten.

Die Grundfärbung kann sehr unterschiedlich sein, ist jedoch meistens bräunlich-grau. Auf den Flanken stehen oft ein bis drei Reihen kleiner heller Punkte oder Streifen. Auf dem Rücken erscheint manchmal eine netzartige Zeichnung mit schwarzen und cremeweißen Feldern.

Manche Individuen sind uniform braun gefärbt. Stets erkennt man an der oberen Schwanzkante einen braunen Streifen. Die Bauchseite besitzt bis auf einzelne schwarze Pünktchen an Kinn und Unterkiefer kein Pigment.

Biotop: Die Art bewohnt Fließgewässer in 305 Metern Gebirgshöhe. Die Wassertemperatur beträgt im Mittel 24 °C. Man findet die

Tennesse-Höhlensalamander
(Gyrinophilus palleucus palleucus)

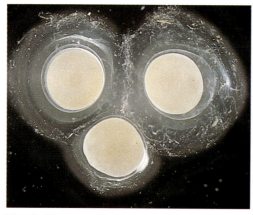

Eier des Tennessee-Höhlensalamanders
(Gyrinophilus palleucus palleucus)

Frisch geschlüpfte Larve des Tennessee-Höhlensalamanders *(Gyrinophilus palleucus palleucus)*

Tiere ausschließlich in Flußbereichen mit einem sauberen Kiesboden. Sie ernähren sich vorwiegend von Insektenlarven und Krebstieren.

Haltung: Wie bei *Eurycea neotenes.* Die Wassertemperaturen sollten jedoch höher liegen. Als Substrat eignet sich ausschließlich Kies. Die Fortpflanzung kann offenbar durch kühle Frischwassergaben, die den natürlichen Tauwasserzufluß im Frühjahr imitieren, aber auch hormonell ausgelöst werden. Aus cremeweißen Eiern bestehende Gelege werden an die Unterseite hohl liegender Steine geheftet. Aus ihnen schlüpfen 0,9 bis 1,3 Zentimeter große Larven. Mit einer Kopf-Rumpf-Länge von 2,6 Zentimetern sind die Tiere geschlechtsreif. In Laborversuchen konnte durch die Injektion von Schilddrüsenhormon (Thyroxin) eine vollständige Metamorphose induziert werden.

Gattung Gyrinophilus COPA, 1896
Höhlensalamander

Gyrinophilus palleucus (MC CRADY, 1954)
Tennessee-Höhlensalamander
Tennesee cave salamander

Gyrinophilus palleucus gulolineatus
(BRANDON, 1965)
Kehlstreifen-Höhlensalamander
Berry cave salamander
Verbreitung: Berry-Höhle, Roane county,
Tennessee, USA

Gyrinophilus palleucus palleucus
(MC CRADY, 1967)
Eigentlicher Tennessee-Höhlensalamander
Sinking cave salamander
Verbreitung: Süd-Cumberland-Plateau bis südliches Zentral-Tennessee, Nordost-Alabama, Tennessee-River-Valley der Roane und Mc Minn-counties, Nashville-Becken, Südost-Nashville, Tennessee, Rim-Hochland, Nordwest-Alabama, USA

Furchenmolchartiger Tennessee-Höhlensalamander
(Gyrinophilus palleucus necturoides)

Gyrinophilus palleucus necturoides
(LAZELL UND BRANDON, 1962)
Furchenmolchartiger Höhlensalamander
Big Mouth salamander
Verbreitung: Große Mund-Höhle bei Pelham,
Grundy county, Tennessee, USA
Merkmale: Die große, 10,2 bis 22,7 Zentimeter lange, stämmige Art besitzt einen spatelförmigen Kopf mit einer mäßig breiten, runden, vorn abgeflachten Schnauze. Der Augendurchmesser beträgt einen Millimeter. Die großen, buschigen Kiemen sind rot gefärbt. An den kleinen Extremitäten befinden sich fünf Zehen bzw. vier Finger. Am schwach abgeflachten Schwanz ist ein Hautsaum ausgebildet, der auf der Oberseite nur bis zur Schwanzhälfte reicht. Erwachsene Exemplare der Nominatform sind fleischfarbig und ungefleckt. Jungtiere besitzen eine nicht so intensive Pigmentierung wie sie bei den beiden anderen Subspecies vorkommt. *Gyrinophilus palleucus gulolineatus* fällt durch die starke Fleckung oder Streifung an der Kehle auf. *Gyrinophilus palleucus necturoides* besitzt bei einer unpigmentierten Kehle dunkle Flecken auf dem braunen bis purpurfarbenen Rücken.
Biotop: Die Art bewohnt kühle, nährstoffarme Höhlengewässer. Die Nahrung besteht aus Kleinkrebsen und Insekten.
Haltung: Wahrscheinlich wie bei *Eurycea neotenes*, jedoch in abgedunkelten Aquarien. In Laboratorien wurden die Tiere bei Temperaturen von etwa 12 °C in weichem Wasser gehalten (diese Bedingungen herrschen offenbar auch in den natürlichen Gewässern). Als Nahrung nahmen die Molche Enchytraeen, Regenwürmer, kleine Krabben und Larven anderer Amphibien an. Nach längerer Eingewöhnung verspeisten sie auch kleine Fleischstückchen. Eine Metamorphose kann durch Injektionen von Schilddrüsenhormon (Thyroxin) eingeleitet werden.

Gattung Haidetriton CARR, 1939
Blindsalamander

Haidetriton wallacei (CARR, 1939)
Gemeiner Blindsalamander
Georgia blind salamander
Verbreitung: Albany, Dougherty county, Decatur county, Georgia, Nord-Marianna, Jackson county, Florida, USA
Merkmale: Die relativ kleine, 5,1 bis 7,6 Zentimeter lange, schlanke Art besitzt einen breiten, nicht abgeflachten, rechteckigen Kopf ohne Augen. Die federartigen Kiemen sind tiefrot gefärbt. An den schlanken, relativ langen Extremitäten befinden sich fünf Zehen bzw. vier Finger.
Der rund endende Schwanz ist von einem Hautsaum umgeben, der auf der Oberseite breiter erscheint. Am Rücken des cremegelben Körpers stehen größere, dunkle Flecken, die sich auch zu den Flanken und zum Schwanz hin fortsetzen.
Biotop: Die Art lebt in Brunnen, Kalksenken und Höhlengewässern.
Haltung: Wie bei *Eurycea neotenes*, aber bevorzugt in abgedunkelten Aquarien. Im Labor wurde die Reaktion auf optische Reize überprüft und festgestellt, daß offenbar der Geruch von Nahrungsobjekten für die Orientierung eine wesentliche Rolle spielt. Regenwür-

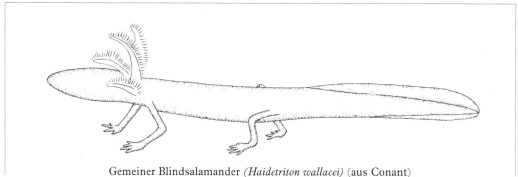

Gemeiner Blindsalamander *(Haidetriton wallacei)* (aus Conant)

mer und Enchytraeen sind als Futter geeignet. Ein Versuch, durch Injektionen von Schilddrüsenhormon (Thyroxin) die Metamorphose zu induzieren, ergab, daß bei dieser Art die Entwicklung zu Landtieren nicht möglich ist.

Gattung Typhlomolge STEJNEGER, 1896
Brunnenmolche

Typhlomolge rathbuni (STEJNEGER, 1897)
Rathbunscher Brunnenmolch
Texas blind salamander

Verbreitung: Hays, Kendak, Comal counties, Zentral-Texas, USA

Merkmale: Die mittelgroße, 9,2 bis 13,7 Zentimeter lange, sehr schlanke Art besitzt einen großen, spatelförmigen Kopf mit einer stumpfen, stark abgeflachten Schnauze. Die relativ kleinen, federartigen Kiemen sind blutrot gefärbt. Die langen, spindeldürren Extremitäten tragen fünf Zehen bzw. vier Finger. Der etwas abgeflachte Schwanz ist vollständig von einem transparenten oder gelblichen Hautsaum umgeben.

Am gesamten Körper findet sich kein Pigment. Er erscheint weiß bis fleischfarben. Nur die Augenrudimente kann man als kleine,

Rathbunscher Brunnenmolch *(Typhlomolge rathbuni)*

dunkle Punkte unter der Haut erkennen. Sehr selten sind sie vollständig ausgebildet. An der Kloake der Männchen wurden Drüsen nachgewiesen, die der sexuellen Stimulation dienen.

Biotop: Die Art bewohnt unterschiedliche Gewässer in Höhlen des Purgatory Creek-Systems. Ihr Lebensraum steht unter Naturschutz. Als Nahrung dienen ins Wasser gefallene Wirbellose, die auf Guanobergen aus Fledermauskot leben.

Haltung: Wie bei *Eurycea neotenes*, jedoch bevorzugt in abgedunkelten bzw. zeitweise mit sehr langwelligem Licht beleuchteten Aquarien. Wie auch für andere Höhlensalamander wurde im Cincinnati-Zoo (USA) ein Haltungssystem entwickelt, das über lange Zeit eine Exposition und sogar die Vermehrung der heiklen Tiere in Menschenobhut ermöglicht. Durch Injektionen von Schilddrüsenhormon (Thyroxin) erzielte man nur eine partielle Metamorphose.

Typhlomolge robusta (Longley, 1978)
Robuster Brunnenmolch
San Marcos blind salamander

Verbreitung: Blanco-Fluß, Hays county courthouse, San Marcos, Hays county, Texas, USA

Merkmale: Die etwa 10 Zentimeter große Art ist insgesamt sehr viel stämmiger gebaut als *Typhlomolge rathbuni*. Kopf, Rumpf und Schwanz sind doppelt so breit als bei dieser Art. Auch die Extremitäten wirken muskulöser und deutlich kürzer. Der Schwanz besitzt einen nur schwach ausgebildeten Hautsaum. Das Schwanzende ist abgerundet. Die relativ kleinen Kiemen erscheinen blutrot. Der Körper ist unpigmentiert.

Biotop: Der Lebensraum dieser Art entspricht im Prinzip dem von *Typhlomolge rathbuni*. Es handelt sich um sehr wenige unterirdische Gewässer in Kalkhöhlen. Diese Gewässer befinden sich jedoch tiefer unter der Erde als bei *Typhlomolge rathbuni*.

Haltung: Wahrscheinlich wie bei *Typhlomolge rathbuni*.

Ordnung Gymnophiona MÜLLER, 1831
Schleichenlurche

Familie Typhlonectidae TAYLOR, 1968
Schwimmwühlen

Bei dieser Familie handelt es sich um die einzigen aquatilen Schleichenlurche. Sie besitzen relativ große Nasenlöcher und sehr kleine Tentakeln. Die Zunge bildet große Geschmackszapfen aus.

Eier des Rathbunschen Brunnenmolches *(Typhlomolge rathbuni)*

Frisch geschlüpfte Larve des Rathbunschen Brunnenmolches *(Typhlomolge rathbuni)*

Verbreitung der aquatilen Schleichenlurche

Im Gegensatz zu anderen Familien dieser Amphibienordnung besitzen Schwimmwühlen keine inneren Hautschuppen. Die Bauchseite der Männchen ist in der Regel durch eine Saugfläche charakterisiert, die dem besseren Haften am Weibchen während der Copula dient. Schwimmwühlen besitzen keinen Schwanz.

Gattung Chthonerpeton PETERS, 1879

Diese Gattung ist durch kleine Nasenöffnungen gekennzeichnet, die länger als breit und nicht röhrenartig ausgebildet sind. Ihre Tentakelöffnung befindet sich zwischen Auge und Nasenloch. Sie steht in der Regel dem Mund am nächsten, nur selten aber dem Auge oder dem Nasenloch. *Chthonerpeton* besitzt nie einen Hautsaum an irgend einem Teil des Körpers.

Chthonerpeton braetstrupi (TAYLOR, 1968)
Verbreitung: Südost-Brasilien
Merkmale: Schlanke Art mit 35,8 Zentimetern Maximallänge (Länge 22,5 mal so groß wie Dicke). Rücken und Flanken sind grau bis grauolivfarben, der Bauch ist bis auf das graue Kinn gelblich gefärbt. Zwischen Tentakel und Auge steht ein weißer Fleck. Die Männchen besitzen paarige Analdrüsen.
Biotop und Haltung: Wahrscheinlich wie bei *Typhlonectes compressicauda*.

Chthonerpeton corrugatum
(TAYLOR, 1968)
Verbreitung: unbekannt
Merkmale: Art mit dickem Körper in 36,4 Zentimetern Maximallänge (Länge 23 bis 28 mal so groß wie Dicke). Das Auge ist hinter transparenter Haut gut sichtbar. Die runzelige Haut weist eine dunkelpurpurne bis lavendelbraune Färbung auf.
Biotop und Haltung: Wahrscheinlich wie bei *Typhlonectes compressicauda*.

Chthonerpeton erugatum (Taylor, 1968)
Verbreitung: unbekannt
Merkmale: Plumpe Art mit relativ kurzem
Körper von 32,2 Zentimetern Maximallänge.
Der Körper ist auf der Rückenseite stark abge-
flacht. Die Nasenlöcher sind verlängert und
haben ovale Form. Nur durch einen weißen
Punkt erkennt man die verborgenen Augen.
Ein olives Längsband verläuft über den Rük-
ken. Flanken und Bauchseite tragen gelbolive
Färbung, wobei die Hautfalten etwas dunkler
getönt sind.
Biotop und Haltung: Wahrscheinlich wie bei
Typhlonectes compressicauda.

Chthonerpeton exile (Nussbaum und
Wilkinson, 1987)
Verbreitung: Bahia, Brasilien
Merkmale: Die Art besitzt 127 Segmentringe
am 25 Zentimeter langen und 0,8 Zentimeter
dicken Körper. Die Tentakelhöhlen stehen
den Lippen näher als den Augen. Sie befinden
sich aber auch dichter bei den Augen als bei
den Nasenlöchern. Am Oberkiefer befinden
sich 41 bis 46, am Munddach 32 bis 42 sowie
am Unterkiefer 31 bis 40 Zähne. Der Körper
ist uniform schwärzlich gefärbt.
Biotop und Haltung: Wahrscheinlich wie bei
Typhlonectes compressicauda.

Chthonerpeton hellmichi (Taylor, 1968)
Verbreitung: Rio de La Plata, Provinz Buenos
Aires, Argentinien
Merkmale: Relativ große Art mit einem halb-
zylindrischen, nicht abgeflachten Körper und
einer Maximallänge von 41,8 Zentimetern
(Länge 23,2 mal so groß wie Dicke). Während
die Nasenlöcher verlängert sind, befinden
sich die Augen verborgen in Höhlen. Die Rük-
kenfärbung ist ultramarinblau, nur ein weißer
Fleck verbindet die Tentakelhöhlen mit den
Augen. An der Haftfläche des ansonsten
schwarz gefärbten Bauches befindet sich ein
weiterer heller Fleck.
Biotop und Haltung: Wahrscheinlich wie bei
Typhlonectes compressicauda.

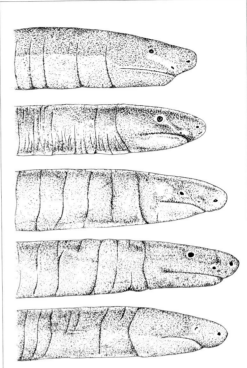

Kopfbereich einiger Schwimmwühlen (von
oben nach unten): *Chthonerpeton viviparum* (aus
Taylor), Unscheinbare Schwimmwühle *(Chthonerpeton indistinctum)*, *Chthonerpeton hellmichi*,
Chthonerpeton corrugatum, *Chthonerpeton braetstrupi*

Chthonerpeton indistinctum (Reinhardt
und Lutken, 1861)
Unscheinbare Schwimmwühle
Verbreitung: Ost- und Zentral-Argentinien
bis Süd-Brasilien und Uruguay
Merkmale: Die Männchen dieser Art besitzen
keine Haftflächen auf der Bauchseite. Ihre
Körperlänge ist 39 mal so groß wie die Dicke.
Der Rumpf besitzt 75 bis 79 Segmentringe.
Die relativ großen Augen lassen sich durch ih-
ren weißen Ring erkennen.
   Rücken und Flanken erscheinen aschgrau.
Der Bauch ist hellgrau bis cremeweiß. Der
Chromosomensatz beträgt 20. Ein ungewöhn-
lich aussehendes Exemplar dieser Art wurde
irrtümlich als *Nectocaecilia fasciata* beschrie-
ben.

Unscheinbare Schwimmwühle *(Chthonerpeton indistinctum)* beim Schwimmen im natürlichen Lebensraum

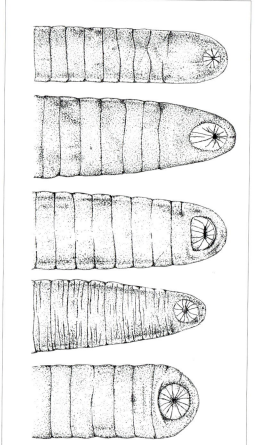

Schwanzunterseite mit Kloake einiger Schwimmwühlen (von oben nach unten): Unscheinbare Schwimmwühle *(Chthonerpeton indistinctum)*, *Chthonerpeton hellmichi*, *Chthonerpeton corrugatum*, *Chthonerpeton braetstrupi*, *Chthonerpeton viviparum* (aus Taylor)

Biotop: Die Art bewohnt stehende Gewässer in offener Landschaft mit teilweise steinigem, aber auch schlammigem Grund. Es handelt sich oft um flußbegleitende Weiher. Durch die Verbreitung der Wasserhyazinthe *(Eichhornia crassipes)* erweiterte sich der Lebensraum erheblich. Beim Austrocknen der Gewässer halten sich die Tiere auch relativ lange im feuchten Schlamm oder im Moos auf.

Haltung: Prinzipiell wie bei *Typhlonectes compressicauda*. Die Paarung findet von August bis September statt. Die kann durch vielseitige Ernährung stimuliert werden. Nach vier Monaten kommen sechs bis zehn Jungtiere zur Welt. Die Art wurde auch erfolgreich im Aquaterrarium gehalten. Außer den für aquatile Amphibien bekannten Futtertieren nimmt *Chthonerpeton indistinctum* auch Wachsmottenlarven *(Galerida melonella)* von der Wasseroberfläche auf und verschlingt sie unter schlenkernden Kopfbewegungen im Wasser.

Chthonerpeton onorei (NUSSBAUM, 1986)
Verbreitung: Nordwest-Ecuador
Merkmale: Schlanke Art mit 51,9 Zentimetern Gesamtlänge. Die Körperhaut weist 164 Segmentringe auf. Der kleine Kopf besitzt eine abgerundete Schnauze. Die Färbung des gesamten Körpers ist dunkelgrau, wobei die Kloakenpapillen cremeweiß erscheinen. Auch an Auge, Nasenlöchern und Tentakelhöhlen befinden sich weiße Hautbereiche.
Biotop und Haltung: Wahrscheinlich wie bei *Typhlonectes compressicauda*.

Chthonerpeton perissodus (NUSSBAUM UND WILKINSON, 1987)
Verbreitung: Rio Pauduro, Minas Gerais, Brasilien
Merkmale: Die Art besitzt 95 bis 101 Segmentringe am maximal 36,5 Zentimeter langen und 0,8 bis 1,1 Zentimeter dicken Körper. Die Tentakelhöhlen stehen den Nasenöffnungen näher als den Augen. Die Anzahl der Oberkieferzähne beträgt 41 bis 46. Der gesamte Körper ist uniform dunkelgrau gefärbt.

Biotop und Haltung: Wahrscheinlich wie bei *Typhlonectes compressicauda*.

Chthonerpeton viviparum (PARKER UND WETTSTEIN, 1929)
Verbreitung: Santa Catarina, Brasilien
Merkmale: Schlanke Art mit relativ enger Hautspalte und 42,6 Zentimeter Maximallänge. Der Körper weist 127 bis 174 Segmentringe auf. Die Männchen besitzen nur kleine Haftflächen an der Kloake. Der gesamte Körper ist außer eines gelben bis cremeweißen Punktes an den Tentakelhöhlen lavendelblau gefärbt.
Biotop und Haltung: Wahrscheinlich wie bei *Typhlonectes compressicauda*.

Gattung Nectocaecilia TAYLOR, 1968

Die Gattung besitzt große, dreieckige Nasenöffnungen mit deutlich sichtbaren Röhren. Die Tentakelöffnung befindet sich dicht am Hinterrand der Nasenöffnung. *Nectocaecilia* besitzt nie einen Hautsaum an irgend einem Teil des Körpers.

Nectocaecilia haydae (ROZE, 1963)
Verbreitung: Karibische Ebene, Venezuela
Merkmale: Die Art ist maximal 35,4 Zentimeter groß (Länge 23 mal so groß wie Dicke). Der keilförmige Kopf weist eine relativ lange Schnauze auf. Sie steht vier Millimeter vor der Maulspalte. Die Augen liegen verborgen in Höhlen. Außer der cremeweißen Kloakenfläche von acht Millimeter Durchmesser ist der Körper violett gefärbt. Der Artstatus ist unsicher.
Biotop und Haltung: Wahrscheinlich wie bei *Typhlonectes compressicauda*.

Nectocaecilia petersi (BOULENGER, 1882)
Verbreitung: Oberer Amazonas
Merkmale: Diese große Art wird maximal 62 Zentimeter lang (Länge 37 mal so groß wie Dicke). Die in Höhlen verborgenen Augen

sind durch einen milchigen Fleck erkennbar. Rücken und Flanken tragen eine olive Färbung. Die Bauchseite ist etwas aufgehellt.
Biotop und Haltung: Wahrscheinlich wie bei *Typhlonectes compressicauda*.

Gattung Potomotyphlus TAYLOR, 1968

Die Arten der Gattung sind durch schmalen Kopf und Nacken gekennzeichnet. Männchen besitzen bauchseitig ein Saug- und Greiforgan. Am hinteren Teil des Körpers ist ein Hautsaum entwickelt, der mehr oder weniger reduziert sein kann. Die sehr kleinen Tentakelöffnungen stehen dicht hinter den großen, dreieckigen Nasenlöchern.

Potomotyphlus kaupii (BERTHOLD, 1859)
Verbreitung: Amazonas und Orinoko-System
Merkmale: Die maximal 55,4 Zentimeter lange Art besitzt einen abgeflachten Körper. Der Rückenhautsaum beginnt wenige Zentimeter hinter dem Kopf. Die Augen sind gut

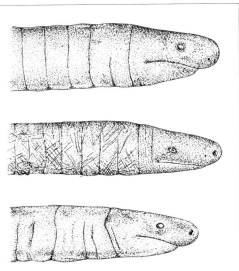

Kopfbereich einiger Schwimmwühlen (von oben nach unten): Aalartige Schwimmwühle *(Typhlonectes angiuillaformis)* (aus Taylor), *Potomotyphlus melanochrus*, *Nectocaecilia petersi*

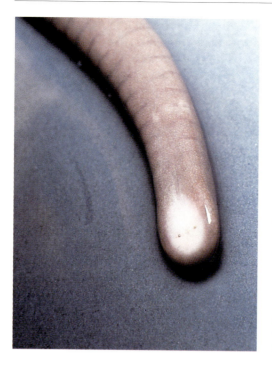

Biotop und Haltung: Wahrscheinlich wie bei *Typhlonectes compressicauda*.

Gattung Typhlonectes PETERS, 1879

Kopf und Nacken der in dieser Gattung zusammengefaßten Arten sind dick ausgebildet. Die Männchen weisen auf der Bauchseite nur eine Haftfläche, nicht aber Greiforgane auf. Am hinteren Teil des Körpers ist ein Hautsaum stets mehr oder weniger stark ausgebildet. Die kleinen Tentakelöffnungen befinden sich unmittelbar hinter den relativ großen, dreieckigen Nasenlöchern.

Hinteres Körperende der Plattschwanz-Schwimmwühle *(Typhlonectes compressicauda)* mit heller Kloakenregion

sichtbar. Bei den Männchen fällt außer der mehr oder weniger gut ausgebildeten Haftfläche nahe der Kloake eine Paarungsschnalle auf. Während der Rücken grauoliv gefärbt ist, erscheinen die Körperflanken gelboliv. Kopf und Nacken sind heller und die eingedellte Kloakenregion trägt eine cremeweiße Färbung.

Biotop und Haltung: Wahrscheinlich wie bei *Typhlonectes compressicauda*.

Potomotyphlus melanochrus
(TAYLOR, 1968)

Verbreitung: Brasilien

Merkmale: Kopf und Nacken dieser schlanken, maximal 48,4 Zentimeter langen Art sind schmal ausgebildet. Der Rückenhautsaum beginnt zwei Zentimeter hinter der Schwanzspitze. Am bis auf die Kopfregion stark abgeflachten, uniform schwarz gefärbten Körper ist die Ringsegmentierung nur schwach zu erkennen. Das unter der Haut liegende Auge kann man kaum sehen. Auffällig ist die sehr kleine Maulspalte.

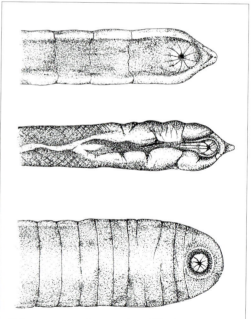

Schwanzunterseite mit Kloake einiger Schwimmwühlen (von oben nach unten): Aalartige Schwimmwühle *(Typhlonectes anguillaformis)* (aus Taylor), *Potomotyphlus melanochrus*, *Nectocaecilia petersi*

Typhlonectes anguillaformis
(TAYLOR, 1968)
Aalartige Schwimmwühle
Verbreitung: unbekannt
Merkmale: Die schlanke Art ist maximal
40,5 Zentimeter lang (Länge 30 bis 31 mal so
groß wie Dicke). Der Rückensaum reicht über
den Großteil des zylindrischen Körpers. Außer den sehr kleinen Augen fallen große Nasenlöcher von 0,75 Millimetern im Durchmesser auf. Die Grundfärbung ist grau; nur
um das Auge und an der Kloake befinden sich
cremeweiße Regionen.
Biotop und Haltung: Wahrscheinlich wie bei
Typhlonectes compressicauda.

Typhlonectes compressicauda
(DUMERIL UND BIBRON, 1841)
Plattschwanz-Schwimmwühle
Verbreitung: Guayana und Französisch Gua-
yana bis zum Amazonasbecken von Peru und
Brasilien
Merkmale: Die Art ist maximal 52,3 Zentime-
ter lang (Länge 20 bis 25 mal so lang wie

Die geselligen Plattschwanz-Schwimmwühlen
(Typhlonectes compressicauda) bilden oft Knäule
und lieben den direkten Körperkontakt mit
den Artgenossen

Dicke). Auf der hinteren Körperhälfte steht
ein abgeflachter Rückenkiel. Der kleine, breite
und hohe Kopf trägt Augen mit einem unpigmentierten Fleck und besitzt einen kurzen
Unterkiefer. Vier Zahnreihen sind ausgebildet.
Außer hellen Augenpunkten und einer Fläche
im Kloakenbereich ist die Körperfärbung
schwarz. Der Chromosomensatz beträgt 28.
Biotop: Mäßig schnell fließende Gewässer,
Nebenarme großer Ströme und Altarme größerer Flußsysteme werden bevorzugt. Die
Tiere bewohnen Höhlen im schlammigen
Ufer, die von der Wasserseite her gegraben
werden und bis zu 60 Zentimeter tief sein
können. Sie schwimmen aber auch frei im
Wasser oder halten sich in dichten Wasserpflanzenbeständen *(Cabomba furcata, Eichhornia crassipes)* auf. In der Regel sind sie mit
einer Vielzahl von Fischen, zum Beispiel mit

Copula bei der Plattschwanz-Schwimmwühle
(Typlonectes compressicauda) in einem Aquarium

„Geburt" eines Jungtieres der Plattschwanz-
Schwimmwühle *(Typhlonectes compressicauda)*;
die durchbluteten Lappenkiemen treten als
erstes aus

30 °C liegen. Durch die starken Wühlaktivitäten eignen sich nur festgeklebte Dekorationsgegenstände und freischwimmende Pflanzenarten für die Einrichtung des Aquariums. Die Tiere sind aber auch in karg eingerichteten Laborbecken haltbar, wenn ihnen nur Plastikröhren als Unterschlupf dienen.

Ein Laborstandard sieht 40 Individen pro 200-Liter-Becken vor. Die Haltung erfolgt dann bei 29° , einem pH-Wert von 5 und einem Salzgehalt von 25 Milligramm pro Liter Wasser. Als Nahrung eignen sich *Tubifex*, kleine Regenwürmer, Enchytraeen, aber auch kleine Fisch- und Herzfleischstückchen.

Gegenüber manchen Wasserfaktoren scheinen die Schwimmwühlen relativ empfindlich zu sein, zum Beispiel zuviel Eisen oder Kalk. Sie bekommen dann offenbar Häutungsschwierigkeiten und ihre Granular-Drüsen in der Haut färben sich weiß, so daß der Körper punktiert erscheint. Durch das Umsetzen in sehr weiches Wasser (möglicherweise mit einem Anteil von destilliertem Wasser bzw. Quellwasser) und mechanisches Abstreifen der sich lösenden, alten Haut gelingt es manchmal, die Tiere zu retten.

Trotz ihrer tropischen Herkunft unterliegen die Schwimmwühlen einem strengen, jahrezeitlich regulierten Fortpflanzungsmechanismus. Die Paarung ist durch Beimischen weichen Quellwassers stimulierbar. Bei den Männchen werden kurz vor der Copula Spermien mit einem Sekret vermischt, das bei der Übertragung durch das Begattungsorgan (Phallodeum) als Samenflüssigkeit dient. Die Weibchen sind mit 45, die Männchen mit 26,2 Zentimetern geschlechtsreif. Die Tragzeit beträgt 215 bis 225 Tage.

Bei der „Geburt" sind die Jungtiere bei einer Länge von 14,6 Zentimetern etwa 8,8 Gramm schwer. Die Aufzucht sollte getrennt von den Elterntieren erfolgen, damit den noch relativ kleinen Schwimmwühlen ausreichend Futter zukommt. Dabei müssen nach der ersten Darmentleerung, aber auch in der Folgezeit stets mindestens 50% des Aquarienwassers

diversen Buntbarschen (Cichlidae) und Lebendgebärenden Zahnkarpfen (Poecilidae) vergesellschaftet. Folgende Wasserwerte wurden in einem Lebensraum ermittelt: Temperatur 27 °C, ph 6,5, Gesamt- und Karbonathärte 1 °dH.
Haltung: Die Art wird relativ häufig in Aquarien gemeinsam mit Zierfischen gehalten. Die Wassertemperatur sollte zwischen 24 und

gewechselt werden. Die Jungtiere ernähren sich von *Daphnia, Tubifex,* Enchytraeen und kleinen Fisch- oder Herzfleischstücken.

In großen Behältern lassen sich auch viele Individuen gemeinsam halten. Das hat den Vorteil, daß sich miteinander harmonisierende Partner zu Paaren zusammenfinden und eine größere Chance für die erfolgreiche Zucht der Schwimmwühlen besteht.

Mittlerweile werden diese Tiere schon in mehreren Generationen gezüchtet und sind deshalb gut an die Aquarienbedingungen adaptiert. Doch auch Wildfänge lassen sie relativ schnell eingewöhnen. Als Erstfutter eignen sich dann zunächst lebende Bachflohkrebse *(Gammarus)* oder andere Kleinkrebse, aber auch wasserlebende Insekten.

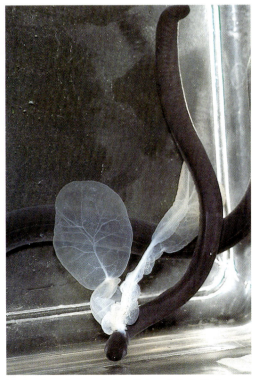

Einige Stunden nach der „Geburt" sind die Lappenkiemen der Plattschwanz-Schwimmwühlen-Jungtiere *(Typhlonectes compressicauda)* nicht mehr durchblutet; wenig später fallen sie ab

Typhlonectes eiselti (TAYLOR, 1968)
Eiselts Schwimmwühle
Verbreitung: Südamerika
Merkmale: Die Art besitzt einen stark abgeflachten Körper von maximal 72,5 Zentimetern Länge (Länge 36 mal so groß wie Dicke). Der Körper ist schieferfarben mit aufgehellten Bereichen an Augen und Kloake.
Biotop und Haltung: Wahrscheinlich wie bei *Typhlonectes compressicauda.*

Typhlonectes ladigesi (TAYLOR, 1968)
Ladiges' Schwimmwühle
Verbreitung: Tocantin-Flußebene und Utinga, Belém, Brasilien
Merkmale: Relativ stark abgeflachte Art mit einer Maximallänge von 41,6 Millimetern. Auf der sehr glatten Haut sind die Augen gut sichtbar. Durch weiße Punkte auf dem ansonsten lilafarbenen Körper lassen sich die Hautdrüsen gut erkennen. Kloakenregion und Augenflächen sind weißgrau gefärbt.
Biotop und Haltung: Wahrscheinlich wie bei *Typhlonectes compressicauda.*

Typhlonectes natans (FISCHER, 1879)
Breitkopf-Schwimmwühle
Verbreitung: Magdalena- und Cauca-Flußsysteme, Kolumbien
Merkmale: Die maximal 50,8 Zentimeter lange Art besitzt einen abgeflachten Kopf mit spitzer Schnauze und gut sichtbaren Augen. Die Zähne stehen in vier Reihen. Auffällig ist bei den Männchen die stark ausgehöhlte Kloakenregion mit den Analdrüsen. Auf der am Rücken dunkeloliven und an den Flanken sowie am Bauch hellbraunoliven, runzeligen Haut stehen einige gelblich-braune Punkte. Kopf- und Kehlregion sind bräunlich, der Kloakenbereich ist cremeweiß gefärbt. Ein ungewöhnlich ausgebildetes Exemplar dieser Art wurde fälschlicherweise als *Nectocaecilia cooperi* beschrieben.
Biotop: Die Lebensräume gleichen *Typhlonectes compressicauda,* doch werden auch Weiher und andere stehende Gewässer besiedelt.

Haltung: Die Art wird wie *Typhlonectes compressicauda* gehalten und vermehrt sich auch ebenso. Obwohl sie in Europa seltener in den Aquarien zu finden ist, hält und vermehrt man sie in den USA sogar als Labortier. Die optimale Haltungstemperatur liegt bei 25 bis 27 °C.

Typhlonectes obesus (Taylor, 1968)
Gedrungene Schwimmwühle
Verbreitung: Maués, Rio Ipixuna, Tapauá, Belém, Pará, Brasilien
Merkmale: Die maximal 42 Zentimeter lange Art (Länge 14,8 mal so groß wie Dicke) besitzt einen zylindrischen, dicken Körper, der auch am hinteren Ende nicht abgeflacht ist. Drei Zentimeter hinter der Schnauzenspitze beginnt der niedrige Rückenhautsaum. Tiefe Querfurchen markieren 88 Körperringe. Auffällig ist der relativ kleine Kopf.
Biotop und Haltung: Wahrscheinlich wie bei *Typhlonectes compressicauda.*

Typhlonectes venezuelensis (Fuhrmann, 1914)
Venezuela-Schwimmwühle
Verbreitung: Nord-Venezuela
Merkmale: Die mittelgroße Art wird maximal 44 Zentimeter lang. Ihre Schnauzenspitze steht 3,5 Millimeter vor der Maulspalte. Der Kopf ist noch flacher als bei *Typhlonectes natans.* Während der Rücken eine grau-olive Färbung aufweist, ist die Bauchseite etwas heller gefärbt. Die Kloakenregion erscheint cremeweiß und das Auge wird von einem weißen Ring eingefaßt.
Biotop und Haltung: Wahrscheinlich wie bei *Typhlonectes compressicauda.*

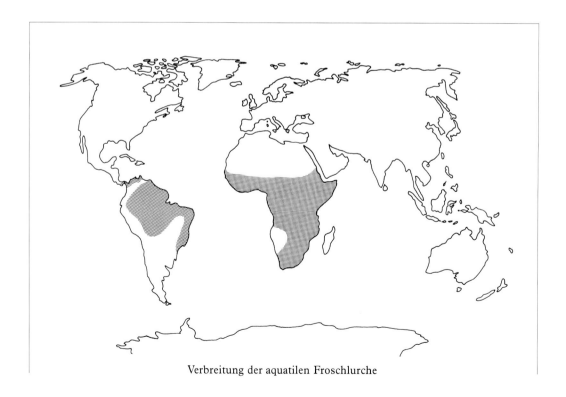

Verbreitung der aquatilen Froschlurche

Ordnung Anura RAFINESQUE, 1815
Froschlurche

Familie Pipidae GRAY, 1825
Zungenlose

Unterfamilie Pipinae GRAY, 1825
Wabenkrötenähnliche

Gattung Hymenochirus
BOULENGER, 1896
Zwergkrallenfrösche

Hymenochirus boettgeri (TORNIER, 1896)
Boettgers Zwergkrallenfrosch
Boettgers' dwarf clawed frog

Hymenochirus boettgeri boettgeri
(TORNIER, 1896)
Boettgers Zwergkrallenfrosch
Verbreitung: Nigeria, Zaire-Becken bis Ost-
Zaire, West- und Süd-Kamerun

Hymenochirus boettgeri camerunensis
(PERRET UND MERTENS, 1957)
Kamerun-Zwergkrallenfrosch
Verbreitung: Kamerun bei Foulassi, Ebelowa
und Bouguma
Merkmale: Die Haut des gesamten Körpers
ist von kleinen, mehr oder weniger spitzen,
verhornten Höckerwarzen übersät. Am spitz
zulaufenden Kopf stehen kleine Augen, deren
Lider unbeweglich sind. Die Seitenorgane befinden sich in Hautgruben und lassen sich äußerlich nicht erkennen. Besonders fallen die
langen Beine der schlanken Art auf. Die Kopf-
Rumpf-Länge ist $2^{1}/_{5}$ bis $2^{1}/_{2}$ mal größer als die
Schienbeinlänge. An den Körperflanken sind
die Höckerwarzen vergrößert und stehen
dichter.
   Die Nominatform ist durch eine warzigere
Haut und schmalere Vorderextremitäten gekennzeichnet. Die Kopf-Rumpf-Länge der
Männchen beträgt 3,2 bis 3,5, die der Weibchen 3,5 bis 4 Zentimeter. Die Spannhäute
von *Hymenochirus boettgeri camerunensis* sind
weniger pigmentiert als bei der Nominatform.

Boettgers Zwergkrallenfrosch *(Hymenochirus boettgeri)*

Die Spannhäute der Hinterextremitäten weisen stärkere Einkerbungen auf. In der Kopf-
Rumpf-Länge erreichen Männchen 2,8 bis
3,1, Weibchen 3 bis 3,5 Zentimter.
   Der Paarungsruf der Art ähnelt einem lei-
sen Klicken. Der Chromosomensatz beträgt
24. Die Larven besitzen ein Röhrenmaul und
mit zunehmendem Alter stärkere Pigmentierung. Während sich frisch geschlüpfte Larven
an der Wasseroberfläche aufhalten, schwimmen ältere im Mittelwasser. Ihr Schwanz endet relativ spitz.
Biotop: Die Art besiedelt in der Regel beschat-
tete Urwaldtümpel und Weiher mit sehr starkem Pflanzenbewuchs. Das weiche Wasser ist
neutral bis leicht sauer. Die Temperatur liegt
zwischen 24 und 30 °C. Als Nahrung dienen
offenbar Kleinkrebse und Wasserinsekten.
Haltung: Bereits kleine Aquarien mit einem
Wasservolumen von 50 Litern sind für die
Haltung geeignet. Die Temperatur sollte zwischen 23 und 30 °C liegen. Durchlüftung und
Wasserfilterung sind empfehlenswert, jedoch
nicht unbedingt erforderlich. Als Einrichtung
eignen sich dichte, feinfiedrige Wasserpflanzen und ein weicher, sandiger Bodengrund.
   Zwergkrallenfrösche werden regelmäßig
mit Zierfischen vergesellschaftet. Sie vertra-

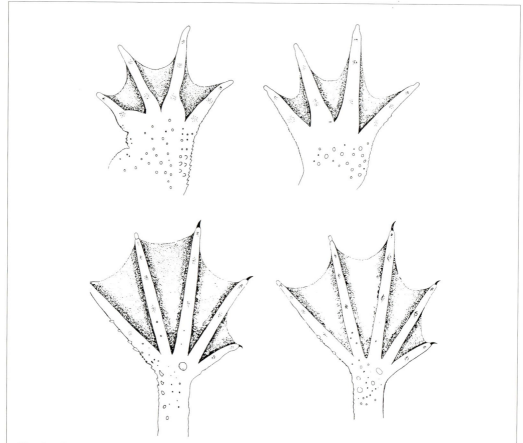

Hände (oben) und Füße (unten) des Kamerun-Zwergkrallenfrosches *(Hymenochirus boettgeri camerunensis)* links und von Boettgers Zwergkrallenfrosch *(Hymenochirus boettgeri boettgeri)* rechts (aus Perret)

gen diese Haltungsform gut, pflanzen sich aber in der Regel nur dann fort, wenn sie ungestört sind. Als Nahrung eignen sich Kleinkrebse (*Daphnia, Cyclops,* Ostracoden), *Tubifex,* kleine Regenwurmstücke und Enchytraeen.

Die Paarung wird durch Frischwassergaben stimuliert und kündigt sich durch das leise Rufen der Männchen an. Während des Paarungstanzes legt das Weibchen seine Eier stets an der Wasseroberfläche ab, wo sie verbleiben müssen, um sich weiterzuentwickeln.

Moment der Eiablage beim Paarungstanz von Boettgers Zwergkrallenfrosch *(Hymenochirus boettgeri)*

Pro „Purzelbaum" werden fünf bis zehn Eier abgegeben und sofort befruchtet. Am Ende des Laichens befinden sich maximal 200 etwa 1,5 Millimeter große Eier an der Wasseroberfläche des Aquariums.

Bei einer Temperatur von 25 °C schlüpfen die Larven am zweiten Tag nach der Eiablage. Nach elf Tagen werden von den acht Millimeter langen Larven die Hinterextremitäten sichtbar. Bei einer Größe von 1,5 Zentimetern erscheinen am zwanzigsten Tag die Vorderextremitäten.

Die Metamorphose ist nach 35 bis 37 Tagen abgeschlossen. Nach der Schwanzresorption sind die Jungtiere einen Zentimeter lang. Als Nahrung benötigen die filtrierenden, anfangs sehr kleinen Kaulquappen tierisches Plankton. Zu diesem Zweck legt man einen Heuaufguß an, in dem sich Infusorien entwickeln, die ihnen als erste Nahrung dienen. Später lassen sich die Kaulquappen mit Naupliuslarven der im Zoofachhandel erhältlichen *Artemia*-Krebschen oder mit gefangenen *Cyclops*-Naupliuslarven füttern. Als Beifutter werden auch in kleinen Mengen Eiweißstaubfutter oder gelöste Futtertabletten für Zierfischbrut angenommen. Die frisch metamorphosierten Jungfrösche fressen *Artemia*, *Cyclops* und *Daphnia*.

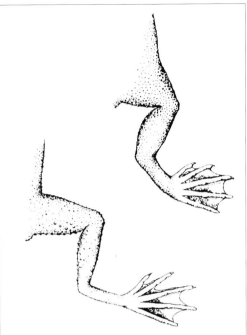

Hinterextremitäten von Boettgers Zwergkrallenfrosch *(Hymenochirus boettgeri)* links und des Gedrungenen Zwergkrallenfrosches *(Hymenochirus curtipes)* rechts (aus Noble)

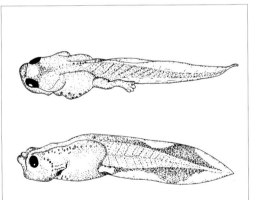

Larven von Boettgers Zwergkrallenfrosch *(Hymenochirus boettgeri)* oben und des Gedrungenen Zwergkrallenfrosches *(Hymenochirus curtipes)* unten (aus Sokol)

Hymenochirus boulengeri (WITTE, 1930)
Boulengers Zwergkrallenfrosch
Boulengers' dwarf clawed frog
Verbreitung: Uélé, Nordost-Zaire
Merkmale: Die Art unterscheidet sich von *Hymenochirus boettgeri* durch das Fehlen vergrößerter Höckerwarzen an den Körperflanken und kürzere Hinterextremitäten. Die Kopf-Rumpf-Länge ist $2^{1}/_{2}$ bis $2^{3}/_{4}$ mal größer als die Schienbeinlänge. Die Kopf-Rumpf-Länge beträgt 27 Millimeter.
Biotop und Haltung: Wahrscheinlich wie bei *Hymenochirus boettgeri.*

Hymenochirus curtipes (NOBLE, 1924)
Gedrungener Zwergkrallenfrosch
Dwarf African clawed frog
Verbreitung: Unteres Kongo-Becken, Zaire
Merkmale: Die gedrungene Art unterscheidet sich von *Hymenochirus boettgeri* durch das Feh-

Gedrungener Zwergkrallenfrosch *(Hymenochirus curtipes)*

Gabun-Zwergkrallenfrosch *(Hymenochirus feae)* (aus Boulenger)

len vergrößter Höckerwarzen an den Körperflanken und wesentlich kürzere Extremitäten. Die Kopf-Rumpf-Länge ist $2\frac{3}{4}$ bis 3 mal größer als die Schienbeinlänge. Die Kopf-Rumpf-Länge beträgt 2,4 bis 2,8 Zentimeter. Die Larven besitzen einen Röhrenmund und sind bis zur Metamorphose nur schwach pigmentiert. Sie halten sich stets an der Wasseroberfläche auf. Ihr Schwanz endet relativ stumpf.

Biotop und Haltung: Wie bei *Hymenochirus boettgeri*. Auch diese Art wird häufig in Zierfischzüchtereien vermehrt und mit Zierfischen vergesellschaftet.

Hymenochirus feae (BOULENGER, 1906)
Gabun-Zwergkrallenfrosch
Gaboon dwarf clawed frog
Verbreitung: Congo-Brazzaville, Gabun
Merkmale: Die Art unterscheidet sich von *Hymenochirus boettgeri* durch das Fehlen vergrößerter Höckerwarzen an den Körperflanken und die im Gegensatz zu dieser Art nicht eingekerbten Spannhäute an den Extremitäten. Die Kopf-Rumpf-Länge der Männchen beträgt maximal 4,2, die der Weibchen 4,6 Zentimeter.

Biotop und Haltung: Wahrscheinlich wie bei *Hymenochirus boettgeri*.

Gattung Pseudhymenochirus
CHABANAUD, 1920
Scheinbare Zwergkrallenfrösche

Pseudhymenochirus merlini (CHABANAUD, 1920)
Scheinbarer Zwergkrallenfrosch
Guinea dwarf clawed frog
Verbreitung: Giunea-Bissau, Guinea, Sierra-Leone
Merkmale: Die Haut des gesamten Körpers ist mit regelmäßigen, kleinen, nicht sehr dicht stehenden Höckerwarzen übersät. Am spitz zulaufenden Kopf stehen kleine Augen, deren unteres Augenlid beweglich ist. Seitenorgane sind deutlich erkennbar. Die Endglieder des ersten und zweiten Fingers fallen durch ihre besonders Größe auf. Die Kopf-Rumpf-Länge beträgt 4,2 Zentimeter. *Pseudhymenochirus*-Larven sind schlank, in der Rückenansicht dreieckig, relativ stark pigmentiert und besitzen ein Röhrenmaul.
Biotop: In Küstenregenwäldern besiedelt die Art ähnliche Biotope wie *Hymenochirus boettgeri*.
Haltung: Wie bei *Hymenochirus boettgeri*. Die Larven ernähren sich jedoch räuberischer und greifen aktiv kleine Insektenlarven und Ostracoden an. Bei einer Länge von 1,9 Zentimetern werden die Hinterextremitäten ausgebildet. Sie erreichen ihre maximale Länge von 2,2 Zentimetern beim Erscheinen der Vorderextremitäten.

Gattung Pipa LAURENTI, 1768
Wabenkröten

Pipa arrabali (IZECKSOHN, 1976)
Gelbe Wabenkröte
Yellow pipa
Verbreitung: Nördliches Südamerika und Panama
Merkmale: Diese mittelgroße Wabenkröte besitzt gut ausgebildete Zähne am Ober- und

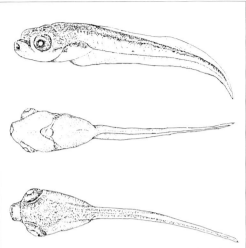

Larve des Scheinbaren Zwergkrallenfrosches *(Pseudhymenochirus merlini)* in unterschiedlichen Ansichten (aus Lamotte)

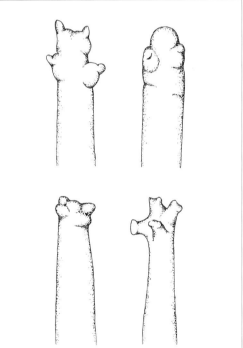

Fingerspitzen bei einigen Wabenkröten (von links oben nach rechts unten): Kleine Wabenkröte *(Pipa parva)*, Myers Wabenkröte *(Pipa myersi)*, Gelbe Wabenkröte *(Pipa arrabali)*, Große Wabenkröte *(Pipa pipa)* (aus Trueb & Cannatella)

Fuß der Gelben Wabenkröte *(Pipa arrabali)*

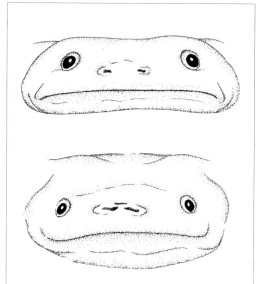

Vorderansicht des Kopfes der Gelben Waben-
kröte *(Pipa arrabali)* oben und der Venezuela-
Wabenkröte *(Pipa aspera)* unten (aus Trueb &
Cannatella)

Zwischenkiefer. Der Kopf ist länger als breit.
Die Fingerspitzen sind symmetrisch viergeteilt. An den Hinterextremitäten ist ein innerer Mittelfußhöcker (Metatarsaltuberkel) vorhanden. Die Spitzen der ersten bis dritten Zehen sind verhornt.

In der Nähe des Kiefergelenks weist die
Oberlippe eine kleine Hautfalte auf. Bei dieser
Art fallen relativ lange Beine, eine zugespitzte
Schnauze sowie kleine, spitze Hautwarzen
auf. Der mattbraune bis ockergelbe Rücken
und der orangebraune Bauch sind dunkelbraun punktiert. Die Iris der Augen ist
schwarz. Frisch abgelegte Eier tragen eine cremeweiße Färbung.

Biotop: Die Art bewohnt vom Regen gespei-
ste, bis zu einem Meter tiefe Tümpel im tropischen Regenwald. Die sandige Bodenschicht
der nur wenige Quadratmeter großen Gewässer ist von Laub bedeckt. Die meisten Tümpel
führen in der Regel nur während der Regen-
zeit von Dezember bis Juni trübes Wasser von
25,6 °C, in einigen steht aber fast das gesamte
Jahr über ein Wasserrest.

Die Art lebt mit verschiedenen Kaulquappen *(Phyllomedusa, Leptodactylus)* vergesellschaftet. Sie ernährt sich von diesen, aber
wahrscheinlich auch von Aas. Eine perma-

Gelbe Wabenkröte *(Pipa arrabali)*

nente Migration von einem Tümpel zum nächsten konnte beobachtet werden.

Haltung: Wie bei anderen *Pipa*-Arten sollten die Aquarien mit vielen Wasserpflanzen und Versteckplätzen versehen sein. Bei einer Temperatur von etwa 25 °C lassen sich diese Wabenkröten gut halten. Es empfiehlt sich, dem Aquarienwasser weiches Regenwasser beizumengen. Wenn auch noch keine komplette Zucht gelungen ist, so liegen doch Erfahrungen über eine mehrjährige Haltung vor.

Nach Freilanduntersuchungen beträgt die Eianzahl zwischen 6 und 16. Der Eidurchmesser wurde mit 3 bis 3,2 Millimetern bestimmt. Die wenigen Eier haften am hinteren Teil des Rückens. Mit 10 bis 19 Millimetern Länge verlassen die vollständig entwickelten Jungtiere ihre Brutkammern.

Amplexus bei der Mittleren Wabenkröte *(Pipa carvalhoi)*

Pipa aspera (MÜLLER, 1924)

Venezuela-Wabenkröte

Venezuellan pipa

Verbreitung: Südost-Venezuela, Guayana, Surinam, Amazonas und Pará, Brasilien

Merkmale: Diese mittelgroße Wabenkröte besitzt Zähne an Ober- und Zwischenkiefer, die in ihrer Anzahl und Form reduziert sind. Der Kopf ist länger als breit. Die Fingerspitzen sind symmetrisch viergeteilt. An den Hinterextremitäten ist ein innerer Mittelfußhöcker (Metatarsaltuberkel) vorhanden. Die Spitzen der ersten bis dritten Zehen sind verhornt. In der Nähe des Kiefergelenks weist die Oberlippe eine Hautfalte auf.

Bei dieser Art fallen relativ lange Beine, eine stumpfe Schnauze und die unregelmäßige Körperbewarzung auf. Rumpf und Extremitäten sind rückenseitig rotbraun gefärbt. Über Rücken- und Bauchseite zieht sich eine dunkelbraune Fleckung. Nur die Kehlregion ist einheitlich dunkelbraun. Die einen Millimeter große Eier tragen eine cremeweiße Färbung.

Biotop und Haltung: Über Lebensraum, Haltungsbedingungn und Entwicklung dieser Art liegen kaum Daten vor. Wahrscheinlich kann diese Wabenkröte wie *Pipa carvalhoi* gepflegt werden. Bei Abbildungen schematischer Schnitte durch die Brutwaben von *Pipa aspera* handelt es sich wahrscheinlich um eine Verwechslung mit *Pipa pipa*.

Pipa carvalhoi (MIRANDA-RIBEIRO, 1937)

Mittlere Wabenkröte

Lesser pipa

Verbreitung: Pernambuco, Ceará, Espirito Santo, Bahia, Minas Gerais, Paraiba, Brasilien

Merkmale: Diese mittelgroße Wabenkröte besitzt gut entwickelte, „hauerartige" Zähne an Ober- und Zwischenkiefer. Der Kopf ist länger als breit. Die Fingerspitzen sind symmetrisch viergeteilt. An den Hinterextremitäten ist ein innerer Mittelfußhöcker (Metatarsaltuberkel) schwach entwickelt. Die Spitzen der ersten bis dritten Zehen sind verhornt. In der Nähe der Kiefergelenke weist die Oberlippe eine Hautfalte auf. Bei dieser Art fallen der langgestreckte Körper, mittellange Beine und eine spitze, jedoch auch etwas abgerundete Schnauze auf. Der dunkelgraubraune Rücken trägt gelegentlich eine dunkle Marmorierung. Die graue Bauchseite ist oft dunkel gespren-

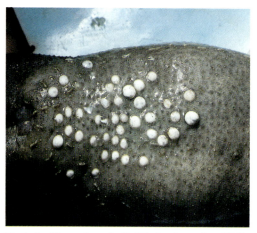

Eier beim Einwachsen in die Rückenhaut eines Weibchens der Mittleren Wabenkröte *(Pipa carvalhoi)*

Larve der Mittleren Wabenkröte *(Pipa carvalhoi)*

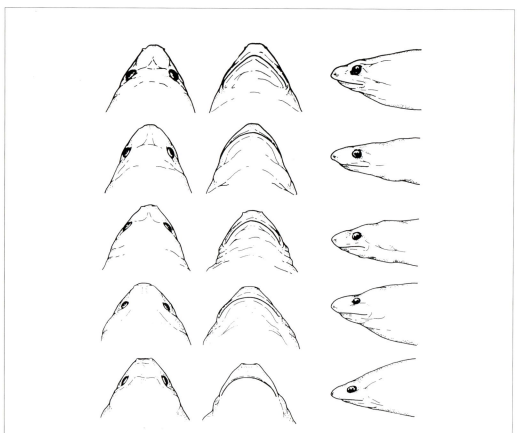

Kopfansichten der kleineren Wabenkrötenarten (von oben nach unten): Mittlere Wabenkröte *(Pipa carvalhoi)*, Myers Wabenkröte *(Pipa myersi)*, Kleine Wabenkröte *(Pipa parva)*, Venezuela-Wabenkröte *(Pipa aspera)* (aus Trueb & Cannatella)

kelt. Die 2,4 bis 2,6 Millimeter großen Eier tragen eine cremeweiße Färbung.

Biotop: Flache Uferbereiche von Flüssen und Gräben mit dicht bewachsenem Grund in 500 Metern Gebirgshöhe. Die tagaktiven Tiere halten sich oft im Schwimmpflanzenteppich auf, wo sie Insekten, Mollusken, Kaulquappen, Fischen und Würmern auflauern. Wenn sich die Gewässerteile ohne Beschattung in der relativ trockenen Landschaft tagsüber stark aufheizen, beträgt die Wassertemperatur 33 °C. Während der Trockenzeit halten sich die Tiere in Wasserlöchern mit teilweise relativ hohem Salzgehalt auf. Die Art wurde auch außerhalb der Gewässer beobachtet.

Haltung: Pflege und Zucht dieser Art sind in kleineren Aquarien von 60 Litern Wasservolumen möglich. Die genügsamen Tiere benötigen kaum Einrichtungsgegenstände und eignen sich gut für eine Laborhaltung. Trotzdem empfiehlt es sich, Versteckplätze und Pflanzen einzubringen. Die Haltungstemperaturen können zwischen 25 und 35 °C liegen. Es zeigte sich, daß diese Wabenkröten bereits bei 23 °C zur Fortpflanzung kommen, wobei dann allerdings eine größere Sterberate bei den Embryonen zu verzeichnen war. Als Nahrung dienen Regenwürmer, *Tubifex*, *Daphnia*, Mückenlarven, kleine Fische, Fisch- und Herzfleisch.

Paarungen finden in unregelmäßigen Abständen im gesamten Jahresverlauf statt. Sie werden durch tickende Rufe der Männchen eingeleitet. Zwei Tage nach der Eiablage schlüpfen die Larven in den bereits gut entwickelten Brutkammern der Rückenhaut. Dort entwickeln sie sich je nach Temperatur 13 bis 29 Tage lang, bevor sie diese verlassen.

Der „Schlupf" der Larven dauert mitunter bis zu vier Tagen. Sie sind beim „Schlupf" 1,1 bis 1,2 Zentimeter lang und wachsen innerhalb von 60 bis 80 Tagen auf eine Größe von 5 bis 6 Zentimetern heran. Als Nahrung dienen in dieser Zeit verschiedene planktonische Algen und Bäckerhefe *(Saccharomyces cerevisiae)*.

Jungtier der Mittleren Wabenkröte *(Pipa carvalhoi)* mit einem Schwanzrest, kurz vor dem Abschluß der Metamorphose

Nachdem die Larven ihre maximale Größe erreicht haben, findet die Metamorphose statt. Danach fressen die Jungtiere *Tubifex* und *Daphnia*. Bereits im fünften bis siebenten Monat nach der Metamorphose tritt die Geschlechtsreife ein.

Pipa myersi (TRUEB, 1984)
Myers Wabenkröte
Myers' pipa
Verbreitung: Rio Chucunaque-Ebene der Provinz Darién, Panama, Rio Zulia, Norte de Santander, Kolumbien
Merkmale: Diese mittelgroße Wabenkröte besitzt keine Zähne an Ober- und Zwischenkiefer. Der Kopf ist länger als breit. Die Fingerspitzen sind bei erwachsenen Exemplaren dreigeteilt. An den Hinterextremitäten fehlt ein innerer Mittelfußhöcker (Metatarsaltuberkel). Die Spitzen der ersten bis dritten Zehen sind verhornt. In der Nähe des Kiefergelenks weist die Oberlippe eine kleine Hautfalte auf. Bei dieser Art fallen mittellange Beine und die abgerundete Schnauze auf. Am graubraunen Rücken stehen dunkle Flecken. Der grau gefärbte Bauch trägt ockerfarbene Flecken und eine feine, dunkelbraune Zeichnung, die in der Kehlregion besonders stark

hervortritt. Die Iris des Auges ist bronzefarben. Die 1,7 Millimeter großen Eier tragen eine cremeweiße Färbung.

Biotop und Haltung: Über Lebensraum und Haltungsbedingungen dieser Art liegen kaum Daten vor. Die freischwimmenden Larven gleichen nahezu denen von *Pipa carvalhoi*. Wahrscheinlich kann diese Wabenkröte ähnlich wie *Pipa carvalhoi* gepflegt werden.

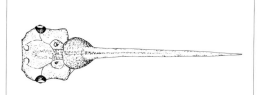

Larve der Kleinen Wabenkröte *(Pipa parva)* (aus Gines)

Pipa parva (RUTHVEN UND GAIGE, 1923)
Kleine Wabenkröte
Dwarf pipa
Verbreitung: Nordost-Kolumbien, Nordwest-Venezuela
Merkmale: Diese kleine Wabenkröte besitzt keine Zähne an Ober- und Zwischenkiefer. Der Kopf ist länger als breit. Die Fingerspitzen sind asymmetrisch viergeteilt. An den Hinterextremitäten fehlt ein innerer Mittelfußhöcker (Metatarsaltuberkel). Die Spitzen der ersten bis dritten Zehen sind verhornt. In der Nähe des Kiefergelenks weist die Oberlippe eine kleine Hautfalte auf. Bei dieser Art fallen relativ lange Beine, eine abgerundete Schnauze und spitze, durch kleine „Kränze" umgebene Warzen auf. Die Rückenfärbung erscheint schwarzgrau mit noch dunkleren Punkten. Der grauweiße Bauch weist eine dunkle Punktierung auf, die an Flanken und Kehle besonders stark hervortritt. Die zwei Millimeter großen Eier tragen eine cremeweiße Färbung. Der Chromosomensatz beträgt 30.
Biotop: Die Art bewohnt permanente, stehende Gewässer von etwa 1,5 Metern Tiefe, die sich im Flachland befinden. Sie sind meist beschattet, liegen aber in einer relativ trockenen Landschaft. Die Weiher sind in der Regel von vielen Wasserpflanzen, insbesondere Schwimmpflanzen bewachsen, zwischen denen sich die Tiere aufhalten. Die Art wurde auch außerhalb der Gewässer beobachtet und bewohnt gelegentlich flache Tümpel.
Haltung: Obwohl sie mehrfach zur Beobachtung der Fortpflanzungsbiologie in verschie-

denen Institutionen gepflegt wurde, liegen über die Haltung dieser Art nur wenige Hinweise vor. Die Tiere begnügen sich mit relativ kleinen Aquarien von 50 bis 60 Litern Wasservolumen. Ihre Fortpflanzungsbiologie entspricht der von *Pipa carvalhoi*. In der Regel paaren sich Kleine Wabenkröten drei- bis viermal im Jahr. Dabei kommen etwa 12 Eier zur Entwicklung, die am mittleren und hinteren Teil des Rückens haften. Die Larven fallen durch ihre sehr flache, stumpfe Schnauze auf. Sie benötigen zwei Monate bis zur Metamorphose.

Rasterelektronenmikroskopische Aufnahme einer Fingerspitze der Großen Wabenkröte *(Pipa pipa)* mit vier symmetrischen, jeweils nochmals zweigeteilten Höckern

Gelb gefärbte Warze im Kopfbereich einer Großen Wabenkröte *(Pipa pipa)*

Amplexus bei der Großen Wabenkröte *(Pipa pipa)*

Pipa pipa (Linné, 1758)
Große Wabenkröte
Surinam toad

Verbreitung: Bolivien bis Kolumbien, Guinanas, Peru, Ekuador, Brasilien, Trinidad

Merkmale: Diese größte Wabenkröte besitzt keine Zähne an Ober- und Zwischenkiefer. Der Kopf ist wesentlich breiter als lang. Die Fingerspitzen sind symmetrisch viergeteilt und in den Spitzen nochmals zweiteilig. An den Hinterextremitäten ist ein innerer Mittelfußhöcker (Metatarsaltuberkel) gut entwickelt. Die Zehenspitzen sind nicht verhornt. In der Nähe des Kiefergelenks weist die Oberlippe eine Hautfalte und diverse Hautanhänge (teilweise gelb gefärbt) auf. Auch an der Kehle befinden sich warzenartige Hautanhänge. Bei dieser Art fallen relativ kurze Beine und die spitze Schnauze auf. Der Rücken kann ockerfarbig bis dunkelbraun sein und trägt häufig dunkelbraune Zeichnungselemente, wobei gelegentlich einige Warzen grellgelb gefärbt sind. Über den schmutzigockergrauen Bauch zieht sich eine feine Längslinie, die im Brustbereich eine Querlinie kreuzt. Die bis zu vier Millimeter großen Eier sind cremegelb gefärbt. Der Chromosomensatz beträgt 22.

Biotop: Als Kulturfolger und damit sehr anpassungsfähige Art bewohnt *Pipa pipa* nahezu alle permanenten Gewässer außer stark fließenden Bächen. Ihr Originalbiotop sind ruhige Bereiche großer Ströme. Durch Fischfang und die Verbreitung einiger Wasserpflanzen vergrößerte sich der Lebensraum dieser Art in den letzten Jahren erheblich. Mittlerweile findet man sie in Bewässerungsgräben und in der Kanalisation. Oft sind die Tiere mit diversen Fischarten vergesellschaftet. Die Wassertemperatur ihrer Wohngewässer beträgt 24 bis 32 °C.

Haltung: Für Haltung und Zucht dieser Art sind relativ große Aquarien von mindestens 150 Litern Wasservolumen erforderlich. Die Höhe muß mindestens 60 Zentimeter betragen, damit diese großen Froschlurche ihren Paarungstanz vollziehen können. Eine dichte, etwas robustere Bepflanzung sowie Versteckmöglichkeiten erhöhen das Wohlbefinden der Tiere. Die Wassertemperaturen sollten zwischen 26 und 28 °C liegen. Als Nahrung dienen große Regenwürmer, Fische sowie Fisch- und Herzfleisch.

Zwei- bis dreimal im Jahr finden Paarungen statt, bei denen bis zu 300 Eier abgelegt werden. Manchmal kommt es zum Abstoßen von Larven mit Dottersäcken, die jedoch nicht weiter entwicklungsfähig sind. Nach 120 bis 150 Tagen (je nach Wassertemperatur und Ernährungssituation) beginnen die fertig entwickelten Jungtiere aus den Brutkammern nach Nahrung zu schnappen. Bald darauf ver-

lassen sie die Rückenhaut des Weibchens, das mit seinen offenen, blutunterlaufenen, kegelartigen Wunden zunächst einen hinfälligen Eindruck macht, jedoch bei guter Fütterung schon bald wieder zu besserer Kondition kommt. Die frisch geschlüpften Jungtiere sind etwa 1,8 Zentimeter groß und wachsen bei einer Fütterung mit *Tubifex, Daphnia* und Enchytraeen rasch heran. Bereits nach 14 Monaten werden die Tiere geschlechtsreif. Sie sind dann 11 bis 15 Zentimeter lang. Große Wabenkröten werden seit vielen Jahrzehnten als Attraktionen in Schauaquarien gehalten. In den letzten Jahren gelang ihre Zucht immer häufiger. Die Tiere verfetten aber leicht und sind dann nur noch schwer zur Fortpflanzung zu bringen.

Oben: Schlupf der Jungtiere bei der Großen Wabenkröte *(Pipa pipa)*
Rechts Mitte: Frühzeitig abgestoßene Larve der Großen Wabenkröte *(Pipa pipa)* mit Dottersack
Rechts unten: Frisch geschlüpftes Jungtier der Großen Wabenkröte *(Pipa pipa)*

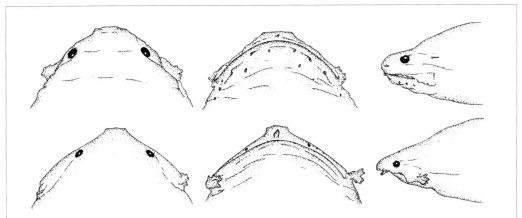

Kopfansichten der größeren Wabenkröten: oben Pará-Wabenkröte *(Pipa snethlagae)*, unten Große Wabenkröte *(Pipa pipa)* (aus Trueb & Cannatella)

Pipa snethlagae (MÜLLER, 1914)
Pará-Wabenkröte
Pará pipa
Verbreitung: Utinga bei Pará (Belém), Nordost-Brasilien
Merkmale: Diese große Wabenkröte besitzt an Ober- und Zwischenkiefer Zähne. Der Kopf ist breiter als lang. Die Fingerspitzen sind symmetrisch viergeteilt. An den Hinterextremitäten ist ein innerer Mittelfußhöcker (Metatarsaltuberkel) gut entwickelt. Die Zehenspitzen sind nicht verhornt. In der Nähe des Kiefergelenks weist die Oberlippe eine Hautfalte und diverse Hautanhänge auf. Auch an der Kehle befinden sich warzenartige Hautanhänge. Bei dieser Art fallen extrem kurze Beine und eine abgerundete Schnauze auf. Die Grundfarbe des oft dunkel gefleckten Rückens variiert von beigegrau bis dunkelbraun. Der Bauch ist heller gefärbt und mit dunkelgrauen oder braunen Flecken versehen. Ein dunkler Strich erstreckt sich vom hinteren Augenrand bis zum Kiefergelenk. Die gesamte Haut ist von dornigen Tuberkeln übersät.
Biotop und Haltung: Über Lebensraum, Haltungsbedingungen und Entwicklung dieser Art liegen nur wenige Daten vor. Wahrscheinlich kann *Pipa snethlagae* ähnlich wie *Pipa pipa* gepflegt werden. Über die Fortpflanzungsbiologie ist einzig bekannt, daß die Weibchen auf dem Rücken weniger Brutkammern ausbilden (also weniger Eier besitzen), als die Große Wabenkröte. Durch Importe vom Anfang dieses Jahrhunderts kamen eine Reihe von *Pipa snethlagae* in die Aquarien deutscher Hobbyisten und Zoos. Leider wurde jedoch über Haltungserfahrungen nichts bekannt.

Unterfamilie Xenopodinae FITZINGER, 1843
Krallenfrösche

Silurana GRAY, 1864
Tropische Krallenfrösche

Xenopus WAGLER, 1827
Eigentliche Krallenfrösche

Die Unterfamilie der Krallenfrösche (Xenopodinae) umfaßt zwei Gattungen, die Tropischen Krallenfrösche *(Silurana)* und die Eigentlichen Krallenfrösche *(Xenopus)*. Beide Gattungen lassen sich nur an sehr wenigen Merkmalen unterscheiden und viele Spezialisten führen sie nur als Untergattungen. Die Auffassung, daß es sich bei den Tropischen Krallenfröschen sogar um eine Unterfamilie (Siluraninae) handele, konnte durch geneti-

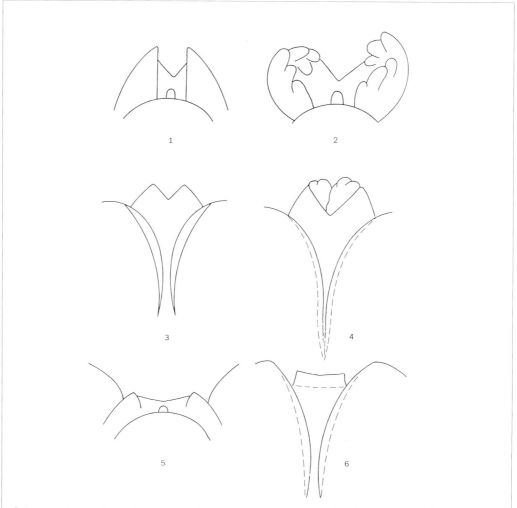

Schemata der möglichen Formen von Kloakenpapillen bei Krallenfröschen: 1 bis 4 Weibchen, 5 bis 6 Männchen, 1, 2, 5 Rückenansicht, 3, 4, 6 Bauchansicht (aus Vigny)

sche und biochemische Befunde widerlegt werden.

Anhand mancher Merkmale des Schädelskeletts werden *Xenopus* und *Silurana* unterschieden. Doch der 1991 beschriebene Langfüßige Krallenfrosch *(Xenopus longipes)* besitzt einen Schädel, bei dem einige Knochen eine bisher unbekannte Morphologie (zum Beispiel sehr große Augenhöhlen) aufweisen, andere (etwa paarige Nasale-Knochen, acht freie Wirbel vor dem Sakralwirbel) jedoch sowohl denen der Tropischen Krallenfrösche,

als auch denen der Eigentlichen Krallenfrösche ähneln.

Die Systematik dieser Froschlurche bleibt also vorerst noch ungeklärt; es sind aber neue Unterteilungen abzusehen. Auch der Paarungstanz bei *Silurana* findet unterschiedliche Interpretation. Einige Zoologen meinen, darin eine verhaltensbiologische Ähnlichkeit mit den Zwergkrallenfröschen *(Hymenochirus, Pseudhymenochirus)* und Wabenkröten *(Pipa)* zu sehen, andere wiederum sehen in diesem Verhalten lediglich eine Anpassung an die wasserpflanzenreichen Wohngewässer dieser Tiere.

Während die meisten Krallenfrösche der Gattung *Xenopus* beim Laichen umherschwimmen und dabei die Eier auf eine relativ große Fläche verteilen, versuchen möglicherweise die Tropischen Krallenfrösche *(Silurana)* durch Schwimmschleifen ihren Laich auf Wasserpflanzen abzugeben.

Äquator-Krallenfrosch *(Silurana epitropicalis)*

Silurana-Gruppe

Silurana epitropicalis
(FISCHBERG, COLOMBELLI UND PICARD, 1982)
Äquator-Krallenfrosch
Equatorial clawed frog
Verbreitung: Tiefland-Regenwald östlich und westlich des Kamerun-Berges bis zur östlichen Grenze von Zaire und Nord-Angola (dieses Areal ist für die sogenannte „*Silurana paratropicalis*" bekannt, die *Silurana epitropicalis*

zugeordnet wird; die Typus-Lokalität befindet sich etwa acht Kilometer südlich von Kinshasa).
Merkmale: Der mittelgroße Krallenfrosch fällt durch seine stets deutlich erkennbare marmorartige Rückenzeichnung auf (gelbliche und olive Flächen sowie schwarze Punkte). Nur die Tiere aus der Population von Kinshasa sind einfarbig braun. Im Unterschied zu *Silurana tropicalis* besitzt die Art eine höhere Anzahl von Seitenorganen um das Auge, ist dieser aber sonst sehr ähnlich. Der Paarungsruf besteht aus langen Serien von Trillern („Wawawa").
Biotop und Haltung: Wie *Silurana tropicalis.*

Silurana tropicalis (GRAY, 1864)
Gespornter Krallenfrosch, Tropischer Krallenfrosch
Tropical platanna
Verbreitung: Tiefland-Regenwald Westafrikas von Casamanca in Senegal bis zum Cross-Fluß in Nigeria
Merkmale: Der kleine bis mittelgroße Krallenfrosch besitzt kurze Extremitäten, ein Auge mit kleinem Unterlid, eine deutlich geringere Anzahl (5 bis 12) von Seitenorganen um das Auge als bei *Silurana epitropicalis*, ist aber sonst dieser Art sehr ähnlich. Die dunkelbraune Rückenfärbung weist keine großflä-

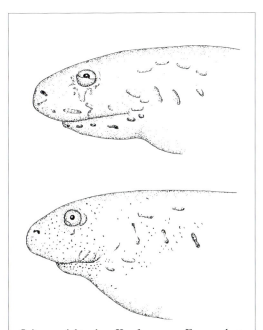

Seitenansicht des Kopfes vom Fraserschen Krallenfrosch *(Xenopus fraseri)* links und des Tropischen Krallenfrosches *(Silurana tropicalis)* rechts (aus Perret)

Tropischer Krallenfrosch *(Silurana tropicalis)*

Haltung:Tropische Krallenfrösche können in einfachen Laborbecken ohne Einrichtungsgegenstände ebenso gehalten werden wie in gut bepflanzten Schauaquarien. Wie die meisten Krallenfrösche sind sie anspruchslos und begnügen sich mit relativ wenig Raum. Für ihre Fortpflanzung reicht ein Aquarium mit den Maßen 50×50×50 Zentimetern aus. Auch die purzelbaumartigen Paarungstänze können darin stattfinden. *Silurana tropicalis* schont durch ihr relativ ruhiges Verhalten die Bepflanzung eines attraktiv eingerichteten Aquariums und ist deshalb auch für Schau- und Wohnzimmeranlagen geeignet. Der pH-Wert kann neutral bis leicht sauer sein. Die Wassertemperatur sollte bei 28 °C liegen.

Die Fortpflanzung läßt sich durch Frisch-wassergaben von etwa 25 °C und das anschließende rasche Aufheizen stimulieren. Die Männchen erkennt man an den schwarzen Brunftschwielen, Weibchen besitzen dagegen deutlich ausgebildete Kloakenpapillen. Ein bis zwei Tage nach der Eiablage erfolgt der Schlupf der Larven. Es empfiehlt sich, die Elterntiere aus dem Zuchtbehälter zu entfernen, da sie wie alle Krallenfrösche, kannibalisch sind. Durch die höheren Temperaturen während der Aufzucht entwickeln sich die Larven relativ rasch und benötigen etwa 25 bis 30 Tage bis zum Abschluß der Metamorphose. Wie viele andere Pipiden-Larven ernährt man sie mit suspendierter Bäckerhefe *(Saccharomyces cerevisiae)* oder Brennesselpulver *(Ur-*

chigen Flecken auf. Der weißliche bis dunkelgraue Bauch ist mit kleinen schwarzen Punkten übersät. Auf der Rückenhaut, insbesondere am Kopf der Männchen, stehen Wärzchen. Oftmals befindet sich ein orangefarbener Fleck zwischen den Augen. Der laute Paarungsruf dröhnt tief („rooaroo-arroa").

Biotop: Die Art bewohnt Weiher und Urwald-tümpel mit zumeist flachem Wasser und nur gelegentlich tieferen Bereichen. In der Regel sind sie stark von Wasserpflanzen bewachsen. Die Wassertemperatur beträgt etwa 27 bis 32 °C.

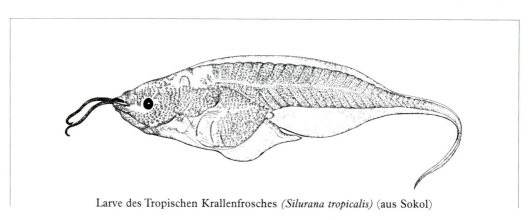

Larve des Tropischen Krallenfrosches *(Silurana tropicalis)* (aus Sokol)

tica). Nach der Metamorphose werden *Daph-nia* und *Tubifex* angenommen. Die weitere Ernährung kann mit Krallenfrosch- oder Forellenpelletts, Regenwürmern oder gelegentlich auch mit Herzfleisch erfolgen.

Xenopus longipes-Gruppe

Xenopus longipes
(LOUMONT UND KOBEL, 1991)
Langfüßiger Krallenfrosch
Long food clawed frog
Verbreitung: Oku-See, Kamerun
Merkmale: Die kleinen Krallenfrösche besitzen relativ große Augen, lange Hinterextremitäten und kleine Warzen auf Kopf und Rücken. Die Oberseite des Körpers ist dunkelkaramelfarben bis braun, zeigt starke Fleckung bzw. Marmorierung mit vielen kleinen oder einigen großen Punkten. Die Bauchseite erscheint hellorange bis gräulich; Kehle und Bauch sind mitunter schwarz gefärbt, meist jedoch schwarz gesprenkelt.
Biotop: Der Lake Oku ist ein Kratersee und liegt 3011 Meter über dem Meeresspiegel in einem montanen Savannenwald. Das Wasser ist nährstoffarm. Das Gewässer wird nicht von Fischen bewohnt.
Haltung: Die wenigen kurzzeitig gehaltenen Exemplare waren sehr hinfällig und starben nach einigen Monaten.

Xenopus laevis-Gruppe

Xenopus laevis (DAUDIN, 1802)
Großer Krallenfrosch, Glatter Krallenfrosch
Smooth clawed frog, Clawed frog, Platanna

Xenopus laevis bunyoniensis (LOVERIDGE, 1932)
Bunyoni-See-Krallenfrosch
Verbreitung: Bunyoni-See in Uganda (das Vorkommen ist wahrscheinlich erloschen,

Langfüßiger Krallenfrosch *(Xenopus longipes)* (aus Loumont & Kobel)

das Gebiet wird heute nur von *Xenopus laevis victorianus* besiedelt).

Xenopus laevis laevis (DAUDIN, 1802)
Gemeiner Großer Krallenfrosch
Verbreitung: Namibia, Südafrika, Lesotho, Swasiland, Ost-Botswana, Simbabwe, Malawi

Xenopus laevis petersi (BOCAGE, 1895)
Peters' Krallenfrosch
Verbreitung: Nordwest-Angola, Kongo-Brazzaville

Xenopus laevis poweri (HEWITT, 1927)
Verbreitung: Nord-Namibia, Angola (außer Nordwesten), Okavango (Botswana), Sambia, Südost-Zaire, Uzunwe-Gebirge (Südwest-Tansania)

Xenopus laevis sudanensis (PERRET, 1966)
Verbreitung: Jos-Plateau und Ost-Nigeria, Hochland von West- und Zentral-Kamerun, Zentralafrikanische Republik
Merkmale: Die Art ist von einer überaus großen Merkmalsvariabilität gekennzeichnet.

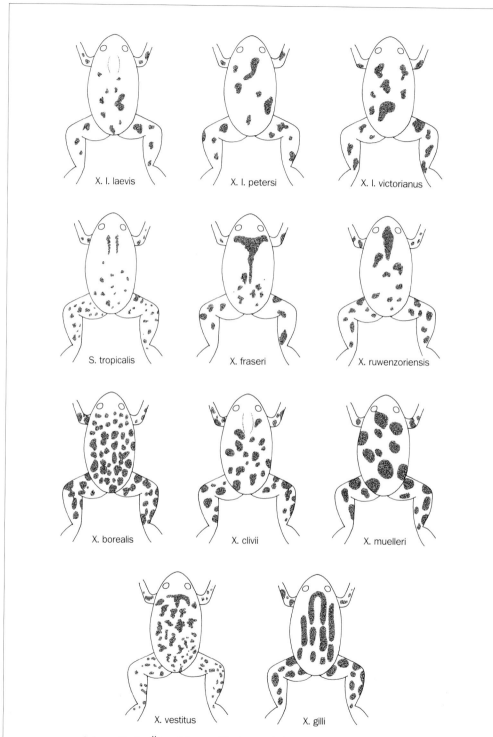

X. l. laevis

X. l. petersi

X. l. victorianus

S. tropicalis

X. fraseri

X. ruwenzoriensis

X. borealis

X. clivii

X. muelleri

X. vestitus

X. gilli

Schematische Übersicht zur Fleckung einiger Krallenfrösche (aus Vigny)

Oben rechts: Larve des Großen Krallenfrosches
(Xenopus laevis)
Oben: Großer Krallenfrosch *(Xenopus laevis laevis)*
Rechts: Powers Großer Krallenfrosch *(Xenopus laevis poweri)*
Unten: Sudanesischer Großer Krallenfrosch
(Xenopus laevis sudanensis)

Viktoriasee-Krallenfrosch *(Xenopus laevis victorianus)*

Die fünf Subspecies bilden einen Rassenkreis und es kommen jeweils viele Übergangsformen vor. Bei der Nominatform handelt es sich um den größten Krallenfrosch. Sein Rücken ist mit feinen Punkten übersät, kann aber auch marmoriert oder mit größeren runden bzw. unregelmäßigen gelblichen bis sehr dunklen Flecken versehen sein. Der Bauch ist einfarbig weißlich-gelb oder fein gefleckt. Der Ruf besteht aus langen Trillern.

Als relativ großer Krallenfrosch besitzt *Xenopus laevis poweri* einen dunkelolivbraunen Rücken mit 8 bis 15 dunklen Flecken, die sich auch auf die Beine ausbreiten können. Der Bauch ist ungefleckt oder intensiv mit kleinen Punkten übersät. Der dunkle Ruf ist wohlklingend („gra gra gra"). Die relativ große Subspecies *Xenopus laevis petersi* besitzt einen dunkelbraunoliven Rücken mit kleineren Flecken. Der Bauch weist größere Flecken auf als bei allen anderen Unterarten. Bei *Xenopus laevis victorianus* handelt es sich um mittelgroße bis große Krallenfrösche, deren gelblicher bis grünbrauner Rücken von kleinen Punkten und einigen unregelmäßigen größeren Flecken gezeichnet ist, die auch auf die Extremitäten übergehen. Der Paarungsruf kann als schnell trillernd charakterisiert werden („diiirk, diiirk, diiirk"). Der mittelgroße *Xeno-*

pus laevis sudanensis besitzt einen olivfarbenen, mit kleinen und einzelnen größeren, rundlichen Flecken fein gezeichneten Rücken. Auf den Beinen stehen kleine Punkte. Bauchseite und Oberschenkel sind in der Regel ebenfalls von einigen Punkten überzogen. Der Ruf besteht aus knatternden, unregelmäßigen Trillern. Im Vergleich zu allen anderen Subspecies besitzt *Xenopus laevis bunyoniensis* die auffällig längsten Beine.

Biotop: Die Art lebt in sehr unterschiedlichen Gewässern und meidet nur reines Meerwasser sowie reißende Fließgewässer. Als Kulturfolger besiedelt sie auch Swimming-Pools, die städtische Kanalisation, Gartenteiche und landwirtschaftliche Gräben. Natürliche Lebensräume sind unter anderem auch Kraterseen, Tümpel, Höhlengewässer und Flüsse. Die Tiere sind überaus anpassungsfähig.

Haltung: Große Krallenfrösche gehören zu den am einfachsten zu haltenden Amphibien. Sie pflanzen sich bereits in mittelgroßen Aquarien von 40 × 40 × 40 Zentimetern Größe fort. Die Wassertemperatur kann zwischen 12 und 36 °C liegen. Als Optimum wurden 22 °C bestimmt. Die größte Temperaturempfindlichkeit konnte bei frisch metamorphosierten Tieren nachgewiesen werden. Große Krallenfrösche benötigen keinerlei Beckeneinrichtung. Sie beschädigen auch durch ihre heftigen Schwimmbewegungen feinfiedrige Wasserpflanzen in Schauaquarien. Darum sollte eine robuste Dekoration gewählt werden.

Die Fortpflanzung ist am besten nach längerer kühler Haltung durch warmes Frischwasser stimulierbar. Bei einer Paarung werden etwa 1000 Eier von 1,5 bis 2 Millimetern Durchmesser abgelegt. Um Kannibalismus zu vermeiden, sollten die Elterntiere nach Beendigung des Laichens aus dem Aquarium entfernt werden. Die Larven schlüpfen bei 22 °C nach zwei bis drei Tagen und metamorphosieren mit 35 bis 45 Tagen. Als Nahrung eignen sich suspendierte Bäckerhefe *(Saccaromyces cerevisiae)*, Algensuspensionen, aufgeschwämmtes Brennesselpulver *(Urtica)* sowie „Staubfutter" für Zierfische. Nach der Metamorphose werden *Daphnia, Tubifex,* Enchytraeen und Regenwurmstücke, später auch ganze Regenwürmer, Fische, Krallenfrosch- und Forellenpellets sowie Fisch- und Herzfleisch angenommen.

Die Weibchen wachsen schneller als die Männchen und sind auch eher geschlechtsreif. Man erkennt sie daran, daß sie stets um etwa 20% größer sind als die Männchen. Deutlich lassen sich auch ihre lappigen Kloakenpapillen erkennen. Die Männchen tragen an den Vorderextremitäten dunkel pigmentierte Brunftschwielen. Die Art läßt sich unter Laborbedingungen mit fast allen anderen Krallenfröschen hybridisieren, wobei die Fertilität der Nachkommen unterschiedlich ist. Natürliche Bastarde mit dem Kap-Krallenfrosch *(Xenopus gilli)* wurden ausführlicher untersucht.

Haltung und Zucht lassen sich durch mehrwöchige Ruhephasen bei 10 bis 12 °C optimieren. Die Krallenfrösche pflanzen sich nach derartigen Pausen besser fort und ihre Lebenserwartung wird bedeutend länger. Hinzu kommt, daß während der Ruhezeiten kaum Nahrung benötigt wird. Über spezielle Zuchtlinien und die laborativen Anwendungen der Art geben verschiedene Kapitel im allgemeinen Teil Auskunft.

Xenopus gilli (ROSE UND HEWITT, 1927)
Kap-Krallenfrosch
Cape platanna
Verbreitung: Kap-Halbinsel und Küstenbereich bis Kap Agulhas, Südafrika; wahrscheinlich ist die Art noch weiter verbreitet, da immer neue Fundorte bekannt werden.
Merkmale: Der mittelgroße, gedrungene Krallenfrosch besitzt eine gelbliche bis graubraune Rückenfärbung. In der Regel verlaufen hinter den Augen beginnend zwei oder vier parallele, dunkle Bänder oder Flecken über den Rücken, der hintere Teil ist dunkel punktiert. Die Beine sind oberseits gespren-

Kap-Krallenfrosch *(Xenopus gilli)*

kelt und bauchseits meist fein punktiert sowie mit einer hellen, gelblichen Netzzeichnung versehen. Der Bauch kann sehr unterschiedlich punktiert oder gesprenkelt sein. Der Ruf besteht aus kurzen Trillern („vri, vri, vri").
Biotop: Die Art bewohnt sehr nährstoffarme, huminsäurereiche Gewässer des Küstenstreifens mit einem pH-Wert um 4 und gelegentlichem Brackwassereintrag. Sie kommt oft vergesellschaftet mit *Xenopus laevis laevis* vor, mit dem auch Bastarde entstehen, die sich offenbar fortpflanzen und eine eigene Population aufbauen (Introgression).
Haltung: Die Haltung gilt als problematisch, da ein pH-Wert von 4 für eine Langzeithaltung mit regelmäßigem Wasserwechsel nur schwer aufrechtzuerhalten ist. Die Art wurde in einigen Laboratorien gezüchtet und auch mit anderen Krallenfröschen gekreuzt. Eine hohe Sterblichkeit von Larven und Jungtieren einerseits und die Seltenheit des Kap-Krallenfrosches in seinen natürlichen Habitaten andererseits führte dazu, daß die meisten Forschungseinrichtungen auf Haltung und Zucht von *Xenopus gilli* verzichten.

Mandebo-Krallenfrosch *(„Xenopus ethiopii")* eine noch nicht beschriebene Art, die von Tinsley und Kobel bearbeitet wird

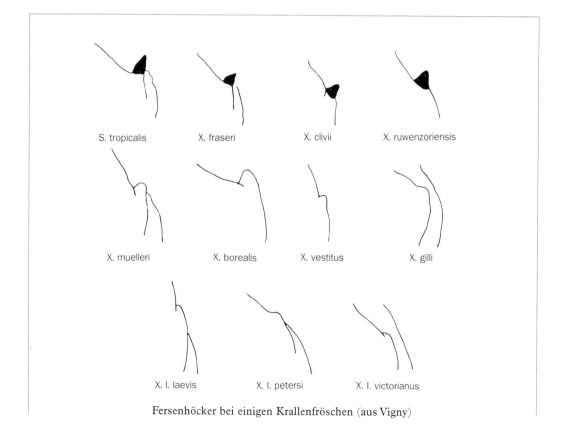

Fersenhöcker bei einigen Krallenfröschen (aus Vigny)

„Xenopus ethiopii" (TINSLEY), (noch nicht publiziert)
Mandebo-Krallenfrosch
Ethiopical clawed frog
Verbreitung: Norden und Westen der Mandebo-Berge in Süd-Äthiopien
Merkmale: Der mittelgroße Krallenfrosch besitzt eine dunkelbraune Rückenfärbung ohne Zeichnung. Die Bauchseite ist grauweiß mit unregelmäßigen, kleinen, schwarzen Punkten, die bis zur Kehle reichen. Der Ruf besteht aus Trillern („iing, iing, iing"), die eine halbe Sekunde lang andauern.
Biotop:Kraterseen und Weiher im montanen Bereich.
Haltung:Wie bei *Xenopus laevis*, jedoch kühler bei Temperaturen von 12 bis 15 °C.

Xenopus muelleri-Gruppe

Xenopus borealis (PARKER, 1936)
Gelbgefleckter Krallenfrosch
Kenya smooth clawed frog
Verbreitung: Kenia, unterhalb von Marsabit
Merkmale: Die Rückenfärbung dieses relativ großen Krallenfrosches kann dunkelbraun bis stahlblau gefärbt sein. Auf dem hinteren Teil des Rückens und auf den Beinen stehen oft 30 bis 40 unregelmäßige Flecken. Die Bauchseite ist weißlich, wobei der hintere Teil sowie die Beinunterseiten meist gelb gefleckt, mitunter aber auch dunkel gesprenkelt sein können. Der Ruf besteht aus langen Serien einzelner Klick-Laute (ansteigend von 2 bis 12 pro Sekunde).
Biotop: Stehende Gewässer in mehr als 1500 Metern Höhe über dem Meeresspiegel.
Haltung: Wie bei *Xenopus laevis*, etwas wärmebedürftiger.

Oben: Gelbgefleckter Krallenfrosch *(Xenopus borealis)*
Mitte: Bastard zwischen Gelbgeflecktem Krallenfrosch und Großem Krallenfrosch *(Xenopus borealis × Xenopus laevis)*
Unten: Äthiopischer Krallenfrosch *(Xenopus clivii)*

Xenopus clivii (Peracca, 1898)
Äthiopischer Krallenfrosch
Erithrean smooth clawed frog
Verbreitung: Erythrea, Äthiopien
Merkmale: Der große Krallenfrosch besitzt einen graubraunen Rücken, auf dem 15 bis 30 unregelmäßige dunkle Flecken ausgebildet sind. Die Extremitäten zeigen langgestreckte Flecken. Nur bei dieser Art reichen die Brunftschwielen der Männchen auf die Brust. Außerdem gibt sie ein extrem starkes und übelriechendes Hautsekret ab. Die Paarungsrufe bestehen aus je einem Triller pro Sekunde („gra, gra, gra").
Biotop: Die Art bewohnt stehende Gewässer in mehr als 2000 Metern Höhe über dem Meeresspiegel. Die Tiere verbringen längere Trockenzeiten im Boden vergraben.
Haltung: Wie bei *Xenopus laevis*.

Xenopus muelleri (Peters, 1844)
Müllers Krallenfrosch
Muller's clawed frog, Northern tropical platanna
Verbreitung: Zwei Arealteile werden von möglicherweise zwei unterschiedlichen Taxa besiedelt: „*Xenopus muelleri*-Ost" in Südost-Kenia (Mombasa, Simba-Hügel), Tansania einschließlich beider Ufer des Tanganjika-Sees, Malawi, Sambia, Okavango in Botswana,

Müllers Krallenfrosch *(Xenopus muelleri)*

Simbabwe, Mozambique, östliches Südafrika (südlich bis St. Lucia, Empangeni); „*Xenopus muelleri*-West" von Obervolta bis Süd-Sudan.
Merkmale: Beide Formen unterscheiden sich lediglich in ihrer Parasitenfauna und in einigen Details der Rufe (kürzere Rufe bei der westlichen Form). Es handelt sich um relativ große Krallenfrösche mit olivfarbener bis graubrauner Rückenfärbung und darauf stehenden fünf bis acht großen runden Flecken, die bei älteren Individuen nur noch als Schatten erkennbar sind. Die Bauchseite ist einfarbig grau bis stark gepunktet. Ein intensiv riechendes Hautsekret fällt auf.

Zwei verschiedene Rufe sind bekannt. Einer besteht aus wiederholten Doppelimpulsen und erinnert an das Klicken beim Löffelklappern. Der andere ist durch 5 bis 12 Impulse charakterisiert („trra, trra, trra").
Biotop: Die Art besiedelt Weiher und andere stehende Gewässer in Savannen und bewaldeten Ebenen unter 800 Metern Gebirgshöhe. Die Wassertemperaturen liegen etwa bei 28 bis 30 °C. In der Regel ist ein dichter Wasserpflanzenbewuchs vorhanden.
Haltung: Die Haltung entspricht der für *Xenopus laevis* beschriebenen, nur muß die Haltungstemperatur bei 27 bis 32 °C liegen. Wenn auch erwachsene Exemplare von Müllers Krallenfrosch bei 22 °C lange haltbar sind, so sterben jedoch Eier und Larven bei Temperaturen unter 27 °C meistens ab.

Xenopus fraseri-Gruppe

Xenopus amieti Kobel, (Du Pasquier, Fischberg und Gloor, 1980)
Amiets Krallenfrosch
Amiets' clawed frog
Verbreitung: West-Kamerun vom Mt. Manengouba bis Kumbo
Merkmale: Der mittelgroße Krallenfrosch besitzt eine dunkelgraubraun gefärbte Rückenseite mit einem Querband hinter den Augen

sowie einigen unregelmäßigen Punkten auf Beinen und Rücken. Der Ruf besteht aus kurzen, wohlklingenden Trillern mit zwei Impulsen pro Sekunde.

Biotop: Die Art besiedelt stehende Gewässer in montanen Bereichen von mehr als 1200 Metern Höhe über dem Meeresspiegel.

Haltung:Wie bei *Xenopus laevis*.

Xenopus andrei (LOUMONT, 1983)
Andreis Krallenfrosch
Anreis' clawed frog

Verbreitung: Küstenbereich Kameruns, Nord-Gabun, Zentralafrikanische Republik

Merkmale: Der kleine, *Xenopus fraseri* sehr ähnliche Krallenfrosch besitzt jedoch im Gegensatz zu diesem ein kleineres Augenlid ($^1/_2$ des Auges). Die Rufe bestehen aus eine halbe Sekunde andauernden Trillern.

Biotop: Die Art bewohnt unterschiedliche stehende Gewässer in den Küstenregenwäldern.

Haltung: Wie bei *Xenopus laevis*, aber wärmebedürftiger.

Amiets Krallenfrosch *(Xenopus amieti)*

Xenopus boumbaensis (LOUMONT, 1983)
Kamerun-Krallenfrosch
Camerun clawed frog

Verbreitung: Boumba-Tal, Südost-Kamerun

Merkmale: Der mittelgroße Krallenfrosch besitzt eine gelbolive Rückenfärbung und einen länglichen Fleck zwischen und hinter den Au-

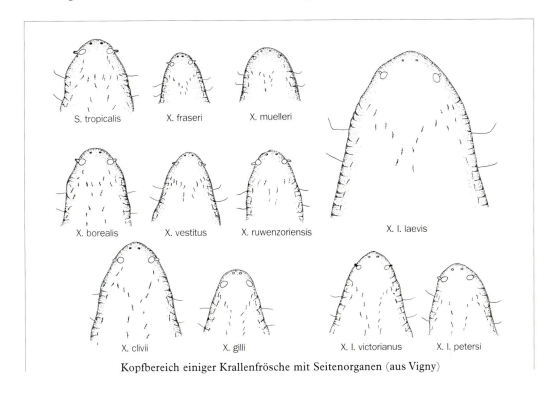

Kopfbereich einiger Krallenfrösche mit Seitenorganen (aus Vigny)

Tab. 9. Bestimmungsmerkmale der Krallenfroscharten und -unterarten nach KOBEL, LOUMONT UND TINSLEY

	Größe in mm (Maximum), Weibchen	Seitenorgane am Auge	Seitenorgane auf dem Rücken	Tentakel unter dem Auge	Durchmesser Unterlid zu Augendurchm.	Randstrahl an der Ferse (Praehallux)	Kloakenlippe beim Weibchen	Anzahl der Chromosomen pro Zelle
Silurana epitropicalis	64 (72)	6–13	18–23	mittel	<1/3	Kralle	fusioniert	40
S. tropicalis	43 (55)	3–7	18–23	mittel	<1/3	Kralle	fusioniert	20
Xenopus longipes	34 (36)	7–13	15–24	mittel	1/3	Kralle	3	108
X. laevis laevis	110 (130)	12–20	25–34	kurz	3/4	kurz	3	36
X.l. poweri	70 (85)	12–16	19–24	mittel	1/2	kurz	3	36
X.l. petersi	65 (66)	10–16	20–25	mittel	1/2	kurz	3	36
X.l. sudanensis	62 (64)	10–15	18–24	kurz	1/2	kurz	3	26
X.l. victorianus	62 (78)	11–18	19–25	kurz	<3/4	kurz	3	36
X. gilli	55 (60)	10–15	20–24	fehlt	1/2	fehlt	3	36
X. ethiopii				fehlt	<1/3	fehlt	3	
X. muelleri (ost)	65(75)	9–15	22–27	sehr lang	3/4	lang	3	36
X. muelleri (west)	53 (90)	9–14	19–25	lang	3/4	lang	3	36
X. borealis	73 (95)	13–17	23–30	mittel	3/4	lang	2	36
X. clivii	70 (82)	12–16	23–28	lang	3/4	Kralle	2	36
X. fraseri	42 (51)	7–10	18–21	lang	<3/4	Kralle	2	36

X. pygmaeus	35 (44)	9–13	15–20	lang	1/2	Kralle	2	36
X. amieti	53 (57)	10–13	14–23	mittel	1/2	Kralle	2	72
X. andrei	40 (45)	9–13	14–22	lang	1/2	Kralle	2	72
X. boumbaensis	46 (54)	8–13	17–21	mittel	3/4	Kralle	2	72
X. ruwenzoriensis	55 (57)	9–13	17–21	mittel	1/2	Kralle	2	108
X. vestitus	47 (55)	9–14	18–28	mittel	<1/2	kurz	3	72
X. wittei	46 (61)	8–14	18–25	mittel	1/2	kurz	3	72

Tab. 10. Merkmale der Eier und Larven verschiedener Krallenfrösche nach KOBEL, LOUMONT und TINSLEY

	Durchmesser der Eier in mm	Länge der Larvenbarteln im Stadium 58	gelbe Grundfärbung der Larven
Silurana tropicalis	0,85	sehr lang	ja
Xenopus laevis laevis	1,3	kurz	nein
X.l. poweri	1,0	kurz	nein
X.l. victorianus	1,0	mittel	nein
X. gilli	1,3	kurz	nein
X. muelleri (ost)	1,0	kurz	nein
X. borealis	1,1	kurz	nein
X. clivii	1,3	mittel	meistens ja
X. fraseri	1,0	lang	ja
X. vestitus	1,1	mittel	ja
X. wittei	1,3	kurz	ja
X. ruwenzoriensis	1,3	lang	ja

gen längs der Rückenmitte. Außerdem stehen auf Beinen und Rücken verschiedene kleine Punkte. Der Ruf besteht aus ein bis zwei schrillen Impulsen pro Sekunde.

Biotop: Die Art wurde in Regenwaldweihern gefunden.

Haltung: Wie bei *Xenopus laevis*, jedoch wärmebedürftiger.

Tab. 11. Lebensalter verschiedener Krallenfrösche *(Xenopus-*Gruppe)

Art	Jahre/Monate
Gelbgefleckter Krallenfrosch *(Xenopus borealis)*	5
Äthiopischer Krallenfrosch *(Xenopus clivi)*	4,8
Fraserscher Krallenfrosch *(Xenopus fraseri)*	8,3
Kap-Krallenfrosch *(Xenopus gilli)*	8,9
Großer Krallenfrosch *(Xenopus laevis)*	30,4
Müllers Krallenfrosch *(Xenopus muelleri)*	14,7
Kurzbeiniger Krallenfrosch *(Xenopus vestitus)*	10
Wittes Krallenfrosch *(Xenopus wittei)*	4,8

Oben: Andreis Krallenfrosch *(Xenopus andrei)*
Mitte: Kamerun-Krallenfrosch *(Xenopus boumbaensis)*
Unten: Fraserscher Krallenfrosch *(Xenopus fraseri)*

Xenopus fraseri (BOULENGER, 1905)
Fraserscher Krallenfrosch
Frasers' clawed frog
Verbreitung: Süd-Kamerun und Nord-Gabun
Merkmale: Der kleine Krallenfrosch fällt durch seine sehr dünnen Beine auf. Im Gegensatz zu *Xenopus pygmaeus* besitzt er weniger Seitenorgane um das Auge (7 bis 11) und ein größeres Augenlid ($^1/_2$ bis $^3/_4$ des Augendurchmessers). Auf dem graubraunen Rücken verläuft ein dunkler Querstrich hinter den Augen. Die Oberseite der Unterschenkel trägt eine wurmartige Zeichnung. Die Bauchseite ist weißlich, die Oberschenkel erscheinen rötlich. Einen klagenden Charakter haben die langen Paarungsrufe mit 150 Impulsen pro Sekunde („iiing, iiing, iiing“).
Biotop: Die Art bewohnt permanente Regenwaldgewässer unterschiedlichen Charakters.
Haltung: Wie bei *Xenopus laevis*, jedoch etwas wärmebedürftiger.

Xenopus pygmaeus (LOUMONT, 1986)
Pygmaeen-Krallenfrosch
Pygmaean clawed frog
Verbreitung: Zentralafrikanische Republik bis Nordost-Zaire
Merkmale: Der kleine Krallenfrosch läßt sich von *Xenopus fraseri* durch das kleinere Augenlid ($^1/_3$ bis $^1/_2$ des Augendurchmessers) und eine größere Anzahl von Seitenorganen um das Auge (9 bis 13) unterscheiden, ist dieser Art aber ansonsten sehr ähnlich. Die Rückenfärbung erscheint rötlich. Das Querband hinter den Augen ist häufig in zwei Teile getrennt und der hintere Teil des Rückens wirkt oft marmoriert. Die Bauchseite trägt eine gräulichweiße Färbung. Die Rufe bestehen aus langen, knatternden Trillern mit geringer Impulsrate (30 pro Sekunde).
Biotop: Die Art bewohnt stehende Gewässer unterschiedlicher Größe und Ausprägung in Regenwäldern.
Haltung: Wie bei *Xenopus laevis*, jedoch etwas wärmebedürftiger.

Oben: Pygmaeen-Krallenfrosch *(Xenopus pygmaeus)*
Unten: Ruwenzoriberg-Krallenfrosch *(Xenopus ruwenzoriensis)*

Xenopus ruwenzoriensis (TYMOWSKA UND FISCHBERG, 1973)
Ruwenzoriberg-Krallenfrosch
Ruwenzori Mountain clawed frog
Verbreitung: Semliki-Tal in Uganda
Merkmale: Der mittelgroße Krallenfrosch ähnelt sehr *Xenopus fraseri*. Sein Rücken ist jedoch bräunlicher gefärbt und trägt eine Reihe großer Punkte, die auch auf Flanken und Beinen beobachtet werden. Die Rufe bestehen aus ein bis zwei kurzen, schrillen Trillern pro

Sekunde.

Biotop: Die Art bevorzugt permanente, stehende Gewässer.

Haltung: Wie bei *Xenopus laevis*.

Xenopus vestitus-, Xenopus wittei-Gruppe

Xenopus vestitus (LAURENT, 1972)
Kurzbeiniger Krallenfrosch
Short legged clawed frog
Verbreitung: Virunga-Vulkane, Rwanda, Uganda und Grenze zu Zaire
Merkmale: Der mittelgroße Krallenfrosch besitzt eine typische Rückenzeichnung aus marmorierten, hellen, silber- und bronzefarbenen Bereichen auf dunklem Grund. Die Bauchseite ist stark gefleckt und weist einen hellen Mittellängsstrich auf. Die Rufe bestehen aus Trillern, die eine halbe Sekunde lang andauern („oin, oin, oin").

Biotop: Die Art bewohnt Kraterseen in geringer Gebirgshöhe.
Haltung:Wie bei *Xenopus laevis*.

Xenopus wittei (TINSLEY, KOBEL UND FISCHBERG, 1979)
Wittes Krallenfrosch
Wittes' clawed frog
Verbreitung: Virunga-Vulkane, Rwanda, Uganda und Grenze zu Zaire
Merkmale: Der mittelgroße Krallenfrosch ähnelt sehr *Xenopus vestitus*, besitzt jedoch einen einfarbigen, dunkel- bis schokoladenbraunen Rücken. Seine Bauchseite ist gelblich gefärbt und von oben her gut abgesetzt sichtbar. Auch an den Flanken fällt die scharfe Begrenzungslinie zwischen Rücken- und Bauchfärbung auf. Nur wenige kleine Punkte stehen auf Bauch und Beinunterseiten. Der Ruf besteht aus langen, heiseren Trillern („auauau-aua").
Biotop: Die Art bewohnt Kraterseen in höheren Gebirgslagen.
Haltung: Wie bei *Xenopus laevis*.

Wittes Krallenfrosch *(Xenopus wittei)*

Porträt des Ruwenzoriberg-Krallenfrosches *(Xeno-pus ruwenzoriensis)* mit besonders emporgewölbten Augen

Porträt des Kamerun-Krallenfrosches *(Xenopus boumbaensis)* mit relativ flachen Augen

Krallenfrosch-Zuchtanlage für immunologische und genetische Experimente an der Universität Genf, Schweiz

Literaturverzeichnis und Abbildungsquellen

ARNOLD, S. J.: The evolution of courtship behavior in New World salamanders with some comments on Old World salamanders. In: Taylor, D. H. & S. I. Guttman (eds.): The reproductive biology of amphibians. Seite 141 bis 183, New York 1977.

ASHTON, R. E.: Field and laboratory observations on microhabitat selection, movements, and home range of *Necturus lewisi* (Brimley). Seite 83 bis 106, Brimleyana 1985.

BEDDARD, F. E.: On the diaphram and on the muscular anatomy of *Xenopus*, with remarks on its affinities. − Proc. Zool. Soc. Seite 841 bis 850, London 1895.

BLES, E. J.: The life-history of *Xenopus laevis*; Daud.-Trans. Roy. Soc. Edin. 41/3, Seite 789 bis 822, 1905.

BORDZILOVSKAYA, N. P. UND T. A. DETTLAFF: Table of stages of the normal development of axolotl embryos and the prognostication of timing of successive developmental stages at various temperatures. Axolotl Newsletters 7, Seite 14 bis 22, 1979.

BOTERENBROOD, E. C.: Newts and salamanders. In: The UFAW handbook on the care and management of laboratory animals. Seite 867 bis 891, London 1966.

BOULENGER, G. A.: Report on the batrachians collected by the late L. Fea in West Africa. Ann. Mus. Civ. Stor. Nat. Genova, Ser. 3, 2. Seite 157 bis 158, 1905.

BRETSCHER, A.: Die Hinterbeinentwicklung von *Xenopus laevis* Daud. und ihre Beeinflussung durch Colchicin. Rev. suisse Zool. 56/2. Seite 33 bis 96, 1949.

BRUNST, V.V.: The Axolotl *(Siredon mexicanum)*. II. Morphology and Pathology. Labor. Investig. 4/6. Seite 429 bis 449, 1955.

CONANT, R.: A field guide to reptiles and amphibians Eastern and Central North America. Boston 1976

COX, D. C. UND W.W. TANNER: Hyobranchial apparatus of the Cryptobranchoidea (Amphibia). Great Basin Naturalist 49/4. Seite 482 bis 490, 1989.

CZOPEK, J.: The vascularization of respiratory surfaces in *Ambystoma mexicanum* (Cope) in ontogeny 2/3. Zool. Polon. 8. Seite 131 bis 149, 1957.

DELSOL, M., EXBRAYAT, J. M., FLATIN J. & M. GUEYDAN-BACONNIER: Nutrition embryonnaire chez *Typhlonectes compressicaudus* (Dumeril et Bibron, 1841), amphibiei apode vivipare. Mem Soc. Zool. France. Seite 39 bis 54, Paris 1986.

DUELLMANN, W. E. UND L. TRUEB: Biology of amphibians. New York, St. Louis, San Francisco 1986.

ELEPFANDT, A.: Water wave analysis with the lateral-line system. in: Singh, N. R. & N. J. Strausfeld (eds.): Neurobiology of sensory systems. New Yok 1989.

ERDMAN, S. UND D. CUNDALL: The feeding apparatus of the salamander *Amphiuma tridactylum*: morphology and behavior. J. Morphol. 181. Seite 175 bis 204, 1984.

FREY, H.: Das Süßwasser-Aquarium. Neumann Verlag, Radebeul 1969.

FRITSCHE, J.: Das praktische Terrarienbuch. Neumann Verlag, Leipzig, Radebeul 1981.

GIBBONS, J.W. UND R. D. SEMLITSCH: Guide to the reptiles and amphibians of the Savannah River Site. Athens, London 1991.

GINES, I.: Representantes de la familia Pipidae (Amphibia, Salientia) en Venezuela. Mem. Soc. cienc. nat. la Salle 18/1, 1958.

GRAAF, A. R. DE: Investigations into the distribution of blood in the heart and aortic arches of *Xenopus laevis* (Daud.). Exp. Biol. 34/2. Seite 143 bis 172, 1957.

GRASSÉ, P.-P. UND M. DELSOL: Traité de zoologie, Anatomie, systématique, biologie 14. batraciens. Paris, New York, Barcelona, Mexico, Sao Paulo 1986.

HECHT, M. K.: A synopsis of the mud puppies of Eastern North America. Proc. Staten Island Inst. Arts Sci. 21/1. Seite 3 bis 38, 1958.

HERRMANN, H.-J.: Über Haltung und Verhalten des Dreizehen-Aalmolches, *Amphiuma tridactylum*, Elaphe, Seite 10 bis 11, Berlin 1988.

HILLMAN, S. S. UND P. C. WITHERS: Aerobic contributions to sustained activity metabolism in *Xenopus laevis*. Comp. Biochem. Physiol. 69 A. Seite 605 bis 606, 1981.

HIRSCHBERG, W.: Frosch in Mythos und Brauch. Wien, Köln, Graz 1988.

KAMMERER, P.: Experimente über Fortpflanzung, Farbe, Augen und Körperreduction bei *Proteus anguinus* Laur. Arch. Entw.-Mech., Leipzig 33, Seite 349 bis 461, 1912.

KELLEY, D. B.: Female sex behaviors in the South African clawed frog, *Xenopus laevis*: gonadotropin-releasing, gonadotropic, and steroid hormones. Hormones and behavior 16. Seite 158 bis 174, 1982.

KERBERT, C.: Zur Fortpflanzung von *Megalobatrachus maximus* Schlegel (*Cryptobranchus japonicus* v. d. Hoeven). Zool. Anz. 27/10. Seite 305 bis 320, 1904.

KOBEL, H. R., LOUMONT, C. UND R. C. TINSLEY: The extant species. Im Druck.

LAMOTTE, M.: Contribution à l'étude des Batraciens del' Ouest africain. 17. Le développement larvaire de *Hymenochirus (Pseudhymenochirus) merlini* Chabanaud. Bull. de M. F. A. N. 15 A/3. Seite 944 bis 953, 1963.

LE CONTE, J.: Description of a new species of *Siren*, with some observations on animals of a similar nature 1. Ann Lyc. Nat. Hist. New York 1. Seite 52 bis 58, 1824.

LINNÉ, C. VON: Vollständiges Natursystem. 3. Theil: Von den Amphibien. Nürnberg 1774.

LIU, C. C.: Amphibians of Western China. Fieldiana Zool. Mem 2. Seite 1 bis 400, 1950.

LOUMONT, C. UND H. R. KOBEL: *Xenopus longipes* sp. nov., a new polyploid pipid from western Cameroon. Rev. suisse Zool. 98/4. Seite 731 bis 738, 1991.

LOWE, D. A. UND I. J. RUSSELL: The central projections of lateral line and cutaneous sensory fibre (VII and X) in *Xenopus laevis*. Proc. R. Soc. Lond. B 216. Seite 279 bis 297, 1982.

MAURER, F.: Die ventrale Rumpfmuskulatur von *Menobranchus, Menopoma* und *Amphiuma*, verglichen mit den gleichen Muskeln anderer Urodelen. Jenaische Z. Nat.-wiss. 47. Seite 1 bis 42, 1911.

MILLER, K.: Effect of temperature on sprint performance in the frog *Xenopus laevis* and in the salamander *Necturus maculosus*, 3. Copeia. Seite 695 bis 698, 1982.

MINTON, S. A.: Amphibians and reptiles of Indiana. Indianapolis 1972.

NACE, G. W. (ed.): Amphibians. Giudelines for the breeding, care, and management of laboratory animals. Washington 1974.

PERRET, J.-L.: Les Amfibiens du Cameroun. Zool. Jb. Syst. 8. Seite 289 bis 464, 1966.

RABB, G. B.: On the unique sound production of the Surinam toad, *Pipa pipa*, 4. Copeia. Seite 368 bis 369, 1960.

RABB, G. B. UND M. S. RABB: On the mating and egg-laying behavior of the Surinam toad, *Pipa pipa*, 4. Copeia. Seite 271 bis 276, 1960.

RABB, G. B. UND M. S. RABB: On the behavior and breding biology of the African pipid frog *Hymenochirus boettgeri*. Z. f. Tierpsychol. 20/2, Seite 215 bis 241, 1963.

RABB, G. G. UND R. SNEDIGAR: Observations on breeding and development of the Surinam toad, *Pipa pipa* 1. Copeia 1. Seite 40 bis 44, 1960.

REICHENBACH-KLINKE, H. UND E. ELKAN: The principal diseases of lower vertebrates. II. Diseases of amphibians. London 1965.

SALTHE, S. N.: The egg capsules in the amphibia. J. Morphol. 113/2, Seite 161 bis 171, 1963.

SAKO, I.: The tailed batrachia of Japan. Tokyo 1977.

SMITH, H. M.: The Mexican axolotl: Some misconceptions and problems. Bioscience 19. Seite 593 bis 597, 1969.

SOKOL, O. M.: The tadpole of *Hymenochirus boettgeri*. 2. Copeia. Seite 272 bis 284, 1962.

SOKOL, O. M.: Feeding in the pipid frog *Hymenochirus boettgeri* (Tornier). Herpetologica 25. Seite 9 bis 24, 1969.

SOKOL, O. M.: The free swimming *Pipa larvae*, with a review of pipid larvae and pipid phylogeny (Anura: Pipidae). J. Morphol. 154. Seite 357 bis 426, 1977.

TAYLOR, E. H.: New salamanders from Mexico, with a discussion of certain known forms, 12. Univ. Kansas Sci. Bull. 26. Seite 407 bis 439, 1940.

TAYLOR, E. H.: The caecilians of the world. Lawrence 1968.

TAYLOR, E. H. UND H. M. SMITH: Summary of the collections of amphibians made in Mexico under the Walter Rathbone Bacon Traveling Scholarship 3185. Proc. U. S. Nat. Mus. 95, Seite 521 bis 613, 1945.

TRUEB, L. UND D. C. CANNATELLA: Systematics, morphology, and phylogeny of genus *Pipa* (Anura: Pipidae). Herpetologica 42/4. Seite 412 bis 449, 1986.

VIGNY, C.: Etude comparee de 12 especes et sous-especes du genre *Xenopus*. Dissertation Univers. Geneve 1977.

VIGNY, C.: The mating calls of 12 species and sub-species of the genus *Xenopus* (Amphibia: Anura). J. Zool. Lond. 188. Seite 103 bis 122, 1979.

WEYGOLDT, P.: Beobachtungen zur Fortpflanzungsbiologie der Wabenkröte *Pipa carvalhoi* Miranda Ribeiro. Z. d. Kölner Zoo 19/3. Seite 77 bis 84, 1976.

WEYGOLDT, P.: Fortpflanzungsbiologie der Wabenkröte *Pipa carvalhoi*. Publ. Wissch. Filmen, Sekt. Biol., Ser. 13/35. Seite 3 bis 10, 1980.

Bildquellen

Die Nachweise beziehen sich auf die Seiten im Buch

Billo: 126 u., 127
Carruthers: 149
Clemen/Greven: 17
Glaw: 130, 132
Grossenbacher: 42 o.
Gudynas: 42 u.
Herrmann: 14, 16, 34, 88 o., 93 u., 98 l., 101, 102 l., 102 r., 105 o., 105 u., 111, 112 o., 124, 129, 135, 137, 139 l., 140 u., 143, 147 o., 147 o. r., 147 u. l., 147 u. r., 148, 150, 151 o., 151 m., 151 u., 152, 156 o., 156 m., 156 u., 157 o., 157 u., 158
Hödl: 100, 134 o., 134 u.
Kobel: 43 o., 43 u.
Körber: 125, 126 o.
Kühnel: 88 u., 92 m.
Mansell: 96 m.

Maruska: 108, 109 o., 109 m., 109 u., 112 u., 116 o., 116 m., 116 u., 117, 118, 119 o., 119 u.
Morimoto: 92 u., 93 m.
Nickerson: 96 o.
Nijs 65 o., 65 u.
Savelev: 85
Stawikowski: 42 m.
Schütte: 138, 139 r., 140 o., 140 m.
Tumlison: 115
Van Devender: 96 u., 97, 98 r., 99
Weygoldt: 84
Williams: 122
Zimmermann: 93 o.

Die Zeichnungen fertigte Markus Döser nach Vorlagen des Autors

Danksagung

Viele Kollegen und Freunde halfen mir beim Fertigstellen des vorliegenden Buches. Ihnen allen gilt mein herzlicher Dank für sehr unterschiedliche Unterstützung während meiner Arbeit am Manuskript. Folgende Damen und Herren stellten freundlicherweise Abbildungsvorlagen zur Verfügung:

Dr. R. Billo (Oberwil, Schweiz), Prof. Dr. G. Clemen und Prof. Dr. H. Greven (Münster, Deutschland), F. Glaw (Köln, Deutschland), Dr. K. Grossenbacher (Bern, Schweiz), Univ.-Doz. Dr. W. Hödl (Wien, Österreich), Dr. H. R. Kobel (Genf, Schweiz), U. Körber (Sindelfingen, Deutschland), K.-D. Kühnel (Berlin, Deutschland), Dr. B. Mansell (Jacksonville, USA), Dr. E. J. Maruska (Cincinnati, USA), Prof. Dr. H. Morimoto (Asa-cho, Japan), Dr. M. Nickerson (Gainesville, USA), J. Nijs (Hofstade, Belgien), Dr. S. Savelev (Moskau, Rußland), T. Schöttler (Bad Schwalbach, Deutschland), F. Schütte (Remagen, Deutschland), R. Stawikowski (Gelsenkirchen, Deutschland), Dr. R. Tumlison (Arkadelphia, USA), Dr. R. W. Van Devender (Boone, USA), Prof. Dr. P. Weygoldt (Freiburg, Deutschland), Prof. Dr. J. D. Williams und Dr. E. Gudynas (La Plata, Argentinien), Priv.-Doz. Dr. E. Zimmermann (Stuttgart, Deutschland).

Ihnen allen danke ich für die zumeist seltenen Fotos. Außerdem waren beim Beschaffen von Bildvorlagen behilflich:

Dr. R. A. Brandon (Carbondale, USA), Prof. Dr. E. D. Brodie (Arlington, USA), Dr. J. Cover (Baltimore, USA), Dr. G. Encke (Krefeld, Deutschland), K. Haker (Hilden, Deutschland), Dr. O. Jauch (Stuttgart, Deutschland), Dr. R. König (Kiel, Deutschland), Dr. V. Mahnert (Genf, Schweiz), K. Rimpp (Renningen, Deutschland), W. Schmettkamp (Bornheim, Deutschland), K. H. Switak (Santa Rosa, USA), R. Wicker (Frankfurt, Deutschland) und Dr. M. Wilkinson (London, England).

Für zum Teil umfangreiche Hilfe beim Beschaffen von Literatur sowie anderweitige Unterstützung bzw. Assistenz danke ich sehr herzlich

M. Engelhardt (Erfurt, Deutschland), F. Glaw (Köln, Deutschland), Dr. U. Gruber (München, Deutschland), G. Jagusch (Gotha, Deutschland), Prof. Dr. K. Kabisch (Leipzig, Deutschland), Dr. K. Klemmer (Frankfurt, Deutschland), L. I. Kononova (Moskau, Rußland), R. A. Kononov (Moskau, Rußland), K.-D. Kühnel (Berlin, Deutschland), M. Laudan (Frankfurt, Deutschland), V. Neumann (Suhl, Deutschland), C. Stoischek (Schleusingen, Deutschland), Prof. Dr. R. Tinsley (London, England), Prof. Dr. L. Trueb (Lawrence, USA), Dr. R. Werneburg (Schleusingen, Deutschland) und H. Zimmermann (Stuttgart, Deutschland).

Besonderen Dank möchte ich Herrn Dr. A. Schlüter (Stuttgart, Deutschland) aussprechen, der mich mit umfangreicher, seltener Literatur versorgte. Herrn Dr. H. R. Kobel (Genf, Schweiz) danke ich für die freundliche Betreuung in seinem *Xenopus*-Zuchtlabor sowie dafür, daß er mir bisher nicht veröffentlichte Daten für die Verwendung in diesem Buch zur Verfügung stellte.

Ulrich Commerell (Verlag Eugen Ulmer) danke ich für die konstruktive, wohlwollende Betreuung im Lektorat.

Meine Mutter, A. Herrmann (Gotha, Deutschland) las das Manuskript kritisch, wofür ihr großer Dank gilt.

Ganz besonders herzlich möchte ich meiner Ehefrau J. Herrmann danken. Seit vielen Jahren führt sie meine Literaturkartei und half mir bei der Erschließung sehr wichtiger Originalarbeiten zur Biologie aquatiler Amphibien.

Register

Wenn Ihnen der Sinn nach mehr steht...

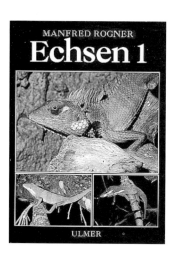

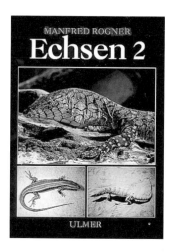

Man kennt Echsen, die sich leicht halten und züchten lassen, aber auch solche, deren Haltung und Zucht noch erhebliche Schwierigkeiten bereiten. Da die Entnahme von Echsen aus der Natur immer problematischer wird, sollte es das Ziel eines jeden Echsenhalters sein, seine Tiere nachzuzüchten. Dies setzt gute Kenntnisse über die artgerechte Haltung, Biotopansprüche und Lebensweisen voraus. Aus der Vielzahl von Echsen hat der Autor für dieses zweiteilige Werk insgesamt rund 150 Gattungen mit 400 Arten ausgewählt, über die ausführliche Haltungs- und Zuchtergebnisse vorliegen. Die Beschreibungen enthalten im einzelnen eine Kurzbeschreibung als Bestimmungshilfe, alle wichtigen Angaben über Verbreitung, Lebensraum und zur Biologie der Tiere sowie die jeweiligen Besonderheiten zur Haltung und Zucht.

Dieses Werk behandelt die im ersten Band noch nicht genannten Echsen-Familien: Höckerechsen, Krustenechsen, Warane, Schleichen, Schildechsen, Gürtelechsen, Eidechsen, Skinke, Nachtechsen, Schienenechsen, Doppelschleichen, aber auch die Brückenechsen und Panzerechsen (Alligatoren, Echte Krokodile, Gaviale). Auch hier hat der Autor wieder seine ganzen terraristischen Erfahrungen zusammengetragen. Interessant beschreibt er 62 Gattungen mit etwa 250 Arten und Unterarten. Im einzelnen enthalten die Monographien eine Kurzbeschreibung als Bestimmungshilfe, wichtige Angaben über Verbreitung, Lebensraum und zur Lebensweise der Tiere sowie Hinweise über ihre Haltung und Zucht. Wiederum wurden vor allem jene Arten berücksichtigt, die bereits mit Erfolg in Terrarien gehalten und gezüchtet worden sind.

Echsen 1. Von Manfred Rogner. Bd. 1: Geckos, Flossenfüsser, Agamen, Chamäleons und Leguane. 1992. 281 Seiten, 120 Farbfotos, 9 Zeichnungen, 5 Verbreitungsktn. ISBN 3-8001-7248-8.

Echsen 2. Von Manfred Rogner. Bd. 2: Warane, Eidechsen und Skinke. 1994. Ca. 300 Seiten, 120 Farbfotos, 30 Zeichnungen. ISBN 3-8001-7253-4.